日本語の動詞とヴォイス

孫東周
著

Publishing Corporation

まえがき

　動詞は一般的に自動詞と他動詞に分類される。自動詞は自らの動作や状態を表す動詞であり、他動詞は他の対象に影響を与える動詞として、その対象はヲ格をとると言われる。

　では、どうして動詞には自動詞と他動詞があるのだろうか。人間はある現象を表すとき、変化した事物の立場から表したり、あるいは事物を変化させた主体の立場からその現象を表したりする。また、場合によっては変化の結果とは関わりなく対象に与えた動作だけを表したり、主体の自発的な動作だけを表したりする。このように人間はある現象をどこまで表すかによって自動詞が用いられたり他動詞が用いられたりする。

　では、動詞には対応する自動詞や他動詞のある動詞もあるが、動詞に対応する動詞があるとは何を意味するのだろうか。他動詞に対応する自動詞があるのは、変化した対象の立場から変化の結果を表す必要がある場合であり、対象を変化させた使役主体の立場から事物を表す必要がある場合に他動詞を用いて表す。対応する自動詞のない他動詞が用いられるのは、動作による対象の変化有無を表す必要がないか変化が生じない場合であるので、このような場合には対応する自動詞の立場から表現する必要がないので、当然自動詞はないわけである。もちろん、対応する他動詞のない自動詞でも、行為主体の立場から表すことができないわけではないが、その時は他の文法的な形式を用いて表すしかない。

　このように対応する動詞の有無によって自動詞と他動詞のように下位分類できるが、自動詞と他動詞の定義にすべての動詞が含まれるわけではない。今までの動詞の定義にはいろいろな問題が提議され、最近はプロトタイプ論的な立場から動詞分類を行なっている。つまり、動詞には他動原型と自動原型があり、それらが連続体の両端をなして

互いが関わりながら繋がりをもっているということである。たとえば、他動詞には他動性の高い動詞から低い動詞まであり、自動詞にも動作を表すものから状態を表すものがあって、他動詞といっても全部同じ他動詞ではなく、他動詞のもっている他動性が低くなるにつれて自然に自動詞の自動性へ繋がっていく。

　粗著では動詞を自動詞と他動詞に明確に分けることができないのは各々が独立した概念ではなく互いが繋がっているからだという立場にたって、まず動詞を構文上で自動詞と他動詞に分け、形態上からそれをまた対応する動詞の有無によって有対自他動詞と無対自他動詞に分けた。それから意味的な側面から他動性と自動性の観点を取り入れて分類を行なった。それをもとにして対応する他動詞のない自動詞の(sa)seru形と他動詞がどう関わりをもっているのか、対応する他動詞のある自動詞の(sa)seru形と他動詞との関わりや、動詞の(sa)seru形が使役の意味をもたない場合、そして、自動詞と受身との関わりなどの分析を通じて、自動詞と他動詞の延長線上で使役と受身というヴォイスが動詞とどう関わりをもっているのかについて分析した。

　この場を借りて粗著を出すのに大学院の時からご指導してくださった加藤正信先生と斎藤倫明先生に深く御礼を申し上げる。また、いつも一緒に頭を抱えて悩んでくださった北原博雄先生と小針浩樹先生、それからアンケートにご協力してくださった東北大学の国語学研究室の院生と、編集に時間を惜しまず手伝ってくださった日本大学の黒瀬志保先生にも御礼を申し上げる。また、日本で研究ができるように支援してくださった国際交流基金と、学習院大学の安部清哉先生を始め日本語日本文学科の先生方々にも御礼を申し上げる。

　それから、いつも見守ってくれた両親と家内、そして知恵と強熙にこれを捧げる。

　　　　　　　　　　　　　　森に包まれた 学習院大学の研究室にて
　　　　　　　　　　　　　　孫 東周

目次

第1章　序論 … 11
1.1　目的 … 11
1.2　本書の構成 … 15

第2章　他動詞構文 … 19
2.1　有対他動詞 … 19
2.1.1　有対他動詞とは … 19
2.1.2　ヲ格名詞への影響 … 21
2.1.2.1　変化を目当てとする場合 … 21
2.1.2.2　変化を目当てとしない場合 … 22
2.1.2.3　原因による場合 … 23
2.1.3　影響のパターンとヲ格名詞の変化結果との関わり … 24
2.1.4　ガ格名詞とヲ格名詞との関わりによるヲ格名詞の変化 … 26
2.1.4.1　ヲ格名詞への影響がある場合 … 27
2.1.4.1.1　「影響1」の場合 … 28
####### 2.1.4.1.1.1　ヲ格名詞の変化がガ格名詞の動作と意図による場合 … 28
######## 2.1.4.1.1.1.1　ヲ格名詞が物名詞である場合 … 28
######## 2.1.4.1.1.1.2　ヲ格名詞が事柄名詞である場合 … 30
######## 2.1.4.1.1.1.3　ヲ格名詞が有性名詞である場合 … 30
####### 2.1.4.1.1.2　ガ格名詞の動作によらないヲ格名詞の変化 … 31
2.1.4.1.2　「影響2」の場合 … 32
2.1.4.1.3　「影響3」の場合 … 34
2.1.4.2　ヲ格名詞への影響がない場合 … 34
2.2　無対他動詞 … 39
2.2.1　無対他動詞とは … 39
2.2.2　働きかけと変化との関わり … 41
2.2.3　ガ格名詞とヲ格名詞との関わり … 46
2.2.3.1　働きかけがある場合 … 48

        2.2.3.1.1　ガ格名詞に意志がある場合 48
        2.2.3.1.2　ガ格名詞に意志がない場合 56
      2.2.3.2　働きかけがない場合 60
  2.3　まとめ 65

第3章　自動詞構文 71
 3.1　有対自動詞 71
  3.1.1　動詞分類の中での自動詞 71
  3.1.2　有対自動詞の一般的な性格 73
  3.1.3　有対自動詞の主語について 74
  3.1.4　意志表現との関わり 80
 3.2　無対自動詞 83
  3.2.1　人の動作や行為等を表す場合 84
  3.2.2　対象の変化を表す場合 88
    3.2.2.1　有情物の状態変化を表す場合 88
    3.2.2.2　人や動植物に生育の状態変化を表す場合 90
    3.2.2.3　物の自然的な変化を表す場合 91
    3.2.2.4　自然現象の変化を表す動詞 92
  3.2.3　人や物の単純状態を表す動詞 92
 3.3　まとめ 93

第4章　他動性 97
 4.1　無対他動詞と他動性 97
  4.1.1　動詞の違いからくる他動性 97
  4.1.2　ガ格名詞の違いからくる他動性 98
  4.1.3　対象の違いからくる他動性 100
  4.1.4　ヴォイスとの関わり 103
 4.2　有対他動詞と他動性 104
 4.3　まとめ 113

第5章　使役構文 117
 5.1　使役の意味 117
  5.1.1　使役主体に意図がある場合 118

        5.1.1.1　使役主体に動作性がある場合 …………………………… 118
          5.1.1.1.1　語彙的な他動 ……………………………………… 118
          5.1.1.1.2　強制1 ……………………………………………… 122
        5.1.1.2　使役主体に動作性がない場合 …………………………… 123
          5.1.1.2.1　強制2 ……………………………………………… 123
          5.1.1.2.2　説得 ………………………………………………… 124
          5.1.1.2.3　配慮 ………………………………………………… 125
          5.1.1.2.4　許諾 ………………………………………………… 126
          5.1.1.2.5　黙認 ………………………………………………… 126
      5.1.2　使役主体に意図のない場合 ………………………………………… 127
        5.1.2.1　誘発 ………………………………………………………… 128
        5.1.2.2　不注意 ……………………………………………………… 129
        5.1.2.3　判断 ………………………………………………………… 130
    5.2　被使役者がとる格助詞 ………………………………………………………… 132
      5.2.1　動詞と被使役者の格助詞との関わり ……………………………… 132
      5.2.2　動作に対する意図や動作性との関わり …………………………… 134
      5.2.3　使役の意味と格助詞との関わり …………………………………… 137
    5.3　無対自動詞と使役 ……………………………………………………………… 144
      5.3.1　無対自動詞の意味との関わり ……………………………………… 144
      5.3.2　使役主体の意図との関わり ………………………………………… 151
        5.3.2.1　使役主体に意図がある場合 ………………………………… 151
        5.3.2.2　使役主体に意図がない場合 ………………………………… 153
    5.4　他動詞と使役 …………………………………………………………………… 154
      5.4.1　ヲ格名詞への影響がある場合 ……………………………………… 155
        5.4.1.1　ヲ格名詞への影響がガ格名詞の意志による場合 ………… 155
        5.4.1.2　ヲ格名詞への影響がガ格名詞の意志によらない場合 …… 157
      5.4.2　ヲ格名詞への影響がない場合 ……………………………………… 160
    5.5　まとめ …………………………………………………………………………… 162

第6章　有対自動詞の使役形と有対他動詞 …………………… 169
  6.1　自動詞の使役形だけが自然な場合 …………………………………………… 171
  6.2　自動詞の使役形と他動詞が自然な場合 ……………………………………… 175
    6.2.1　事態の変化が有情物によって行われる場合 ……………………… 175

6.2.1.1　被使役者に動作性がある場合 175
　　6.2.1.2　被使役者に動作性がない場合 181
　6.2.2　事態が非情物によって行われる場合 184
 6.3　自動詞の使役形ができない場合 188
　6.3.1　事態が有情物によって行われる場合 188
　6.3.2　事態が非情物によって行われる場合 191
 6.4　まとめ 192

第7章　使役と他動 195
 7.1　使役と他動の違い 195
 7.2　使役性のパターン 198
　7.2.1　使役性が意図による場合 198
　7.2.2　使役性が原因による場合 199
　7.2.3　使役性が疑似意図による場合 199
　7.2.4　使役性が形式的である場合 200
 7.3　使役性のパターンと意味 202
　7.3.1　使役1 202
　7.3.2　使役2 204
　7.3.3　使役3 205
　7.3.4　使役4 205
 7.4　使役性のパターンと被使役者の格 206
 7.5　生産的な使役と語彙的な使役 208
 7.6　動詞の(sa)seru形と他動 210
　7.6.1　他動詞の(sa)seruと他動との関わり 210
　7.6.2　自動詞の(sa)seruと他動との関わり 218
 7.7　まとめ 226

第8章　自動詞と受身文 233
 8.1　受身構文とは 233
 8.2　有対自動詞と受身 236
　8.2.1　直接受身文との関わり 237
　8.2.2　間接受身文との関わり 240
　　8.2.2.1　間接受身文にできる場合 240

8.2.2.2　間接受身文にできない場合 ………………………………… 246
　8.3　無対自動詞と受身 ……………………………………………………… 249
　　8.3.1　直接受身文との関わり …………………………………………… 249
　　8.3.2　間接受身文との関わり …………………………………………… 252
　　　8.3.2.1　間接受身文にできる場合 …………………………………… 252
　　　　8.3.2.1.1　事態がガ格名詞の動作による場合 …………………… 252
　　　　8.3.2.1.2　事態がガ格名詞の動作によらない場合 ……………… 253
　　　　8.3.2.1.3　事態と事態制御性 ……………………………………… 256
　　　8.3.2.2　間接受身文にできない場合 ………………………………… 257
　8.4　まとめ …………………………………………………………………… 259

第9章　他動詞とヴォイス ……………………………………………… 265
　9.1　有対他動詞とヴォイス ………………………………………………… 266
　　9.1.1　使役文と受身文ができる場合 …………………………………… 267
　　9.1.2　使役文と直接受身文が自然な場合 ……………………………… 268
　　9.1.3　受身文だけが自然な場合 ………………………………………… 269
　　9.1.4　直接受身文だけが自然な場合 …………………………………… 270
　　9.1.5　使役文と間接受身文が自然な場合 ……………………………… 271
　　9.1.6　使役文だけが自然な場合 ………………………………………… 273
　　9.1.7　間接受身文だけが自然な場合 …………………………………… 274
　　9.1.8　使役文と受身文ができない場合 ………………………………… 276
　9.2　無対他動詞とヴォイス ………………………………………………… 278
　　9.2.1　使役文と受身文ができる場合 …………………………………… 278
　　9.2.2　使役文と直接受身文が自然な場合 ……………………………… 279
　　9.2.3　受身文だけが自然な場合 ………………………………………… 280
　　9.2.4　直接受身文だけが自然な場合 …………………………………… 282
　　9.2.5　直接受身文だけが不自然な場合 ………………………………… 282
　　9.2.6　使役文だけが自然な場合 ………………………………………… 284
　　9.2.7　間接受身文だけが自然な場合 …………………………………… 285
　　9.2.8　使役文と受身文ができない場合 ………………………………… 286
　9.3　まとめ …………………………………………………………………… 288

第10章　結　論 …………………………………………………………… 289

日本語の動詞とヴォイス

第1章 序　論

1.1　目的

　一般的に「自他」というと「自分と他人」のことを表すが、文法用語として用いられている自他は「自動詞と他動詞」あるいは「自称と他称」を表すものとして使われている。動詞研究における自他とは結局「自動詞と他動詞」のことである。日本語動詞においての自他の意識は『右衛門督家歌合』[1]からはじまり、今までいろんな角度から諸先学による研究がある。

　近世における「自他」についての記述としては『一歩』(1676)がある。『一歩』における自他は現在の自他の概念とは異なる、いわゆる自他の延長上にある広い範囲での「自分と他者」のことで、それまでの断片的なものではなく体系的な記述をめざしたものである。富士谷成章も『かざし抄』(1767)で「自他」という用語を用いたが、その後、『あゆひ抄』(1778)では、「裏とは自らの上なり。表とは人物事の上なり」のように「裏表」に変更して説明している。これはいわゆる自他の概念を、話し手自身の表現行為と他の対象の表現行為との違いを、より明確に区別するために変更したのではないかと考えられる。このような自分と他者の意味としての自他の概念を本居宣長は「自他」を動詞の活用型との関係でとらえ、本居春庭によって発展された。大槻文彦(1897)は近世までの研究と英文典の概念を折衷し「あらゆる動詞を、其動作の性質に由りて自動と他動とに二大別す」として、自動は「動詞の動作の、独り自らする性質なるもの」であり、「動詞の動作の、他の事物を処分する性質なるもの」が「他動」であるとする。このようなとらえ方が現在の学校文法まで受け継がれてきている。

　このように日本語の動詞は自動と他動という分け方がされてきた

---

1) 山口明穂(1989)による。

が、自他分類が日本語には適さないという批判もある。安藤正治(1907)は『詞通路』以来の日本の伝統的研究や梵語、琉球語など他言語も参照し日本語について論じている。日本語は目的語が表現されない場合が多いが、それは「形式的よりも意義的なる国語の特性によりて生ずるもの」なので目的語の有無という統語的な基準による区別は論理的規則にすぎないので、日本語動詞のすべてを、自他に二分するのはできないとする。

　また、日本語において動詞を文法的に自動詞と他動詞に区別するのに意味がないとする学者の一人に山田孝雄がいる。山田(1922)は「文法上殆ど一の規律も立てられず、又何等の必要もなき事の如くに見ゆるに至れり」として、日本語における自他は西洋文法の概念であり、動詞の意義に関わるだけで文法上においては重要ではない、という自他分類の不必要性を論じた。しかしながら、また別の所では自他の区別について条件付きではあるが客語の有無をもって「(動詞の)要する補語のうち特に生物たるものを客語といひ、若し動詞の自他を区別すべしとせば、その客語を要する動詞を他動詞といひその他を自動詞といふべし」(『日本文法講義』訂正版　P304)という点から自他の区別ができるとも述べている。

　このような自他分類の否定論に対して、積極的に自他を考察しているのが松下大三郎である。松下(1923)は自動とは「動詞が『動作を起したる主と動作の起りたる場所と同一物なる時』の動作をあらはす形式なり」であり、他動とは、「『動作を為したる主と動作の起りたる場所と異なりたるものなる時』の動作をあらはす形式なり」であると説明し、その動詞が自動か他動かの区別は助詞「を」を伴う動詞か否かということで、助詞「を」を伴う動詞はすべて他動とする。

　このような助詞「を」の有無による動詞の分類方法は現在も多くの文法書に受け継がれているが、動詞を目的語のありなしではなく、受身との関わりで分類を行ったのが三上章である。三上(1953)は動詞を受身の可否によって受身の可能な動詞を能動詞、受身の不可能な動詞を所動詞とする。この「能動」と「所動」を自他との関わりで「能動

詞のうち、更にまともな受身も成立つものを他動詞とする。『空ガ飛バレタ』という表現を認める人は『ヲ飛ブ』を他動詞とされたらよかろう。残と前の所動詞とを合わせて自動詞とする」(P105)と述べている。つまり、「能動詞」のなかで「まともな受身」ができる動詞を他動詞とし、「能動詞」のうち「はた迷惑の受身」しか成立しない動詞と「所動詞」を自動詞とする。しかし、ヲ格はとらないが動詞と格助詞との関わりで直接受身ができる動詞もあり、また、逆にヲ格をとりながら対象への働きかけのない動詞や再帰性のある動詞は直接受身が不自然だとする指摘もあり、受身への可否がかなりの動詞にはいえるが非文になる動詞もあるので、受身への可否だけで動詞を自他に分けることもできないのではないかという指摘もある。

　奥津敬一郎(1967)は、「ヲ」格にも「目的格」を示すものと、「移動格」を示すものとに区別して、「移動格」を表すヲ格は対応する自・他動詞形のどちらにも伴われ得ることや機能的にも移動の場所を示すだけであることから他動詞とは無関係であり、目的語を伴う動詞だけを他動詞であると論じた。また、自他の対応の側面から自動詞のとる主語と他動詞のとる目的語とが一致することを動詞の自他対応認定の条件に入れている。

　意味的な側面からすると、「動詞のはたらきがそのものだけにとどまるものを自動詞といい、そのはたらきが他に及ぶものを他動詞」(市川：1978)とする。これは動作主の動作が自分自身に及ぶのか、あるいは他に影響を及ぼすのかという一般的によく知られた定義として、「太郎が窓を壊した。／太郎が庭の草をとった。／日がのぼる。／太郎が韓国からきた。」からいうと、上の定義にも問題なく合致し、納得しやすいが、動作主の働きが他に及ぶという観点からするとヲ格をとる動詞だけではなく「かみつく、ぶつかる」などのような二格を要求する動詞や「戦う」などのようなト格を要求する動詞もある。これらの語はヲ格の有無と働きかけの観点から辞書によっては自・他動詞の判定にゆれがある動詞[2]である。

　その後、自他については様々な角度から研究が進められてきた。対

応する他動詞がある自動詞がヲ格をとる場合における自他動詞の意味的な違い、ヲ格をとる動詞文の意味的な研究など、意味と統語的な側面からの研究が行われてきた。

　結局、現在の自他判別は動詞とヲ格名詞との意味関係、直接受身の成立の可否、という点を手がかりしてなされているが、二つに明確に分類することはできない。それに自他対応の側面からみても対応する他動詞のある自動詞がヲ格をとる例もあり、動詞は他動詞形なのに他動詞的な意味を感じとりにくい例もある。これらの現象は、動作主と対象との関係が典型的な自他とは異なっているために生じる現象だと言える。

　動詞の自他は、動詞の下位分類の概念ではあるが複雑でかつ微妙な問題を絡んでいる。動詞がヲ格名詞句を要求するかどうかという問題と、直接受身ができるかどうかという観点は自他判定の大きなパラメータではあるが、それだけで自他に分けることはできない。

　自他を考える際には「自動詞と他動詞」だけではなく、自動詞と他動詞に関わる動詞の性質を広く表すものとして考える必要がある。それは自動詞と他動詞が、受身や使役などのヴォイスとも深い関わりがあり、対応する動詞の多いこととも関わりを持っているので、それと関連する言語的現象と一緒に考えなければならないと思う。

　最近は既存の動詞分類についてのいろんな問題点から、動詞を単に自他に二分するのではなくプロトタイプ論的な考え方が導入され、他動性の立場からの研究(ヤコブセン, 角田太作)も行われている。ヤコブセン(1989)は命題論理学による他動的述語の定義が必然的な要素ではないことを指摘し、動詞文は他動原型と自動原型があって、それらは連続体の両端をなしているという考え方から、動詞の分類を試みている。つまり、同じヲ格をとる動詞文でも、対象への働きかけによって原型から離れていく動詞を同じく扱うことはできないとし、形態論上

---

2) 岩波国語辞典(第3版, 昭54)は「たたかう、かみつく」を他動詞とみとめている。「動詞・形容詞問題語用例集」の「辞書によってゆれているものの表」によると「かみつく」は10種の辞典が他動詞としている。

の他動詞から形態論上の自動詞までを五つの段階にわけて動詞分類をしている。

また、動詞を自他動詞に二分するのではなく、自動詞を非能格自動詞と非対格自動詞とに下位分類できるという指摘もある。これはオランダ語、イタリア語、英語などのヨーロッパ言語、および非対格性を格形式で明示する能格型言語を基にして提出されたもので、日本語についてはMiyagawa(1989)、Terada(1990)、影山(1993)などの考察がある。

本論文は動詞が自・他に明確に分類できないのはそれぞれが別の概念ではなく互いにどこかで繋がりをもっているからではないかという立場にたって自・他がどこで繋がり、またそれがヴォイスとどのように関わりをもっているのかまで領域を広げて調べる。自動詞の使役形と他動が同じ意味をもつともいわれているが、対応する他動詞のある自動詞の使役形と他動詞との違い、両方が使われる時の役割分担、また動詞と使役、受身との関わりを究明し、動詞がヴォイスとどこでつながり、どこで分化されていくのかを明らかにするのが目的である。

1.2 本書の構成

本書の構成は以下の通りである。第2章では、いわゆる他動詞構文について考察する。他動詞を対応する自動詞の有無によって有対他動詞と無対他動詞に分類する。有対他動詞は対象への働きかけと変化を表し、無対他動詞は対象への働きかけだけを表すとされるが、対象への働きかけと対象の変化まで表す典型的な有対他動詞から対象への働きかけもなく、また対象の変化も表さない有対他動詞もある。無対他動詞も対象へ働きかける典型的な無対他動詞もあれば対象への働きかけのない無対他動詞もある。それはガ格名詞と対象との関わり、動作性と意図性の有無、動詞の種類などによって対象への働きかけ方が違ってくるので、その原因を明らかにし、それによって他動詞の分類を行う。

第3章は、自動詞についての分類である。他動詞が対応する自動詞の有無によって有対他動詞と無対他動詞に分類されるように、自動詞も対応する他動詞の有無によって有対自動詞と無対自動詞とに分類される。有対自動詞は働きかけによって変化した対象の立場からの表現であるので有対自動詞の主語は非情物だとされるが、有対他動詞の主語と対象との関わりなどによって自動詞の主語に動作性と意図性が認められる場合もあるので、それがヴォイスにどのような影響を与えているのかについて分類を行う。無対自動詞は動作主自らの動作と状態を表すが、対応する他動詞をもつ有対自動詞との違いはどこにあるのかについて調べる。

　第4章では、いわゆる他動詞を対象への働きかけという他動性という観点から分類する。いわゆる他動詞であっても他動性は同じではなく、事態に関与する事物が一つか二つかによって、また、対象への働きかけがガ格名詞の動作と意図によるのか、あるいはガ格名詞が変化の原因として働くのかによっても他動性は違ってくるので、他動詞を他動性の観点から分類を行う。また、他動詞には対象への働きかけがある場合だけではなく対象への働きかけがない場合もあるので、その違いも明らかにする。

　第5章では、動詞の(sa)seru形について分析する。日本語の使役は動詞の(sa)seru形でその意味を表すが、使役主体と被使役者との関わり、対応する他動詞の有無、ガ格名詞の動作と意図によって動詞の(sa)seru形が表す意味は違ってくる。また、それは被使役者がとる格助詞にも影響を与えているので、使役の意味と被使役者の格助詞との関わりについて調べる。また、動詞の(sa)seru形が他動として使われる場合もあるので、他動と使役が各々違った概念であるのか、あるいはどこかで繋がりがいるのかについても調べる。典型的な使役は使役主体の意図と被使役者の動作によって事態が実現されるが、使役主体に意図性と動作性がない場合もあるので、そのような違いはどこから出てくるのかを明らかにする。

　第6章では、有対自動詞の使役形と有対他動詞との関わりについて調

べる。無対自動詞の使役形が他動の意味として使われる場合もあるように、対応する他動詞のある有対自動詞の(sa)seru形が他動の意味を表す場合における有対他動詞との違いはどこにあるのか、また、有対自動詞の使役だけが自然な場合と、有対他動詞だけが自然な場合があるので、それはどこに基づいているのかについても明らかにする。

　第7章では、使役と他動との関わりについて調べる。使役と他動は対象に影響を与えるという点で共通しているが、それが動作と意図との関わりによって使役になったり他動になったりする。これは使役と他動が厳然に分かれているのではなく動詞の(sa)seru形が他動としても、また、他動詞が使役の意味として使われるということで、各々がどこで繋がりをもっているのかを明らかにする。

　第8章では、自動詞と受身との関わりについて調べる。自動詞が動作を表すのか変化を表すのか、あるいは事物の単なる状態を表すのかによって受身との関わりは違ってくる。また、動詞が表す意味によって意志形や命令形にできたりできなかったりするが、それが受身への可否にどのような影響を与えているのかを明らかにする。

　第9章では、動詞とヴォイスとの関わりについて調べる。動詞分類がどのようにヴォイスに反映され、いわゆる他動詞が使役はできても受身はできない場合や、逆に受身はできても使役はできない場合がある。また、受身の場合にも直接受身はできても間接受身はできなかったり、あるいは間接受身はできても直接受身はできない場合もあるので、それが動詞分類とどう関わりをもつのかについて調べる。

　第10章では、動詞とヴォイスがどのように役割を分担しながら言語描写に用いられているのかについて第2章から第9章までの論点をまとめて述べる。

第2章　他動詞構文

2.1　有対他動詞

2.1.1　有対他動詞とは

　有対他動詞とは何かを調べるためにまず、無対他動詞「叩く」との比較によって有対他動詞の分析の出発点とする。

　　1) 太郎が窓を壊した。
　　2) 太郎が窓を叩いた。

1)「壊す」は太郎が窓にある物理的な動作をし、それによって変化した窓の状態を表しているが、2)の無対他動詞「叩く」は太郎が窓に「叩く」という動作をしたことを表すだけで、その動作によって窓にどんな変化が生じたのかについては一切表さない。もちろん叩かれた窓はひびがはいったり壊されたりするが、叩いただけでは動作を受けた後の窓の状態については分からない。これを図で表すと次のようになる。

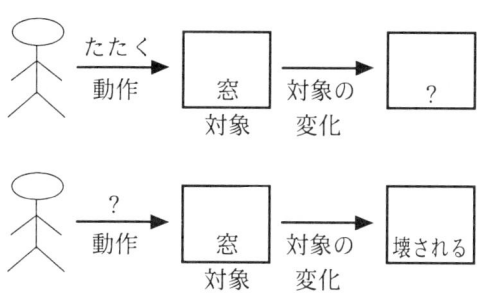

これは action chain[3]におけるスコープの設定の違いによっても説明ができる。ガ格名詞が窓に叩くという動作をし、それによって窓が壊れた場合、プロファイルの設定によって表現の仕方は違ってくる。ガ格名詞がヲ格名詞に働きかけた点をプロファイルするか、あるいはガ格名詞のヲ格名詞への働きかけとそれによるヲ格名詞の変化全体をプロファイルするかによる違いでもある。

　ヲ格名詞への働きかけ方は様々であるが、無対他動詞はいろんな働きかけの中でどれを選択したのかを明示するだけで、働きかけによるヲ格名詞の変化については述べない。しかし、有対他動詞はヲ格名詞への働きかけ方は無視し、働きかけをうけた後のヲ格名詞の変化の結果に注目した表現である。

　早津(1989)は有対他動詞と無対他動詞の違いを「乾かす」と「干す」を例にして次のように説明している。

> 　「乾かす」は、何らかの方法で「洗濯物」の水分をなくすことを表しているのであって、その手段としていかなる動作をするか、すなわち日光に当てるのか乾燥機を使うのかといったことは問題にされていない。それに対して「干す」は、「洗濯物」を物干し竿にかけるなどの動作を行うことを表しているのであって、「洗濯物」の水分がなくなるかどうかは問題にされていない。(233p)

「乾かす」は働きかけによるヲ格名詞の変化の結果まで表す動詞であり、「干す」はガ格名詞の動作を表すだけでその動作によるヲ格名詞の変化については問題にしないということで、これは宮島(1972)が同じ他動詞でも、対応する自動詞があるものとないものとでは意味的な差があり、対応する自動詞があるものはヲ格名詞に対する働きかけとヲ格名詞の変化を表し、対応する自動詞がないものはヲ格名詞に対す

---

[3] Langacker(1990b)は外界での事態を認知的に理想化して捉える一つのモデルとしてビリヤードボール・モデルをあげ、その中でエネルギーが一方的に伝えられる非対称的な連鎖関係のことをaction chainと名付けた。

る働きかけを表す、ということをもう一度確認したことになる。また、西尾(1982)は『分類語彙表』を資料にして「自・他の対応分布を調査した結果、「精神及び行為」に分類される動詞には自・他対応が目立って少ないし、「破壊・切断をあらわす動詞」にはほとんどが自・他対応をもっている、ということで宮島が述べたことによって違いを説明することができる」としている。

このように、有対他動詞と無対他動詞はガ格名詞の動作とヲ格名詞への働きかけがあるという点においては共通しているが、ヲ格名詞への働きかけによって生じた変化まで表すのか、あるいは動作が他に及ぶ段階まで表すのかに基本的な違いがある。

従って、ここでは有対他動詞を働きかけと変化の観点から分析し、他動性の観点から典型的な他動詞の性質の高いものから低いものへの繋がりについて述べる。

2.1.2 ヲ格名詞への影響

有対他動詞はガ格名詞の動作がヲ格名詞に働きかけ、それによってヲ格名詞に変化が生じた場合であるが、ヲ格名詞へ影響を与えるのがガ格名詞だけかどうか、また、ヲ格名詞の変化はガ格名詞の意図的な働きかけによる場合だけかどうかについて調べてみよう。

2.1.2.1 変化を目当てとする場合

動作が他に及ぶ場合、ガ格名詞のヲ格名詞への働きかけはヲ格名詞の変化を目当てとしてヲ格名詞に働きかける場合と、ヲ格名詞の変化を目当てとしない場合があり得る。有対他動詞はヲ格名詞に働きかけ、それによってヲ格名詞に変化が生じる場合であるので、ガ格名詞にはヲ格名詞の変化を目当てとした有性名詞がくる場合が多い。

   3) 花子はわざと手で卵を潰した。
   4) 太郎がこまを回した。

3)4)はガ格名詞「花子」と「太郎」が動作主としてヲ格名詞に働きかけ、その結果、ヲ格名詞に変化が生じたので、宮島(1972)と早津(1989)の説明のように動詞は働きかけとヲ格名詞の変化を共に表している。つまり、3)4)のヲ格名詞の変化――卵がつぶれたり、こまがまわること――は、ヲ格名詞の変化を目当てとしたガ格名詞の働きかけによって生じた現象である。

  このようにヲ格名詞の変化を意図したガ格名詞の意志によるヲ格名詞への働きかけを「影響1」とする。

2.1.2.2　変化を目当てとしない場合

  もちろん、ヲ格名詞への影響がヲ格名詞の変化を意図した動作だけではなく、ヲ格名詞の変化を全然意識しない別の動作によってヲ格名詞に変化が生じる場合もある。

   5) 太郎は<u>手が滑って</u>花瓶を落した。
   6) 太郎は父が大事にしている壺を壊し<u>てしまった</u>。

「太郎」のヲ格名詞への影響はヲ格名詞を変化させようとした意図的な動作による影響ではなく、「手が滑って」とか「～てしまった」で表されるように行為の結果たまたま生じた変化である。このようにヲ格名詞の変化を意図しない無意志的な動作によるヲ格名詞への影響を「影響2」とする。

  井上(1976)は「ある行為、またはでき事にかかわり合いを持つ、あるいは経験する有性名詞句の格」を経験者としているが、ガ格名詞が経験者であっても7)のようにガ格名詞に動作性のない場合もある。

7) 太郎は晩霜で植木を枯らした。

　ヲ格名詞に影響を与え、それによってヲ格名詞に変化が生じるのは3)～6)のようにガ格名詞が有性名詞の場合もあるが、以下の例のようにヲ格名詞への影響が自然現象による場合もある。

　　　8) 濁流が橋を流した。
　　　9) 風が帽子を飛ばした。

ヲ格名詞への影響が自然現象による場合には有性名詞が持っているような純粋な(?)動作性はないが、動的な動きによる動作主の役割を担っている擬人用法としての影響である。ヲ格名詞への変化を目当てとするかしないかは、動作性はあってもヲ格名詞への影響に対する意図の有無で対立している。

2.1.2.3　原因による場合

　また、ヲ格名詞への影響がガ格名詞に動作性を感じられない原因による場合もある。

　　　10) 全員無事の知らせが人々の緊張を解いた。
　　　11) 若い時分に働きすぎたことが祖母の体力を急激に弱めてしまった。

10)11)のガ格名詞にはヲ格名詞を変化させようとする意図も、またヲ格名詞の変化に対する物理的な動作もないが、抽象的な事柄がヲ格名詞を変化させる原因——人々の緊張が解けたのは全員無事だという知らせがあったからであり、祖母の体力が急激に弱まったのは若い時に働きすぎたからである——として働いている。
　このようにガ格名詞にヲ格名詞を変化させようとする意図も、また

具体的な動作もないが、それがヲ格名詞を変化させる要因として働らいている、原因によるヲ格名詞への影響を「影響3」とする。

「影響3」はガ格名詞に抽象的な事柄がくる場合が多いが、有性名詞が主語になる場合もある。

12) 太郎が多くの人の気持ちを動かした。

このように「影響3」はガ格名詞に有性名詞が現われても「影響1、2」のような具体的な動作によるヲ格名詞への影響ではなく、ガ格名詞のある行為が原因としてヲ格名詞に影響を及ぼすので、ヲ格名詞の変化を誘発させた点においては事柄名詞の場合と同じである。

このようにヲ格名詞への影響は、ヲ格名詞の変化を目当てとしてヲ格名詞に働きかける場合と、ヲ格名詞を変化させようとする意図はないがヲ格名詞への影響がガ格名詞の動作による場合、また、ヲ格名詞を変化させようとする意図も動作もない事柄名詞類がヲ格名詞を変化させる原因として働く場合の3つのパターンに分けられる。

13) ヲ格名詞への影響パターンとガ格名詞との関わり

パターン	ガ格名詞	ガ格名詞の意図の有無
影響1	有性名詞	あり
影響2	有性名詞	なし
	自然現象	
影響3	事柄名詞類	なし

2.1.3 影響のパターンとヲ格名詞の変化結果との関わり

有対他動詞はガ格名詞とヲ格名詞への影響によって3つのパターンに分けられ、ヲ格名詞への働きかけとヲ格名詞の変化まで表すのが一般的であるが、では、ガ格名詞の働きかけが必ずヲ格名詞の変化結果ま

で表すのだろうか。
　前述のように宮島(1972)は有対他動詞はヲ格名詞への働きかけと変化を共に表すとしたが、ガ格名詞の働きかけはヲ格名詞の変化が完了することまで含意しない場合もある。

　　14) 9時になって母は子供を（何度も）起したが、起きなかった。
　　15) 太郎が濡れた落ち葉を燃やしたが、結局燃えなかった。

14)は9時に起こしてくれと子供に頼まれた母親が9時になって何度も子供を起こしたが、子供が起きなかった場合である。つまり、子供が起きるように母が何度も働きかけたが現実状況においてはその事象が実現されなかった場合である。15)も同様に動作主である太郎が落ち葉に火をつけたり、あるいはいろんな方法で落ち葉を燃やそうと働きかけたが、ヲ格名詞にガ格名詞が意図した変化が生じなかった場合である。
　このように「影響1」はガ格名詞がヲ格名詞へ働きかけた結果、ガ格名詞の意図通りヲ格名詞に変化が生じる場合もあるが、ガ格名詞の働きかけとヲ格名詞の変化が結び付かない場合もある。
　しかし、「影響2、3」はヲ格名詞の変化を意図したガ格名詞の動作ではなく、ヲ格名詞の変化結果によるガ格名詞の動作と原因であるので、ヲ格名詞に変化が生じてはじめて文として成り立つわけである。従って、否定形が後接すると非文になる。

　　16) *順子は手が滑ってお皿を割ったが、お皿は結局割れなかった。
　　17) *若い時分に働きすぎたことが祖母の体力を急激に弱めてしまったが、祖母は弱まらなかった。

　このように有対他動詞には「影響2、3」のように常にヲ格名詞への影響と変化結果まで表す場合と、「影響1」のようにガ格名詞の働きかけが必ずヲ格名詞の変化まで表さない場合があるので、ヲ格名詞への影響と変化との関わりは次のように定義することができる。

18) ヲ格名詞への働きかけがガ格名詞の意図による「影響1」はヲ格名詞の変化を目当てとした働きかけであるが、それが必ずヲ格名詞の変化まで含意するのではない。しかし、ヲ格名詞の変化がガ格名詞の意図によらない「影響2、3」は必ず変化結果まで含意する。

2.1.4　ガ格名詞とヲ格名詞との関わりによるヲ格名詞の変化

他動詞文の主語について幸田(1991)は「有性名詞の主語の意味の四つの分類」に従って次の21)のように他動詞文の分類を行っている。

幸田はヲ格名詞への影響がガ格名詞の意図と動作による場合から主語に動作と意図がない場合まで4種類に分けて分類を行っているが、たとえば次のような例は4分類の中のどこに入るのだろうか。

19) 先生が学生を講堂に集めた。
20) 検察は犯人を逃がした。

19)の「先生」には学生を講堂に集めようとする意図はあるが、ヲ格名詞への働きかけに具体的な動作がないので21)の分類によると②（[＋intender,-actor]）であり、20)はガ格名詞「検察」にヲ格名詞を変化(犯人が逃げたこと)させようとする意図も、動作もないので④に入るだろう。しかし、②のヲ格名詞「髪」には19)の「学生」のような動作性がないし、また、「先生と学生」との関わりは「夏子と髪」の関係のようにガ格名詞の一部でもないので、②と19)はガ格名詞に意図はあっても動作がないという点においては同じであるが、ヲ格名詞の動作の有無という点においては異なる。また、20)もガ格名詞に動作と意図がないという点では④と同じであるが、変化がヲ格名詞の自発的・意図的な動作による変化である点で④と異なる。

21) 有性名詞主語の意味の四つの分類

	INTENDER	ACTOR	例　　文
①	＋	＋	花子がナイフで林檎を切った。
②	＋	－	夏子が髪を切った。
③	－	＋	春子がうっかり妹の指を切った。
④	－	－	冬子が事故でアキレスけんを切った。

　他動詞文のガ格名詞は有性名詞だけではなく「影響2、3」のように無性名詞がくる場合もあり、また、ヲ格名詞の変化も物理的な変化(動きを含む)から人間の心理状態の変化まで様々であるので、ガ格名詞の動作・意図だけではなくガ格名詞とヲ格名詞との関わりや、変化に対するヲ格名詞の動作・意図なども考慮に入れながら分類を行う必要がある。しかし、幸田の分類は主語の意味による分類だけで、主語とヲ格名詞との関わりについてはふれていない。

2.1.4.1　ヲ格名詞への影響がある場合

　有対他動詞はヲ格名詞への影響と変化を表し、ヲ格名詞への影響に三つのパターンがあることについては前述した通りであるが、有対他動詞のガ格名詞が必ずヲ格名詞に影響を与えるわけではない。

　22) 城下町は昔の雰囲気を残している。
　23) 太郎がお腹を壊した。

　たとえば22)は「城下町」が「昔の雰囲気」に影響を与え、それによって城下町の昔の雰囲気に変化が生じたのではなく、ヲ格名詞が表している状態がガ格名詞に吸収され、ガ格名詞に残されている場合である。
　このように有対他動詞といってもヲ格名詞への影響と変化を共に表すのではなく、ヲ格名詞への影響がほとんどない動詞まであるので、ヲ格名詞への影響がある場合とない場合とに分けて考えてみよう。

2.1.4.1.1 「影響1」の場合

2.1.4.1.1.1 ヲ格名詞の変化がガ格名詞の動作と意図による場合

「影響1」はガ格名詞にヲ格名詞を変化させようとする意図がある場合として、ヲ格名詞への働きかけは物理的な動作を伴う場合と伴わない場合とがある。ガ格名詞にヲ格名詞の変化に対する意図と動作がある時はヲ格名詞に物名詞が現われやすいが、事柄や有性名詞の場合もある。

2.1.4.1.1.1.1 ヲ格名詞が物名詞である場合
ヲ格名詞が物名詞である場合はヲ格名詞に対する働きかけがガ格名詞の物理的な動作による場合が多い。

24) 桜の枝を折った。
25) 子供がコップを壊した。
26) ズボンをずたずたに割いた。
27) 味噌汁を暖めた。
28) 妻が冷蔵庫でビールを冷やした。
29) 母が人参を煮た。

　ガ格名詞のヲ格名詞への働きかけはヲ格名詞の変化を目当てとした動作であるので、ヲ格名詞が物名詞である場合には24)～26)のように物理的な変化が生じる場合もあれば、27)～29)のような内面的な状態変化が生じる場合もある。
　また、ガ格名詞の動作によるヲ格名詞の変化が存在場所の移動を表す場合もある。ヲ格名詞の変化が位置移動の場合には変化の結果を二格で表すことができる。この時の二格は人(30)31))や位置(32)～36))、あるいは方向(37)38))を表す名詞をとり、帰着点を表す。

30) 優子はプレゼントを姪に届けた。
31) 真一は駅員に切符をわたした。
32) 机を廊下側から窓側へ移した。
33) 宝物を箪笥の奥に隠した。
34) 本を机の上に載せた。
35) 生徒たちは校庭に旗を立てた。
36) 父は壁に棚を付けた。
37) 時計をすこし下に下げた。
38) ハンドルを右に切った。

　このように「影響1」のヲ格名詞の変化はガ格名詞の意図による場合であるので、ヲ格名詞は物理的な変化を被る場合が多いが、変化だけではなくヲ格名詞の動作を要求する場合もある。ヲ格名詞の動作といってもヲ格名詞が物名詞であるので、ヲ格名詞に自発的な動作性があるのではなくガ格名詞の働きかけによるヲ格名詞の動きを表す。

39) 子供が紙飛行機を飛ばした。
40) 子供がこまを回している。

　働きかけがヲ格名詞の動きを表す場合には存在場所の位置変化と同様に二格が文の中に現われ変化結果まで表す場合もあるが、動きを表す二格は具体的な場所ではなく漠然的な位置であり、ガ格名詞が帰着点にまで触れることはできない。

41) 大きな岩を向こうに転がした。
42) 熱気球を空中に浮かべた。

　ヲ格名詞が物名詞である場合のガ格名詞の働きかけは、ヲ格名詞に物理的、あるいは内面的な状態変化を起させる場合と、位置変化の場合などがある。位置変化の場合には着点までガ格名詞が関与する場合としない場合があるが、いずれにせよガ格名詞はヲ格名詞の変化に直

接的な関わりをもっている。

　ガ格名詞の能動的な行為によって引き起こされるヲ格名詞の変化は瞬時的であり、単一的に完結した事象としてみなされるものであるが、ガ格名詞の動作によって引き起こされるヲ格名詞の変化がヲ格名詞の動きを表す場合には必ず瞬時的だとはいえない。

2.1.4.1.1.1.2　ヲ格名詞が事柄名詞である場合

　ヲ格名詞が事柄名詞である場合のガ格名詞のヲ格名詞への働きかけは物理的な力による働きかけではなく、変化するのはそれらの動き・状態・特徴、あるいは関係である（奥田：1983）。ヲ格名詞を変化させようとするガ格名詞の意図的な働きかけによってヲ格名詞が変化するという点においては物名詞の場合と同じである。

43) 父は縁談を壊した。
44) 政府は戒厳令を解いた。
45) 学校が暴力の鎮静化で規律を緩めた。

　もちろんヲ格名詞の変化がガ格名詞の意図による場合であるので、ヲ格名詞への働きかけによる変化結果をニ格で表すこともできる。

46) 政府は法律を新法に改めた。
47) 父は小遣いを千円に減らした。
48) 部屋の温度を18度から20度にあげた。
49) 恵子は散らかした部屋をもと通りの状態に戻した。
50) 社長は小切手を現金に変えた。
51) 息子が髪型を長髪から短髪に変えた。

2.1.4.1.1.1.3　ヲ格名詞が有性名詞である場合

　ヲ格名詞への働きかけがガ格名詞の動作と意図による場合にはヲ格名詞の物理的な変化を要求するので、ヲ格名詞に有性名詞がきても変化に対して動作も意図もない非情物のように扱われる。

52) 船長が海に溺れている人を助けた。
　　53) 太郎が後ろから押して花子を倒した。
　　54) （足を折った）いぬを車に乗せた。

たとえば52)の「溺れている人」は自ら自分を助けることができないので、ヲ格名詞に動作性を感じることはできない。このようにヲ格名詞の変化が自発的な動作によるのではなくガ格名詞の能動的な動作による変化であるので、もちろんヲ格名詞には変化に対する意図もない。また、ヲ格名詞に動作性がないという面ではヲ格名詞の変化が社会的な身分変化を表す場合もある。

　　55) 劇団はその女優を主役から降ろした。
　　56) 会社はパートの人を本採用に直した。
　　57) 監督がだめなチームを一流チームに育てた。

2.1.4.1.1.2　ガ格名詞の動作によらないヲ格名詞の変化

　「影響1」はヲ格名詞を変化させるために文構成の関与者の誰かに動作性が必要である。ガ格名詞に動作がなくなり意図だけになると動作がヲ格名詞に付与され、実質的な動作主はガ格名詞からヲ格名詞に移る。

　　58) 先生は家へ帰りたがっている子供を先ほど帰しました。
　　59) 列車が入って来るので駅員が乗客を白線まで下げた。

「子供」と「乗客」の変化は「先生」と「駅員」の物理的な動作による変化ではなくガ格名詞の使役性による変化であるので、ガ格名詞はヲ格名詞の変化に対する意図をもってヲ格名詞の動作を誘発させる使役主体として働き、58)と59)は他動詞構文をとっている語彙的な使役文になる。

ヲ格名詞の変化に対する動作がガ格名詞にある52)～54)はヲ格名詞に有性名詞がきても非情物のように扱われるが、動作がガ格名詞からヲ格名詞に移るとヲ格名詞に自発的な動作性が認められる。

　語彙的な使役文はガ格名詞である使役主体にヲ格名詞を変化させようとする意図があるといってもガ格名詞の意図性の現われ方は同じではない。58)のガ格名詞はヲ格名詞に動作をさせようとする意図がもともとあったのではなく、ヲ格名詞の申し出によってはじめて生まれた意図である。それに比べて59)はヲ格名詞の申し出によるものではなくヲ格名詞に動作をさせようとする考えから生まれたガ格名詞の意図である。その意図性の違いによって58)は許可を表し、59)は強制の意味としてヲ格名詞に動作をさせたわけである。語彙的な使役文もガ格名詞の働きかけによるヲ格名詞の変化という点においては典型的な有対他動詞文の意味と同じであるが、ただ、ヲ格名詞の自発的な動作の有無にその違いがある。

　このように「影響1」はガ格名詞にヲ格名詞の変化に対する意図はあるが、動作がある場合とない場合とがある。ガ格名詞にヲ格名詞を変化させようとする意図と動作があると、ヲ格名詞の変化はヲ格名詞が物名詞、事柄名詞、有性名詞であっても物理的な変化を表す場合が多い。しかし、ガ格名詞にヲ格名詞を変化させようとする動作性がないと動作性はヲ格名詞に付与され、ヲ格名詞の変化はヲ格名詞の自発的な動作による位置変化になるので、物名詞や事柄名詞がヲ格名詞にくることはない。

2.1.4.1.2　「影響2」の場合

　「影響1」はガ格名詞にヲ格名詞を変化させようとする意図がある場合であるが、「影響2」はガ格名詞にヲ格名詞を変化させようとする意図はなく動作だけがある場合である。「影響1」は意図をもった事態をコントロールできる存在によるヲ格名詞の変化だとすれば、「影響2」はヲ格名詞の変化に対する意図のないガ格名詞によるヲ格名詞への影

響であるので、動詞は無意志動詞であるか、あるいは意志動詞が無意志動詞化されてしまう。

　動詞を意志動詞から無意志動詞化するには「ふと、自然に、思わず、つい、うっかり、たまたま、偶然に」などのように無意志動詞の意味を与える副詞句や、動詞に「～てしまう」形をつけて表す。

　　60) a. 順子はお皿を割った。
　　　　b. 順子は手がすべってお皿を割った。
　　61) a. 太郎は壺を壊した。
　　　　b. 太郎は父が大事にしている壺を壊してしまった。

60)61)の動詞「割る」と「壊す」は意志動詞であり、ガ格名詞が有性名詞であるので、ヲ格名詞への影響はガ格名詞の意図と動作による行為である。しかし「手がすべって」の添加や動詞に「～てしまう」の後接によってヲ格名詞の変化は意図的な動作から無意図的な動作によるヲ格名詞への影響になる。

　また、ヲ格名詞への影響が無意図的である場合のガ格名詞に必ずしも有性名詞がくる必要はない。

　　62) 風が霧を散らした。
　　63) 濁流が橋を流した。
　　64) 風が帽子を飛ばした。
　　65) 寒気団が大気を冷やした。
　　66) 波が砂山を壊した。

　このように「影響2」はガ格名詞にヲ格名詞を変化させようとする意図はないが、ガ格名詞の動作によって物や自然現象が影響をうけ、変化する場合である。ヲ格名詞が物名詞である場合には位置変化を、自然現象である場合にはヲ格名詞の状態変化を表す場合が多い。

　このように「影響2」はガ格名詞にヲ格名詞を変化させようとする意図はないが、有性名詞による動作か、あるいは擬人用法として動作主

の役割をする自然現象がヲ格名詞に影響を与え、それによってヲ格名詞が変化をこうむる場合である。

2.1.4.1.3 「影響3」の場合

ヲ格名詞への影響が動作によるのではなく、原因による場合についてみてみよう。ガ格名詞が事柄名詞である時のヲ格名詞の変化はガ格名詞に動作も、また、ヲ格名詞を変化させようとする意図もないが、それが原因になってヲ格名詞に変化が生じるので、「影響1、2」のヲ格名詞への影響が直接的だとすれば、「影響3」のヲ格名詞への影響は間接的だといえる。

67) 夫の説明が妻の誤解を解いた。
68) 一人の若者の行動が多くの人々の気持ちを動かした。
69) 若い時分に働きすぎたことが祖母の体力を急激に弱めてしまった。
70) 書架の重みが床板を曲げてしまった。

「影響3」は変化するのが67)68)のように「人の心理状態」の場合と、69)のように人間の内面的な状態変化や、70)のようにヲ格名詞に物理的な変化が生じる場合もあるが、ガ格名詞には変化のための意図や動作はなくただそれが原因になって間接的にヲ格名詞を変化させる要因として働く場合である。

2.1.4.2　ヲ格名詞への影響がない場合

今までの有対他動詞はガ格名詞がヲ格名詞に影響を与え、それによってヲ格名詞に変化が生じる場合であったが、ヲ格名詞へ影響を与えない有対他動詞もある。

71)のガ格名詞とヲ格名詞との関わりはガ格名詞の動作によってヲ格名詞に変化が生じる場合であるので、ヲ格名詞への影響がないわけで

はなく、ガ格名詞がヲ格名詞を変化させ、ヲ格名詞の変化が結局ガ格名詞自身に戻ってき、ガ格名詞の変化を表す点では「影響1、2、3」とは異なり、むしろガ格名詞の動きがガ格名詞の変化を表す自動詞用法に近い再帰用法の場合である。

　71) 太郎は化粧で顔の皺を隠した。

71)のヲ格名詞「顔の皺」は最初からガ格名詞の一部であり、ガ格名詞が自分の体の一部に動作を行った場合であるので、ガ格名詞の意図と動作によるヲ格名詞への影響と、それによってヲ格名詞に変化が生じたという点においては「影響1」とも繋がる。
　また、ヲ格名詞の変化がガ格名詞の変化をもたらす表現として、ガ格名詞にヲ格名詞を変化させようとする意図はあるがヲ格名詞への影響がない場合がある。

　72) a. 太郎は髪を切った。
　　　 b. 太郎は髪を切ってもらった。

72a)は太郎の動作によるヲ格名詞の変化ではなく、第3者の動作によってヲ格名詞に変化が生じた場合として、72b)の「〜てもらう」と繋がるが、ヲ格名詞の変化がガ格名詞の変化をもたらすという点では71)と同様だといえる。

　73) 太郎が機械で手を潰した。

また、73)はガ格名詞の動作によってヲ格名詞に変化が生じた場合であり、ガ格名詞の無意図的な動作によってヲ格名詞に変化が生じるという点においては「影響2」と同様であるが、ヲ格名詞がガ格名詞の一部であるかないかに違いがある。
　また、74)75)はガ格名詞にヲ格名詞を変化させようとする意図も動

作もない生理現象による変化として、ヲ格名詞の変化がガ格名詞の変化をもたらす点では再帰用法の動詞である。

　　74) 太郎は髪の毛を伸ばした。
　　75) 太郎はお腹を壊した。

　ヲ格名詞の変化がガ格名詞の変化を意味する再帰用法の動詞といってもみんな同じではなく、ガ格名詞とヲ格名詞が別々の事物でありガ格名詞の動作によってヲ格名詞に変化が生じる点においては「影響1」のようなパターンと、ヲ格名詞の変化に対してガ格名詞に意図はあっても動作を伴わない58)59)のような語彙的な使役の場合、ガ格名詞に意図はないが動作によってヲ格名詞に変化が生じる「影響2」のようなパターン、原因によるヲ格名詞への影響ではないがガ格名詞にヲ格名詞の変化に対する動作と意図がない点では「影響3」と同じである場合がある。「影響1、2、3」と再帰用法の動詞は同じパターンをもっているが、「影響1、2、3」はガ格名詞が動作主であり、ヲ格名詞が変化の対象として、事態の参加者が2つであるが、再帰用法の場合はガ格名詞が影響を与える時点では2つの参加者として文の中で働くが、影響が終ると結局はヲ格名詞とガ格名詞が一体化するので典型的な他動詞構文とは異なり、意味的には自動詞用法に近い表現になる。
　このような再帰用法の動詞が有対他動詞をとることができるのは、有対他動詞にはガ格名詞の動作とヲ格名詞の変化を共に表す場合とガ格名詞に動作性はなくてもヲ格名詞の変化だけを表す場合、また、ヲ格名詞を変化させる動作だけで変化の結果まで含意しない場合があるからである。
　ガ格名詞にヲ格名詞への影響のない場合としては76)77)のように井上(1976)の経験者Bに当たる天野(1987)の状態変化主体の他動詞文がある。

　　76) 私は火事で家を焼いた。

77) 勇治は先生に殴られ歯を折った。

　状態変化主体の他動詞文はガ格名詞に動作もなく、またヲ格名詞を変化させようとする意図もないが、ヲ格名詞の変化がガ格名詞の状態変化を招来する他動詞文である。たとえば76)77)のヲ格名詞に変化を与えたのはガ格名詞ではなく第3者である「火事」とか「先生(実際には先生の行為である)」であり、それらの影響によるヲ格名詞の変化が結局ガ格名詞の変化をもたらしているので、変化の対象がガ格名詞であるという点においては再帰用法の動詞と共通するところがある。天野は再帰動詞との違いを次のように述べている。

　　　再帰動詞はガ格名詞に動きがあるのに対して、経験者Bの場合はガ格名詞に動作性がないから両者は違う。また、経験者Bの他動詞文はガ格名詞の状態がある状態から違う状態へと変化したことを表す。

　天野は両者の違いをガ格名詞の動きにあるとするが、再帰用法の動詞といっても必ずガ格名詞に動きがあるのではなく74)75)のように動きがない場合もあるので、両者の根本的な違いはヲ格名詞の変化がガ格名詞自身の動作であれあるいは生理現象による変化であれ変化はガ格名詞と何らかの関わりがあるが、状態変化主体の他動詞文はヲ格名詞の変化がガ格名詞の変化をもたらす点においては同じであるが、ヲ格名詞の変化にガ格名詞が直接関与しない点に違いがある。
　また、次のようにヲ格名詞がガ格名詞の所有物でもなくガ格名詞の心理状態や痛みなどを表す場合もある。

78) 妻は夫の説明で誤解を解いた。
79) 私は湿布で患部の痛みをとった。

つまり「夫の説明」や「湿布」がヲ格名詞に影響を与え、それによってヲ格名詞に変化が生じているので、これはヲ格名詞の変化が結局ガ

格名詞の変化をもたらした一種の状態変化主体の他動詞文である。「夫の説明」や「湿布」が文の参加者として現われない場合もあるが、「積極的な働きかけ」として文に現われる場合にはガ格をとって文の主語として「影響3」になり文の中で働く。

 80) 夫の説明が妻の誤解を解いた。
 81) 湿布が私の患部の痛みをとった。

　また、ヲ格名詞へ働きかけない点では同じであるが、再帰用法の動詞でも状態変化主体の他動詞でもない有対他動詞もある。

 82) 首脳会議が世界の注目を集めた。
 83) 彼女は母親の面影を残している。

82)83)はヲ格名詞から発した気持ちや事柄がガ格名詞に向けて移動し、結局ヲ格名詞がガ格名詞に吸収され、ヲ格名詞とガ格名詞が一体化した他動詞文として、自動詞とは次のような対応関係をもって、自動詞文ともほとんど意味が変わらない。

 84) a. AがBをVt（Vt：他動詞）
   b. BがAにVi（Vi：自動詞）
 85) a. 首脳会議は世界の注目を集めた。（＝82））
   b. 世界の注目が首脳会議に集まった。
 86) a. 彼女は母親の面影を残している。（＝83））
   b. 母親の面影が彼女に残っている。

　天野(1987)は状態変化主体の他動詞文のガ格名詞とヲ格名詞の意味的関係に関わる条件として、「ヲ格はガ格の所有物である。(中略)ガ格を状態や性質、特徴までも含めた総体として捉えるとヲ格の所有物までも構成に参加する部分として、ガ格とヲ格は全体と部分の関係」にあるとしているので、76)′77)′のように助詞「の」の挿入によって自

動詞化することができるが、82)83)は「の」の挿入ができない。

 76)′ 私の家が焼けた。
 77)′ 勇治の歯が折れた。
 82)′ ＊首脳会議の世界の注目が集まった。
 83)′ ＊彼女の母の面影が残っている。

　結局、これもヲ格名詞によるガ格名詞の状態変化を表すという点では、他動詞の形式をとっていてもガ格名詞の状態を表す一種の存在文に近い表現である。
　有対他動詞がヲ格名詞に働きかけがない場合は大きく三つに分けることができる。
①ヲ格名詞の変化がガ格名詞の動作、意図、あるいは潜在的な責任感などガ格名詞と何らかの関わりによる変化であり、ヲ格名詞の変化がガ格名詞の変化をもたらす場合
②ヲ格名詞の変化がガ格名詞の状態変化を表すという点では①と同じであるが、ヲ格名詞の変化がガ格名詞とは関わりなく、第3者の影響による場合
③ガ格名詞や第3者からも影響がなく、ヲ格名詞の気持ちや状態がガ格名詞に向けられ、それがガ格名詞に持続している場合

2.2　無対他動詞

2.2.1　無対他動詞とは

　まず、他動詞の範囲について考えよう。今まで動詞は自動詞と他動詞に二分され、対応関係にある動詞は自動的に自・他動詞に分類されるが、対応関係をもたない動詞は統語的な面での特徴、動詞とヲ格名詞との意味関係、直接受身への可否という観点から分類が行われてきた。

統語的な面での特徴、すなわち動詞の伴う格助詞の違いに注目し、対象がヲ格をとる動詞を他動詞とされる。しかし、動詞がヲ格をとるということは、他動詞的であることの大きな要素であることは間違いないが、ヲ格のうち、どのようなものを他動詞の伴う「対象」と認めるかによって、その判定にゆれが生じる動詞もかなりあり、動詞がヲ格をとるということが何を意味するのかが明らかにならないと、次の1)2)のように対応する他動詞のある自動詞「終る」と「移る」がヲ格を取る場合もあるので、動詞がヲ格をとるだけで自・他動詞に分類することはあまり意味をもたなくなる。

　　1) 山田君は仕事を終って家に帰った。
　　2) 友人が下宿を移るそうだ。

　また、ガ格名詞の動作がそのものだけにとどまるのか、あるいは他に及ぶのかという働きかけの観点からの分類もある。動作がガ格名詞自らの動きを表すのがいわゆる自動詞であり、ガ格名詞の「主体」から他の対象である「客体」への働きかけを表す動詞がいわゆる他動詞であるが、対象がとる格はヲ格だけではなく、3)4)のように二格、ト格をとる場合もある。また、単に働きかけといってもガ格名詞と対象との関わりが一様ではないので働きかけによる分類なしでは説明しきれない所もある。

　　3) 犬が子供にかみついた。
　　4) 太郎は次郎と戦った。

　それから、働きかけと関連づけて直接受身文が作れるものを他動詞とする立場もある。これは動詞一般に適用できるし、動詞とヲ格名詞との意味関係を認定基準にしないという利点があるので、受身表現成立の可否を積極的に他動詞認定の手がかりとし、直接受身文による表現ができるということは他に対する働きかけを表すので他動詞である

(野村：1982)とする。

しかし、3)4)はヲ格はとらなくても直接受身文による表現ができるという点から第二種他動詞(文法の謎小辞典：1982)とするが、5)のようにヲ格をとっても直接受身文ができない動詞だけではなく、6)のように直接受身文はできても働きかけがあるとは言いがたい動詞もある。

5) a. 高山植物が群落を作った。
   b. *群落が高山植物によって作られた。
6) a. 屋根の十字架は教会を示している。
   b. 教会は屋根の十字架によって示されている。

このように自他の弁別はヲ格の有無、動詞とヲ格との意味関係、直接受身文への可否を手がかりにしてなされているが、以外に複雑で微妙な問題がある。

結局、動詞は明確に二分することはできないが、ここでは動詞が対応する自動詞がなく、ヲ格をとる動詞の中で、ガ格名詞の表す「主体」からヲ格名詞の表す「客体」へ何らかの形で影響を与える動詞を一応無対他動詞としておく。

2.2.2 働きかけと変化との関わり

変化は基本的に動作によって生じるが変化の条件さえ整えばガ格名詞に動作がなくても可能である。ヤコブセン(1989)は変化が生じる要因として次のように三点をあげ、どこに当てはまるかは経験によって決まるとしている。

7) 変化が生じる場合
   ①自発的に起こる。
   ②変化する主体がそれ自体に生じさせるようなもの
   ③変化する主体以外の何物かによって引き起こされるようなもの

①は対象の変化が動作によって生じるのではなく自然現象とか気候の変化、あるいは生物の成長などによって自発的に変化する場合であり、②は動作主が変化の対象である再帰動詞とか再帰用法による場合である。③は変化する対象以外の何物かが対象に働きかけ、それによって対象に変化が誘発される場合として、いわゆる他動詞が表す変化はここに属するだろう。このように変化は働きかけと必然性はないとしても深い関わりをもっているのは確かである。

　動作が対象に影響を及ぼす場合、その働きかけを受けた対象に変化が生じる場合もあるが、働きかけが必ず対象に変化をもたらすのではない。働きかけとは、自他対応の有無にかかわらず、動詞が対象をとり、それに対して行為をすること(宮島：1972)であり、働きかけにも様々な段階や種類があり得る。

　　　8) a. 華やかなネオンが男たちを歓楽街に誘った。
　　　　 b. 私がナイフで彼を殺してしまった。

ヲ格名詞への働きかけはガ格名詞の動作による場合だけではなく、8a)のようにある原因(華やかなネオン)によってヲ格名詞が影響をうける場合と、働きかけが動作による場合においても8b)のようにそれがガ格名詞の意志による動作とは限らない場合もある。

　　　9) 父は勉強しない息子を叱った。
　　 10) 太郎は力強く窓を叩いた。

9)のように必ずヲ格名詞の変化をもたらすのでもなく、また、ヲ格名詞に変化が生じ得る場合においても10)のようにヲ格名詞への働きかけだけで、働きかけをうけた後のヲ格名詞の状態については表さない場合など、働きかけと対象との関係は様々である。このようにヲ格名詞が影響をうけるのはガ格名詞の意志的な動作による場合だけではなく、無意志的な動作や原因による場合などがあり、動作をうけた対象には

変化結果が残り得る場合もあれば、全く変化が生じない場合もある。
　では、対象への働きかけと変化が無対他動詞とどのような関わりがあるのかを有対他動詞「壊す」と比べてみよう。

　11）太郎は力強く窓を叩いた。
　12）太郎が窓を壊した。

ガ格名詞がヲ格名詞である窓に「叩く」という動作をしただけでは窓にどんな変化が生じたのかは分からないが、「叩く」という行為によって、たとえ窓が壊されても11)を用いて表すこともできる。ガ格名詞の働きかけによってヲ格名詞に変化が生じた場合においても、無対他動詞を用いるとヲ格名詞への働きかけだけを表し、働きかけによるヲ格名詞の変化までは表さないが、12)のように有対他動詞「壊す」が用いられると働きかけによるヲ格名詞の変化結果までを表す。
　話し手の焦点がヲ格名詞への働きかけにあるのか、あるいは働きかけによるヲ格名詞の変化にあるのかによって、無対他動詞を用いたり有対他動詞を用いたりする。これはヲ格名詞への働きかけによってヲ格名詞自体に物理的な変化が生じ得る場合であるが、ガ格名詞の働きかけがヲ格名詞の移動を表す場合もある。

　13）太郎は先生の所に今お歳暮を送った。
　14）太郎は先生の所に今お歳暮を届けた。

太郎が先生の所にお歳暮が着くようにある行為をした時、行為の結果お歳暮が先生の所に着いたかどうかは13)のように「送った」だけでは分からないが、お歳暮が先生の所に着かないと「届けた」という表現を用いることはできない。
　動詞がヲ格名詞の位置移動を表す場合においても、無対他動詞「送る」はヲ格名詞が移動先に着くように働きかける点に重点をおいた表現であり、有対他動詞「届ける」はヲ格名詞の移動過程よりは到着に

重点をおいた表現であるので、16)のように動作が完了してないことを表す表現が後接すると有対他動詞は非文になることによって裏付けられる。

 15) 昨日先生の所にお歳暮を送ったが、まだだそうだ。
 16) *昨日先生の所にお歳暮を届けたが、まだだそうだ。

このように無対他動詞は対象への働きかけによってたとえ対象が変化の可能性を内在しているとしても、動詞が表すのは対象への働きかけだけで働きかけを受けた後の対象の状態については表さない。

また、無対他動詞はガ格名詞の働きかけによって必ずヲ格名詞に変化の可能性があるのではなく、ヲ格名詞に働きかけても変化が生じない場合もある。

 17) 私たちは京都の古いお寺や神社をみた。

17)はガ格名詞がヲ格名詞に働きかける間だけはヲ格名詞にも働きかけを受ける状態が存続するが、ガ格名詞からの働きかけがなくなるとヲ格名詞には働きかけの結果が残らず(佐伯：1984)働きかけをうける前の状態に戻るので、ヲ格名詞への働きかけが必ず変化の可能性を含意するのではないということになる。

従って、無対他動詞の表すヲ格名詞への働きかけと変化との関わりは、

 18) ガ格名詞がヲ格名詞へ働きかける場合、対象への働きかけによって必ず対象に変化が生じるのではなく、変化の結果が残らない場合もあるが、対象に変化が生じ得る場合においても動詞が表すのは対象への働きかけだけで対象の変化の結果までは表さない。

ということになる。これは『分類語彙表』の「精神および行為」の分

野に、自・他対応を持つ動詞が目だって少ないことや、奥田靖雄(1983)が「ふれあい」と名付けた類の動詞(いじる、押す、蹴る、さわる、叩く)には、一部を除いて自・他対応がないことなどは、それが傾向として妥当であることを示している、という須賀(1986)の指摘とも繋がるところがある。

では、無対他動詞と変化は全然関わりがないだろうか。

19) テーブルをきれいに拭いた。
20) 鍋をぴかぴかに擦った。

動詞「拭く」「擦る」は対象への働きかけだけを表す無対他動詞であるが、動作を受けた後の対象の状態について表すこともできる。19)20)で分かるようにガ格名詞が(汚れている)テーブルと鍋に働きかけ、その動作によってテーブルがきれいになったり、鍋がぴかぴかになっている。これは働きかけによる対象の変化の状態まで表す点では有対他動詞と同じであるが、有対他動詞は対象の変化結果を動詞が表すのに対して、無対他動詞は対象の変化状態を動詞が表すのではなく副詞を用いて表す点に違いがある。

もちろん、有対他動詞も変化の結果状態を副詞を用いて表すこともできる。次の21a)有対他動詞「こわす」によって表されるヲ格名詞「玩具」は21b)のように働きかけを受けると元の形は維持できないので「~ても」形が下接すると非文になるが、22b)23b)の無対他動詞の対象は働きかけを受けても元の形はそのまま維持している。玩具は壊されたらもう玩具としての役割は果たせないが、テーブルと壁はきれいに拭いたり青く塗ってもテーブルであり壁である。つまり、両方ともに働きかけによる対象の状態を副詞によって表せるが、対象に生じる変化は同じではない。

21) a. 太郎が玩具をばらばらに壊した。
    b. *玩具をばらばらに壊しても、おもちゃである。

22) a. テーブルをきれいに拭いた。
　　b. テーブルはきれいに拭いても、テーブルである。
23) a. 壁を青く塗った。
　　b. 壁は青くぬっても、壁である。

　対象への働きかけによって生じ得る変化が「拭く」「塗る」などのような表面的な変化だけではなく全体変化を誘発させ得る無対他動詞もあるが、24b)のように変化結果を副詞で表すことはできない。

24) a. 金属を叩いたら、ぺちゃんこになった。
　　b. ??金属をぺちゃんこに叩いた。

　いわゆる他動詞はガ格名詞からヲ格名詞への働きかけを表すが、その働きかけによってヲ格名詞に変化が生じる場合と生じない場合がある。ヲ格名詞に変化が生じる場合においても動詞によってヲ格名詞への働きかけだけを表したり、あるいは変化結果まで表したりする。有対他動詞は対象への働きかけと対象の変化まで表す動詞であり、無対他動詞は働きかけによって対象に変化が生じ得る場合においても、動詞が表すのは対象への働きかけだけである。しかし、対象への働きかけが対象の変化を目当てとする場合には変化結果まで表すこともできるが、変化結果を動詞が表すのではない。このように無対他動詞は対象への働きかけを表すだけなので、対象の変化を副詞などを用いて表すことができても、対象であるモノを主体として言語的に表現することはできない。

2.2.3　ガ格名詞とヲ格名詞との関わり

　無対他動詞はガ格名詞の動作によってヲ格名詞に変化が生じ得る場合においても、ガ格名詞の動作とヲ格名詞への働きかけだけを表すということは前述した通りである。動詞がヲ格名詞の変化について表さ

ないということは、働きかけによってヲ格名詞に変化の可能性があってもそれを言語的に表す必要がないか、あるいはヲ格名詞に変化が生じない場合であるので、ガ格名詞の働きかけとヲ格名詞の変化まで表す有対他動詞よりは、ガ格名詞の働きかけがヲ格名詞の変化を引き起こさない動詞まで含む無対他動詞の方が働きかけ方はもっと多様であるといえよう。

　また、無対他動詞には働きかけによるヲ格名詞の変化の可能性の有無とは独立に、ヲ格名詞への働きかけのある動詞ばかりではなく25)26)のようにヲ格名詞への働きかけを感じさせない動詞もある。

　　25) 弘は大学へ進学することを諦めた。
　　26) 健二は先生から反感を買った。

25)はヲ格名詞が表す事柄に対するガ格名詞の心的状態を表し、26)はガ格名詞がヲ格名詞へ働きかけるのではなく、働きかけが逆にガ格名詞へ向かってくる場合である。ヲ格名詞への働きかけがないので25)′26)′のように働きかけをうけたヲ格名詞からの表現である直接受身はできない。もちろん、直接受身による表現の可否がヲ格名詞への働きかけそのものを表すのではない。

　　25)′ *大学へ進学することが弘によって諦められた。
　　26)′ *反感が健二に買われた。

　無対他動詞におけるガ格名詞とヲ格名詞との関わりは働きかけによって繋がっている場合も多いが、対象がヲ格をとりガ格名詞には対象への働きかけがあるとしても対象への働きかけ方は異なり、他動性の高い動詞から低い動詞まである。また、動詞がヲ格をとってもヲ格名詞へ働きかける場合だけではなく25)26)のようにガ格名詞に働きかけのない場合もあるので、働きかけの観点から分類を行う。

2.2.3.1　働きかけがある場合

　対象への働きかけがあるとは、逆にいうと対象が何らかの形で影響をうけることである。対象が影響を受けるのはガ格名詞の意志による直・間接的な働きかけだけとは限らない。

2.2.3.1.1　ガ格名詞に意志がある場合

　ヲ格名詞への働きかけがガ格名詞の意志による場合においてもガ格名詞とヲ格名詞との関わりは同じではない。ヲ格名詞への働きかけが動作主の意志による場合のガ格名詞は有性名詞として具体的な動作を伴う場合が多いが、27a)28a)のように動詞が働きかけによるヲ格名詞の変化を表さないとしても、27b)28b)で表されるように働きかけをうけたヲ格名詞には何らかの形で変化が生じ得る。

　27)　a.　太郎は窓を叩いた。
　　　　b.　太郎が窓を叩いたら、粉々になった。
　28)　a.　母がたわしで鍋をこすった。
　　　　b.　母がたわしで鍋をこすったら、きれいになった。

27)28)のようにヲ格名詞への働きかけがガ格名詞の直接的な動作による場合はヲ格名詞が物名詞だけではなく有性名詞の場合もある。

　29)　瀬戸上等兵は木谷にならんで壁に背をつけ、膝の上に通信紙を開いて何か書き始めたが、再び肩で木谷を押した。
　30)　日本選手が相手チームの選手を殴った。

29)「押す」は「物に手・指先などを当てがって前方へ力を加える」(『大辞林』1989)ことによって表されるように、動作主「瀬戸上等兵」が対象「木谷」を向こう側へ動かそうと対象に物理的な動作をすることで

ある。30)も同じくヲ格名詞が有性名詞であり、ガ格名詞の働きかけによって殴られたヲ格名詞には働きかけの結果が残り得るが、動詞は変化結果までは表さないし、物理的な動作による働きかけといっても働きかけによって意図した変化が起こらない場合もある。

 31) このドアは押してもひいても開かない。

また、ガ格名詞がヲ格名詞に直接動作を行っても、ヲ格によって表されるのがガ格名詞の動作によって消費される対象の場合がある。

 32) 患者は大量の一酸化炭素を吸った。
 33) 子供が御飯を食べた。

無対他動詞が「AがBをVt」の構文をとり、対象への働きかけがガ格名詞の意志による場合のヲ格名詞はガ格名詞の働きかけをうける直接的な対象であるが、次のようにヲ格名詞がガ格名詞の動作をうけるのではなく働きかけの結果として作り出されたモノがヲ格をとる場合もある。

 34) 母は（木で）机を作った。
 35) 山にトンネルを掘った。

いずれにしてもヲ格名詞への働きかけがガ格名詞の意志による場合にはガ格名詞の物理的な動作を伴うので、ヲ格名詞には変化の可能性があり、ガ格名詞の動作を受けるモノや、働きかけによって作り出されたモノがヲ格を取って現われる。
 無対他動詞が表すヲ格名詞への働きかけがガ格名詞の具体的な動作による場合にはヲ格名詞自体に物理的な変化が生じる可能性もあるが、ヲ格名詞の位置移動を表す場合もある。無対他動詞が表す対象の移動はヲ格名詞が目的地に着いた後のヲ格名詞の状態については表さない

が、動詞によってはヲ格名詞が移動するように働きかける動作に焦点をあわせたり、あるいはヲ格名詞が移動先に着くまでの移動の過程に焦点を合わせたりする。

　　36) 彼女はテープを舞台に投げた。
　　37) 太郎は先生のところに今お歳暮を送った。（＝13)）
　　38) 次郎が机を窓側に運んだ。
　　39) 友達にプリントを配った。
　　40) 太郎は先生のところに今お歳暮を届けた。（＝14)）

たとえば36)37)のヲ格名詞への働きかけは移動先へ向かわせるガ格名詞の働きかけとして、ヲ格名詞が目的地に着くまでの動作を表しているのではなく、ガ格名詞は起点にいながらヲ格名詞に働きかける場合である。しかし、38)39)は移動先までの運搬過程に焦点をあわせ、二格の表す所に着くまでのヲ格名詞への働きかけであるので、ガ格名詞はヲ格名詞と共に移動する場合である。それに比べて有対他動詞を用いた40)はヲ格名詞への働きかけが運搬過程を表すのではなく、移動先へ移動が完了したことを表す。

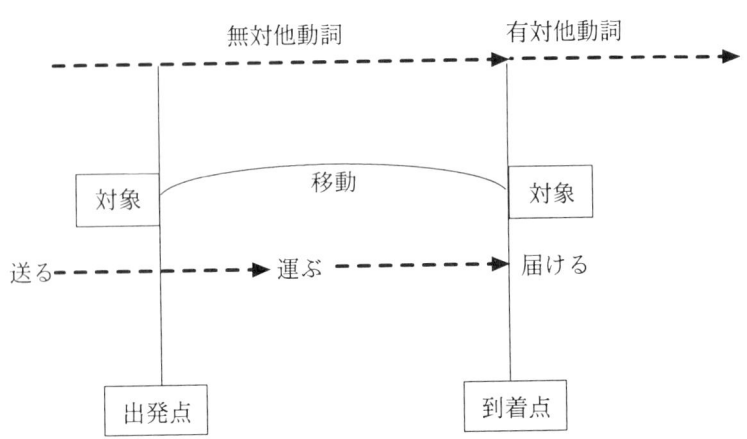

対象の存在場所の移動を表す場合にはガ格名詞の働きかけによってヲ格名詞が他の場所へ移動することを表すが、ガ格名詞の働きかけによるヲ格名詞の移動先がガ格名詞になる場合もある。

　　41）太郎は公園で新聞を拾った。
　　42）強盗が旅人から金を奪った。
　　43）新聞配達の人が新聞をくれたので、娘は新聞を受け取った。

41)42)はガ格名詞がヲ格名詞に働きかけ、もとの持ち主の意志とは別にヲ格名詞を自分のモノにした場合であり、43)は42)に比べてヲ格名詞に対する働きかけは積極的ではないが、働きかけの結果、ヲ格名詞がガ格名詞の所有物になる点では同じである。
　移動というと一般的にあるモノが現在の位置から他の位置へ移ることで空間的な存在場所の変化を表し、それはガ格名詞の直接的な働きかけによって生じる場合が多いが、次のように空間的な移動ではなく抽象的な事柄の移動を表す場合もある。

　　44）大金持ちが家を買った。
　　45）生徒は授業でコンピューターの構造を知った。

44)は移動といってもガ格名詞の動きによる視覚的な現象としての移動ではなく知的所有権の移動として所有者の転換を表す。45)はヲ格の事柄に対するガ格名詞の単なる現在の状態を表すのではなく、コンピューターの構造を勉強したという生徒の意図的な動作によるガ格名詞の知識の習得として、広い意味での対象の移動といえるだろう。
　対象が物名詞や事柄名詞から有性名詞になるとヲ格への働きかけは物理的な動作から言語表現による働きかけになりヲ格の自発的な動作による移動を要求する。

　　46）先生を結婚式に招いた。

47) 彼女をパーティーに呼んだ。
48) 仲間を散歩に誘った。

このようにヲ格名詞の移動を表す場合のガ格名詞とヲ格名詞との関わりは、次の五つのパターンになる。

49) ヲ格名詞の移動を表す場合のガ格名詞とヲ格名詞との関わり
  (1) ヲ格名詞に物理的な動作をする場合
    ①ヲ格名詞が移動先のニ格に着くように働きかけるだけで、ガ格名詞は起点の位置で対象に働きかける。：太郎が向こうにボールを投げた。
    ②ヲ格名詞を移動先のニ格まで移動させる過程を表す場合としてガ格名詞とヲ格名詞が共に移動する場合：太郎は机を窓際に運んだ。
    ③ヲ格名詞に働きかけ、ヲ格名詞が移動をする点では①②と同じであるが、ヲ格名詞の移動先が第3の場所ではなくガ格になる場合：強盗が旅人からお金を奪った。
  (2) ヲ格名詞の自発的な移動を促す場合：太郎が先生をパーティーに誘った。
  (3) ヲ格名詞の移動が抽象的な事柄の移動の場合：大金持ちが家を買った。

このような移動の意味からも分かるようにガ格名詞のヲ格名詞への働きかけはガ格名詞の物理的な動作による場合だけではなく、物理的な動作による場合においてもヲ格名詞への働きかけは異なる。また、物理的な動作を伴わないヲ格名詞への働きかけはガ格名詞の言語描写による場合であるので、46)〜48)のようなヲ格名詞の移動を要求する場合だけではない。

50) 太郎は洋子を褒めた。
51) 父はもっと勉強しろと息子を叱った。

52) 太郎は自分の気持ちを弘に言った。
53) 皆の幸福を神に祈った。

50)51)のようにヲ格名詞が有性名詞であればヲ格名詞がガ格名詞の直接的な働きかけをうけるが、52)〜53)のように二格が有性名詞である場合には働きかけをうける対象が二格になり、ヲ格は働きかけに対する内容やテーマにすぎない。

また、ヲ格名詞への働きかけがガ格名詞の物理的な動作によらない場合として、ヲ格名詞に対する判断・予測・願望・決心のような精神的な活動を表す比喩的な表現もある。

54) この劇では脇役の女優が主演女優を完全に飲んでいる。
55) 彼の才能を高く買っている。

54)55)のヲ格名詞は有性名詞か、有性名詞の心理や能力を表す場合として、動詞が表すのはヲ格名詞に対するガ格名詞の意志による内面的な心理状態である。

ここで働きかけについてもう少し述べておきたい。前述したように働きかけが、自他対応の有無にもかかわらず、動詞が対象をとり、それに対して行為をすることになると、物理的な動作を伴わない思考動詞などに働きかけを認めることができるかということである。まず、行為についてであるが、行為を意図的な動作としてとらえると物理的な動きのない思考動詞には行為がないということになりそうだが、56bc)のように命令形や勧誘表現ができるのは動きがなくても行為はあるということになり、対象としてヲ格をとっているのでガ格名詞には働きかけがあるといえる。

56) a. 私たちは大学に進学することを諦めた。
    b. 私たちは大学に進学することを諦めよう。
    c. 大学へ進学することを諦めろ。

しかし、56a)にヲ格名詞への働きかけがあるのだろうか。ガ格名詞がヲ格名詞に何らかの影響を与えるのではなく、ヲ格名詞が表す事柄に対するガ格名詞の単なる判断を表しているだけなので、働きかけをうけた対象からの表現である直接受身による表現はできない。

57) ＊大学に進学することが私たちに諦められた。

では、ガ格名詞にヲ格名詞に対する行為があっても物理的な動きを伴わない思考動詞の場合はヲ格名詞への働きかけを認めることはできないのだろうか。

58) 先生は僕を諦めた。

56a)と58)はヲ格名詞句が事柄であるか有性名詞であるかに違いはあるが、動詞が同じ構文をとり、ヲ格名詞に対するガ格名詞の判断を表す点では同じである。ガ格名詞がヲ格名詞に対して判断をすること自体はヲ格名詞に直接的な影響は与えないが、その判断によってヲ格名詞が間接的に影響をうける場合がある。たとえば、58)は「先生」がヲ格名詞である「僕」を諦めることによって指導をしなくなった場合、ヲ格名詞は直接とはいえなくても間接的に影響をうけることになり、ヲ格名詞が影響をうけることはヲ格名詞への働きかけがあるということである。動詞が思考動詞であってもヲ格名詞に対するガ格名詞の判断が事柄ではなく有性名詞に対する意図的な判断であれば、広い意味での対象への働きかけを認めることができ、影響をうけた対象の立場からの表現である直接受身文も可能になる。

58)′ 僕は先生に諦められた。

このように対象への働きかけが意志による場合のガ格名詞は有性名詞であり、対象への働きかけによって対象に変化の可能性があり得る

場合においても焦点は対象への働きかけにある。対象への働きかけがガ格名詞の具体的な動きによる場合には対象に物理的な変化、あるいは位置移動などの可能性があるが、ガ格名詞の動作による対象への働きかけが物理的な動きを伴わない場合にはガ格名詞の認識や表現活動による言語表現になるか、あるいはヲ格名詞に対するガ格名詞の判断などを表し、ヲ格には有性名詞が現われる。

　対象への働きかけがあるということは働きかけをうけた対象の立場からの表現である直接受身文が可能になる。直接受身との関係は動詞によって表される動きや、事態のどれに焦点を当てるのかという視点と関わりであるが、基本的にそれらが表す知的意味は同じである。したがって、対象への働きかけがある場合には働きかけをうけた対象からの表現である直接受身文による表現は可能になる。

　　　59) a. 太郎は窓を叩いた。（＝27a)）
　　　　　b. 窓が太郎にたたかれた。
　　　60) a. 日本選手が相手チームの選手を殴った。（＝30)）
　　　　　b. 相手のチームの選手が日本選手に殴られた。
　　　61) a. 母は（木で）机を作った。（＝34)）
　　　　　b. 机が作られた。

59)～61)はガ格名詞の物理的な動きによってヲ格名詞へ働きかける場合として、対象は物名詞だけではなく有性名詞の場合においても働きかけをうけた対象の立場からの表現はできる。

　　　62) a. 彼女はテープを舞台に投げた。（＝36)）
　　　　　b. テープが舞台に投げられた。
　　　63) a. 次郎が机を窓側に運んだ。（＝38)）
　　　　　b. 机が窓側に運ばれた。
　　　64) a. 強盗が旅人から金を奪った。（＝42)）
　　　　　b. 旅人が強盗に金を奪われた。

62)～64)もヲ格名詞への働きかけがガ格名詞の物理的な動きによる点では59)～61)と同じであるが、働きかけによってヲ格名詞自体に変化の可能性があるのではなく、ガ格名詞の働きかけはヲ格名詞の位置移動を表す。また、ヲ格名詞への働きかけがガ格名詞の物理的な動きによる場合だけではなく、言語活動による働きかけや、ヲ格名詞に対するガ格名詞の判断のような間接的な働きかけの場合においても同じく直接受身文による表現ができる。

65) a. 父はもっと勉強しろと息子を叱った。（＝51)）
    b. 息子はもっと勉強しろと父に叱られた。
66) a. 与党が野党を軽くみている。
    b. 野党が与党に軽くみられている。

このようにヲ格名詞への働きかけがガ格名詞の意志による物理的な動きを伴う場合にはヲ格名詞とは関わりなく直接受身文で表すこともできるが、ヲ格名詞への働きかけがガ格名詞の具体的な動きを伴わない言語活動による働きかけやヲ格名詞に対するガ格名詞の心理状態を表す場合には、ヲ格名詞が有性名詞に場合においてヲ格名詞への働きかけが認められる。

2.2.3.1.2　ガ格名詞に意志がない場合

いわゆる他動詞が表す対象への働きかけはガ格名詞の意志による場合であるが、対象が影響をうけるのはガ格名詞の意志による場合だけではない。

67) 列車が線路で寝ている人を引いた。
68) 車がガードレールを擦った。

67)68)は有性名詞のコントロール下にあるとみなせる乗り物によって

ヲ格名詞が影響をうけた場合として、実質的な動作は有性名詞による行為であるが、乗り物が主語として現われると主語に意志を付与することはできない。同じ動作行為であっても69)のようにガ格名詞が有性名詞であり、行為主体がデ格をとればガ格名詞の意志によるヲ格名詞への働きかけになる。

  69)　私は車でガードレールを擦った。

　また、主語に意志がない場合として動作主が主語をとる形式と同じく動作主の役割をする擬人用法としての自然現象がヲ格名詞に影響を与える場合がある。

  70)　台風がこの地域に被害を与えた。
  71)　津波が家をのんだ。

これも乗り物の場合と同じく対象がガ格名詞によって影響をうける場合であるが、ガ格名詞にヲ格名詞への影響に対する意志がないのでヲ格名詞が影響をうけるとしてもそれは動作の結果によって生じた現象である。対象への働きかけがガ格名詞の意志による場合には意志形や「～たい」などを後接することができるが、次のように非文になるのは対象への影響が意志的ではないということを裏付けている。

  69)′ *列車が線路で寝ている人を引こう。
  71)′ *台風がこの地域に被害を与えたがっている。

　ガ格名詞に対象へ影響を与えようとする意志がなくても対象が結果的に影響をうけるということは、働きかけがガ格名詞の意志と密接な関わりがあるのは確かであるが、それが必須要素ではないということである。ガ格名詞に働きかけに対する意志がなくても対象が影響をうけるのであれば直接受身文による表現は可能である。

69)″ 線路で寝ている人が列車に引かれた。
70)″ この地域は台風によって被害を与えられた。

　無対他動詞のガ格名詞に有性名詞が現われてもヲ格名詞への影響が必ず意志によるものではない。

72) 皆が彼の死を悼んだ。
73) 私はその女性を嫌っている。
74) 私は薄情な友人を憎んだ。
75) 世間はこの大学を一流校の一つに数えている。

72)～74)は人や人の状態に対するガ格名詞の感情として、ガ格名詞に自然に現われる無意志的な心理状態を表している。75)のようにガ格名詞が人々一般を表し、対象は二格の典型の中に含まれ、ヲ格名詞に対するガ格名詞の評価を表す場合には、ガ格名詞が有性名詞であっても意志的な動作ではないので勧誘形や命令形にすると非文になる。

73)′ *私は明日までその女性を嫌おう。
74)′ *私は薄情な友人を来週から憎みたい。

　また、対象への働きかけが意志によらない場合としてガ格名詞に物名詞や事柄名詞が現われ、それが原因として働く場合もある。

76) a. 華やかなネオンが男たちを歓楽街に誘った。
　　 b. 彼は婚約者を食事に誘った。
77) a. 過去の歴史が私たちに人類の愚かさを教えている。
　　 b. 先生は子供たちにローマ字を教えた。

76a)のガ格名詞にはヲ格の有性名詞に動作を誘発させる動作も意志もないが、ヲ格名詞に動作を引き起こさせる原因――男たちが歓楽街に誘われたのは結局華やかなネオンがあったからである――が対象に働

きかけた場合である。77a)のガ格名詞は事柄名詞であり対象が影響をうけたとしてもそれは結果的な現象として、過去の歴史が意図的に働きかけたのではなく、過去の歴史を勉強することによって人類の愚かさが分かるようになったのである。もちろん、同じ動詞が同じ構文をとっても76b)77b)のようにガ格名詞が有性名詞であれば意志による対象への働きかけになる。

　対象がガ格名詞の意志や具体的な動作による影響ではなくても、ガ格名詞によって判断されたり原因によって間接的に影響をうける対象であれば直接受身文はできても、対象への影響がガ格名詞に意志によらないので使役表現はできない。

　　73)′　その女性は僕に嫌われている。
　　73)″　*僕にその女性を嫌わせた。
　　76a)′　男たちは華やかなネオンによって歓楽街に誘われた。
　　76a)″　*華やかなネオンに男たちを歓楽街に誘わせた。

　このようにヲ格名詞が影響をうけるのはガ格名詞の意志による場合だけではなく、機械や自然現象のように擬人用法による場合と物名詞や事柄名詞が原因として働く場合もある。また、ガ格名詞が有性名詞であっても、ヲ格名詞に対する感情や判断を表す場合にはガ格名詞の意志による働きかけではないが、ヲ格名詞が結果的に影響をうけるので直接受身文による表現はできるが、ヲ格名詞への働きかけに意志はないので使役文はできなくなる。

　対象への働きかけがある場合をまとめると次のようになる。

　　78)　対象への働きかけがある場合
　　　1　ガ格名詞の意志による場合
　　　　1)　対象への働きかけがガ格名詞の動きによる場合
　　　　　①ヲ格名詞自体に物理的な動作をする場合：叩く、殴る類
　　　　　②ヲ格名詞が消費の対象か、ガ格名詞によって作り出されたモノ
　　　　　　である場合：食べる、作る類

　　　　　③ヲ格名詞の空間的な位置移動を表す場合：投げる、運ぶ類
　　　　　④ガ格名詞の移動を表し、ヲ格名詞が有性名詞である場合：訪れる
　　　2) 対象への働きかけがガ格名詞の動きを伴わない場合
　　　　　①所有物や知識など抽象的な事柄の移動を表す場合：買う、知る類
　　　　　②言語描写によるヲ格名詞への働きかけであるが、ヲ格名詞が有性名詞である場合：言う類
　　　　　③ヲ格名詞に対するガ格名詞の心理状態や判断などを表し、ヲ格名詞が有性名詞である場合：諦める
　　2　ガ格名詞の意志によらない場合
　　　　①機械や自然現象によって対象が影響をうける場合：擦る
　　　　②物名詞か事柄名詞などが表す原因によって対象が影響をうける場合：与える、飲む
　　　　③ヲ格名詞に対するガ格名詞の感情を表し、ヲ格名詞は有性名詞か有性名詞の内面的な状態を表す場合：悼む、嫌う、憎む

2.2.3.2　働きかけがない場合

　今までの無対他動詞はガ格名詞の意志とは独立して対象に影響を与える場合であったが、無対他動詞といっても対象への働きかけがある場合だけではない。

　79)　a. 犬が子供を噛んだ。
　　　　b. 太郎は唇を噛んだ。

79a)はガ格名詞が動作性をもってヲ格名詞に働きかける場合であるが、同じ動詞であってもヲ格名詞が自分の体の一部である79b)はガ格名詞からでた働きかけが自分自身に戻ってくることによって動作が終結するので、結局自らの動きを表す自動詞に近くなる。また、ヲ格名詞が

ガ格名詞の働きかけの結果によって作り出された対象である場合や、80b)のようにヲ格名詞がガ格名詞の表情や声などを表す再帰用法の表現がある。

 80) a. 太郎は（木で）机を作った。（＝34)）
   b. 真由美は無理に笑顔を作った。

　それからガ格名詞の意志によってヲ格名詞をニ格に移動させる点では81a)と同じパターンであるが、81b)のようにニ格が体の一部である場合には動詞が同じであっても対象への働きかけは結局自分自身に戻ってき、ヲ格名詞がガ格名詞の一部になってしまう再帰用法がある。

 81) a. 花子は花瓶に花をさした。
   b. 花子は髪に簪をさした。

　このようにガ格名詞に動作性があってもヲ格名詞が体の一部である再帰動詞の場合や、ガ格名詞とヲ格名詞が別物であっても主体が対象をニ格の体の一部に動作をする場合には、やはり対象への働きかけではなく自分自身への動作を表す。典型的な他動詞が有する他者への働きかけといった意味的な特徴をもたない再帰動詞は直接受身文にすることはできないが、有性名詞による動作であるので使役文はできる。

 79b)′ a. ＊（太郎の）唇が太郎に噛まれた。
    b. 太郎に唇を噛ませた。
 80b)′ a. ＊笑顔が真由美に無理に作られた。
    b. 先生が真由美に無理に笑顔を作らせた。
 81b)′ a. ＊髪が花子に簪をさされた。
    b. 花子に髪に簪を挿させた。

　対象への働きかけはガ格名詞とヲ格名詞との関わりによっても違うが、動詞の表す意味によっても対象との関わりは違ってくる。

82) 順子は魚の匂いを嗅いだ。
83) 弘はステレオで音楽を聞いた。
84) 太郎が図書館で本を読んだ。
85) 駅前で友達を待っている。

ガ格名詞が動作性をもった有性名詞であっても動作の結果が対象に残らない知覚動詞などの場合は動作が対象に及ぶのではなく、ヲ格名詞は動作をするために必要なだけで、動作の結果、対象には何の変化も生じない。

もちろん、同じ動詞でも87)のようにヲ格名詞が有性名詞になると、ヲ格名詞に対する判断が持続し、対象への働きかけが認められ、直接受身文による表現が可能になる。

86) a. 僕は京都の古いお寺や神社をみている。
    b. ＊京都の古いお寺や神社が僕にみられている。
87) a. 与党が野党を軽くみている。（＝67））
    b. 野党が与党に軽くみられている。

ガ格名詞に動作性はあるが対象への働きかけがない場合としてガ格名詞の移動を表す場合がある。88a)のように移動先が有性名詞の場合はガ格名詞の動作によって対象が影響をうけるので対象への働きかけが認められる。たとえば、せっかくの休みだから家で休んでいたのに、不意の客に来られてちっとも休めなかった場合も対象は影響をうけることになり、88b)のように受身文による表現も可能になるが、89a)のようにヲ格に場所名詞がくると対象が働きかけをうけることはないので直接受身文による表現はできなくなる。

88) a. せっかくの休みというのに不意の客が僕を訪ねてちっとも休めなかった。
    b. 僕は不意の客に訪ねられた。
89) a. 太郎が父の会社を訪ねた。

b. *父の会社が太郎に訪ねられた。

　動詞が移動を表す場合においても90)のように移動の起点を表したり、91)のように動作が行われている場所を表している場合もある。

　90) a. 太郎が部屋を／から出た。
　　　b. 煙草の煙が部屋*を／から出た。
　91) 太郎が廊下を走った。

90a)のようにヲ格が起点である場合は内在格である「から」とも交替ができるが、それはガ格名詞の意志による場合で、90b)のようにガ格名詞に動作に対する意志性がないとヲ格をとることはできない（三宅：1996)。91)も対象への働きかけはないが、動作が行われている場所をガ格名詞が全面的に支配していることを表し、ガ格名詞の意志的な行為を表す点では他動と繋がっているが、ガ格名詞が動作主であり、また変化を被るという意味では再帰的な意味が働いている。

　再帰動詞や移動動詞のように対象への働きかけがなくても無対他動詞はガ格名詞に動作性がある場合、それが必ず視覚的な動きによる動作である必要はない。動詞が思考動詞であり、92a)のようにヲ格名詞が有性名詞である場合にはヲ格名詞がガ格名詞の働きかけをうけるが、92b)93)のように事柄としての考えや自然発生的に生じるガ格名詞の感情表現になるとヲ格名詞への働きかけはなくなり、ヲ格名詞に対する心理状態を表すことになる。

　92) a. 先生が僕を諦めた。（＝59)）
　　　b. 弘は大学へ進学することを諦めた。
　93) 優子は夫の行動に激しい怒りを覚えた。

　無対他動詞が対象への働きかけを表さない場合は、動作が自分自身に及ぶか、ヲ格名詞が動作をするために必要な対象であったり、判断

の対象である場合である。いずれにしてもガ格名詞には有性名詞として動作性があるので、直接受身文はできなくても使役文にすることはできる。

　動詞が再帰動詞の場合は動作が自分自身に及び、対象への働きかけではないので、直接受身文にすることができないことについては前述したが、ガ格名詞が有性名詞であっても生理現象の場合においては動作性はあっても意志による場合ではないので、直接受身文だけではなく使役文もできない。

　　94) a. 蛇が皮を脱いだ。
　　　　b. *皮を蛇に脱がれた。
　　　　c. *蛇に皮を脱がせた。
　　95) a. 試合が長引いて選手たちは疲れをみせている。
　　　　b. *試合が長引いて疲れが選手たちにみせられている。
　　　　c. *監督は選手たちに疲れをみせさせている。

　また、動作性のない場合として、96)のようにヲ格名詞に対するガ格名詞の判断が経験による場合には動作性と意志性がないので直接受身文と使役文ができない。

　　96) a. 日本人は桜の花で春を知る。
　　　　b. *春は日本人に桜の花で知られる。
　　　　c. *日本人に桜の花で春を知らせた。

ガ格名詞に動作性と意志性がない場合としてはガ格名詞にヲ格名詞の状態の意味をもたせる場合もある。

　　97) a. この仏像は文化財的な重要性をもつ。
　　　　b. *文化財的な重要性がこの仏像によってもたれている。
　　　　c. *この仏像に文化財的な重要性をもたせている。

このように無対他動詞は対象への働きかけがある場合だけではなく、働きかけがない場合もある。対象への働きかけは同じ動詞であっても対象によってヲ格名詞との関わりが異なり、ガ格名詞に動作性があっても思考動詞、知覚動詞の場合はヲ格名詞が有性名詞から事柄名詞になると対象への働きかけはなくなり、ガ格名詞の動作だけを表す。無対他動詞にはヲ格名詞への働きかけがないだけではなく、ヲ格名詞に対する判断がガ格名詞の経験による場合とか、ガ格名詞がヲ格名詞の状態をもたせられている場合にはガ格名詞に動作性もない。

2.3 まとめ

他動詞は有対他動詞と無対他動詞に分類される。有対他動詞と無対他動詞の大きな違いは「壊す」と「叩く」によって明らかにすることができるだろう。

1) 太郎が窓を壊した。
2) 太郎が窓を叩いた。

他動詞が表すヲ格名詞への働きかけ方は様々であるが、1)2)からも分かるように有対他動詞はガ格名詞がヲ格名詞にある物理的な動作をし、それによって変化したヲ格名詞の状態を表すが、ヲ格名詞への働きかけ方は無視し、働きかけをうけた後のヲ格名詞の変化結果に注目した表現である。無対他動詞はガ格名詞がヲ格名詞にある動作を行ったということを表すが、いろんな働きかけの中でどれを選択したのかを明示するだけで、働きかけによるヲ格名詞の変化については一切表さない。

これは宮島(1972)の説明――同じ他動詞でも、対応する自動詞があるものと、ないものとでは意味的な差があり、対応する自動詞があるものは対象に対する働きかけと対象の変化を表し、対応する自動詞が

ないものは対象に対する働きかけを表す——からも伺うことができる。しかし、有対他動詞には対象への働きかけがガ格名詞の意図と動作を伴う場合だけではなく、対象へ働きかけない場合もあった。

　対象への働きかけがガ格名詞の意図と動作による「影響1」のヲ格名詞には物名詞・事柄名詞・人名詞が現われるが、物名詞の場合にはヲ格名詞の物理的な変化を表す場合が多く、事柄名詞はヲ格名詞の動き・状態・特徴、あるいは関係を表し、位置移動を表す物名詞と同じく変化の結果をニ格で表すことができる。

　　3) 桜の枝を折った。
　　4) 部屋の温度を18度から20度にあげた。

　人名詞の場合にはヲ格名詞へ物理的な変化を要求するのではなく社会的な身分変化などを表す。

　　5) 劇団はその女優を主役から降ろした。

　また、変化がヲ格名詞の動作による場合には他動詞の形をとっていても使役の意味を表す語彙的な使役文になる。

　　6) 列車が入って来るので駅員が乗客を白線まで下げた。

　このようにヲ格名詞の変化がガ格名詞の意図による「影響1」は必ずガ格名詞の動作を伴うのではないが、変化がガ格名詞の意図と動作による場合にはヲ格名詞の物理的な変化を表す場合が多い。
　また、ヲ格名詞への働きかけがガ格名詞の意図によらない「影響2」は変化がガ格名詞の動作による点では「影響1」と同じであるが、意図の有無に違いがある。動作がガ格名詞の意図によらないので無意志動詞か、あるいは動詞を無意志動詞化させないといけない。無意志動詞の場合にはガ格名詞に必ず人名詞がくる必要はなく自然現象が現われ

る場合もある。

   7) 太郎は手が滑って花瓶を落した。
   8) 太郎は父が大事にしている壺を壊してしまった。
   9) 濁流が橋を流した。

また、ヲ格名詞への影響がガ格名詞の意図によらない場合としては事柄名詞や人名詞が変化の原因として働く場合「影響3」がある。「影響3」のガ格名詞には事柄名詞がくる場合が多いが、人名詞がくると人間の心理状態の変化を表す場合が多い。

   10) 全員無事の知らせが人々の緊張を解いた。
   11) 太郎が多くの人の気持ちを動かした。

このように有対他動詞はガ格名詞とヲ格名詞が別物であり、ガ格名詞の働きかけによってヲ格名詞に変化が生じる場合であるが、ヲ格名詞への働きかけがガ格名詞にもどってくる再帰用法の場合もある。再帰用法の場合には(1)ガ格名詞の働きかけによってヲ格名詞に変化をもたらす場合、(2)ガ格名詞にヲ格名詞の変化のための動作はないが意図だけがある場合、(3)ガ格名詞に変化に対する意図はないが動作がある場合、(4)ガ格名詞に意図と動作がない場合があって、「影響1、2、3」と同じパターンをとっているが、ヲ格名詞の変化がガ格名詞の変化を表す点では「影響1、2、3」と異なる。

   12) 太郎は化粧で顔の皺を隠した。
   13) 太郎は髪を切った。
   14) 太郎が機械で手を潰した。
   15) 太郎はお腹を壊した。

また、ガ格名詞に意図と動作がないという点では「影響3」や再帰用法の(4)と同じであるが、ヲ格名詞の変化がガ格名詞と直接関わりのな

い井上の経験者bに当たる状態変化主体の他動詞文がある。変化は第3者からの影響によるが、ヲ格名詞がガ格名詞の所有物として、ヲ格名詞の変化がガ格名詞の状態を変化させるという点では再帰用法の動詞と同じである。

　16）私は火事で家を焼いた。

　最後にヲ格名詞への影響がない場合としては、ガ格名詞に動作性がないという点では状態変化主体の他動詞文と同じであるが、ヲ格名詞に第3者からの影響もなく、ヲ格名詞の状態がガ格名詞に吸収され、ガ格名詞にヲ格名詞の状態が持続される場合もある。

　17）首脳会議が世界の注目を集めた。
　18）彼女は母親の面影を残している。

　このように有対他動詞は変化がガ格名詞の直・間接的な影響によってヲ格名詞に変化が生じる場合もあれば、ヲ格名詞の変化がガ格名詞の変化をもたらす場合、またヲ格名詞の状態がガ格名詞に持続する場合まであって、典型的な他動詞文から自動詞に近い文まであるので、有対他動詞といっても「ガ格名詞の働きかけとヲ格名詞の変化を表す」のが有対他動詞だということにはならない。
　無対他動詞は「叩く」と「壊す」の違いによっても明らかになったように、対象へ働きかけるという面では有対他動詞と同じであるが、対象への働きかけと変化の観点からすると、無対他動詞はガ格名詞の働きかけによって対象に変化結果が残らない場合であるが、たとえヲ格名詞に変化が生じ得る場合においても変化結果まで表す有対他動詞とは異なる。
　無対他動詞も働きかけによるヲ格名詞の変化を表すことができないわけではない。有対他動詞によって表される変化は動詞が表すが、無対他動詞は動詞が変化を表すのではなく結果の状態を副詞などを用い

て表す。

19) テーブルをきれいに拭いた。

　無対他動詞が表す対象への影響をガ格名詞の意志と動作との関わりから分類すると次のようになる。

　1) ガ格名詞に意志性がある場合
　(1) ヲ格名詞への働きかけがガ格名詞の動きによる場合
　　①ヲ格名詞に物理的な動作をする場合：叩く、殴る類
　　②ヲ格名詞が消費の対象か、ガ格名詞によって作り出されたモノである場合：食べる、作る類
　　③ヲ格名詞の空間的な位置移動を表す場合：投げる、運ぶ類
　　④ガ格名詞の移動を表し、ヲ格名詞が有性名詞である場合：訪れる
　(2) ヲ格名詞への働きかけがガ格名詞の動きを伴わない場合
　　①所有物や知識など抽象的な事柄の移動を表す場合：買う、知る類
　　②言語描写によるヲ格名詞への働きかけであるが、ヲ格名詞が有性名詞である場合：言う類
　　③ヲ格名詞に対するガ格名詞の心理状態や判断などを表し、ヲ格名詞が有性名詞である場合：諦める
　2) ガ格名詞に意志性がない場合
　(1) 機械や自然現象によってヲ格名詞が影響をうける場合
　(2) 物名詞か事柄名詞などが表す原因によってヲ格名詞が影響をうける場合
　(3) ヲ格名詞に対するガ格名詞の感情を表し、ヲ格名詞は有性名詞か有性名詞の内面的な状態を表す場合

　もちろん、有対他動詞も対象への働きかけがガ格名詞の意志によらない場合があったように、無対他動詞もヲ格名詞への影響が意志による場合だけではない。ヲ格名詞への影響がない場合としてはヲ格名詞が身体の一部である再帰動詞の場合や、動詞が知覚動詞・感情動詞の

場合、それからヲ格名詞に対するガ格名詞の心理状態を表す場合、さらにガ格名詞にヲ格名詞の状態がもたされる場合もある。
　このように他動詞であっても対象への働きかけがある場合から対象への影響のないばかりではなく、ガ格名詞自らの動作や状態を表すまで様々である。

第3章　自動詞構文

3.1　有対自動詞

3.1.1　動詞分類の中での自動詞

　人間は外部世界のできごとを動詞等を用いて表すことができるが、動詞によって表されることは動作と状態である。動詞は大きく他動詞と自動詞に分類されるが、働きかけの観点からすると動作が他の対象に影響を及ぼす場合には他動詞構文を、他に影響を及ぼさない自らの動きや状態を表す場合には自動詞構文を用いるのが一般的である。
　動作が対象に及ぶと動作をうけた対象には変化が生じ得るが、他に影響を与えることが必ず変化を意味するのではない。動作が対象に及び、それによって対象に何らかの変化が生じる場合においても、動詞によっては対象の変化まで表す場合と、対象への働きかけだけで対象変化については表さない場合がある。対象変化は大体ガ格名詞の直・間接的な動作によるが、ガ格名詞が対象変化の原因として働く場合、あるいは対象変化に対して不注意や責任を感じる場合など対象変化との関わりは様々である。いずれにせよ、他動詞が対象変化まで表すということは変化した対象の立場からの表現、つまり変化した対象を主語とする対応する自動詞による表現ができる他動詞が有対他動詞である。
　動作によって対象に変化が生じ得る場合においても、動詞が対象変化に焦点をあわせるのではなく、対象への働きかけだけを表す場合もある。対象への働きかけだけを表すということは、対象変化については言語的にそれを表す必要がないだけで対象に変化の可能性がないわけではなく対象は変化の可能性を内在しているがただ変化結果まで述べない場合と、あるいは対象に働きかけても変化の可能性のない場合がある。このように働きかけによって対象に変化の可能性はあるがそ

こまで表現しない場合や、対象に変化の可能性はないが対象に影響を与える動詞が無対他動詞である。

　他動詞は働きかけと変化との関わりによって有対他動詞と無対他動詞に分類されるが、いずれにせよ動作が他に及ぶ場合である。しかし、人間が行なう行為が常に他に働きかけるのではなく、自らの動きを表す場合もある。動作が他に及ばないとしてもその動作は本人の自発的な意志による場合もあれば、本人の意志ではなく他の働きかけによって動作をする場合もあって、動作が他に及ばない場合は自動詞によって表される。

　自動詞は自らの動きを表すが、対象のおかれている現在の状態を表す動詞もいわゆる自動詞である。対象の状態は能動的な行為によって変化した場合と、人や動植物の生育など自然的な変化によって生じたものの状態もある。

　このように動詞には他動詞と自動詞があり、人間の動作と状態の表現をそれぞれが分担して表している。無対他動詞は対象への働きかけだけを表すが、有対他動詞は働きかけによる対象変化まで表す。自動詞による表現になると対象への働きかけはなくなり動作主自らの動作を表すが、動作性がなくなると状態になっていく。

	対象への働き掛け	動作/変化との関わり	動詞分類	例
動作	あり	対象に変化あり	有対他動詞	窓を壊す。
		対象に変化の可能性内在――変化の結果までは表さない	無対他動詞	窓を叩く。
		対象に変化なし		学生を諦める。
	なし	主語の自発的な動作	無対自動詞	太郎が歩いた。
		働き掛けによる主語の動作	有対自動詞	(先生が集めたので)学生が講堂に集まった。
状態	なし	主語の単純状態	無対自動詞	本がある。
		働き掛けによる主語の変化状態	有対自動詞	窓がこわれた。

他動詞と自動詞に二分される動詞はそれぞれが別々の独立した概念なのか、あるいはどこかで繋がっているのだろうか。動詞の表す動作は他動性の高い文から低い文まであり、他動性がなくなると動作は他に及ぶのではなく自らの動作だけを表し、最後には動作もなくなり状態だけになるので、他動詞と自動詞が別物というよりは他動性によって繋がる他動詞が自動詞とどこかで結ばれているのではないかと思われる。

前章で働きかけと変化の観点から他動詞を分類した通り、他動詞構文の中でも対象への働きかけが同じではなく、他動詞といっても典型的な他動詞の意味をもっている動詞から他動性の低い自動詞の用法に近い動詞まであるので、それが自動詞とどのように繋がっているのかについて調べる。また、他動詞が対応する自動詞の有無によって有対他動詞と無対他動詞に分類されるのと同じく、自動詞も対応する他動詞の有無によって有対自動詞と無対自動詞に分類されるが、それらがどのように役割分担をしているのかについても調べる。

3.1.2　有対自動詞の一般的な性格

有対自動詞は対象への働きかけによって変化した対象の立場からの表現であるので、主語は主として対象の状態や位置が変化したものが現われる。西尾(1978)は有対自動詞の一般的な性格について五つの点から分析しているが、それを纏めると大体次のようである。

①動詞の表す属性の主体において、ある状態の変化が成立するというタイプの意味を表すものが多い。
②これらの動詞は大体、直接の受身も迷惑の受身も構成しないので、三上章氏の分類によれば『所動詞』に属する性格を主とするものだ。
③『～ているの形』は『動きの終わったあとに動きの結果として動きの主体の変化した状態がつづいている』ことを表すので、『結果動詞』すなわち主体に変化を生ずる動詞に所属するものである。

④動きが継続中であることを表す『〜ている』の形にはならないものが多いので、「瞬間動詞」が多い。
　　　⑤これらの動詞は意志的な動作を表すものではなく、命令形や意志形（「〜(よ)う」の形）を本来の意味で用いることはできないので、基本的には『無意志動詞』に分類される性質を持っている。

　これについて早津(1987)は、西尾の指摘は幾つかの点で有対自動詞の性質を正しく捉えているとしながら、なぜそのような特徴をもっているかについては明らかではないとし、意味的な面と統語的な特徴について分析を行ない、有対自動詞は結局次の2点に起因するものであるとしている。

　　a) 主語は非情物であること
　　b) 働きかけによってひきおこしうる非情物の変化を表すものであること

　西尾と早津の指摘は有対自動詞の側面を明確に分析しているが、受身との関わりや働きかけによって引き起こされるのが非情物であるということについては納得しがたい面もあり、それがヴォイスとどのような関わりがあるのかについても少し述べる。

3.1.3　有対自動詞の主語について

　有対自動詞は働きかけを受けて変化した対象の立場からの表現であるので、主語には動作性のない非情物がくる場合が多いことについては西尾や早津の指摘通りである。有対他動詞が表す対象への働きかけについては「第2章　他動詞構文」の所で述べたように、ガ格名詞の意志的な動作による場合だけではなく、自然現象や原因などによって対象が影響をうける場合もある。つまり、有対自動詞が表す主語の変化（動作も含む）は意志的な動作による場合もあるが、自然現象や原因に

よって変化した対象の状態を表す場合もある。
　動作主の働きかけによる対象の変化は物理的な状態変化や存在場所の変化、あるいは対象の抽象的な関係・事柄の変化などを表すので、有対自動詞の主語に物名詞や事柄名詞が現われる場合が多い。

1) a. 太郎が窓を壊した。
   b. 窓が壊れた。
2) a. 母が味噌汁を暖めた。
   b. 味噌汁が暖まった。
3) a. 先生の所にお歳暮を届けた。
   b. 先生の所にお歳暮が届いた。
4) a. 父が縁談を壊した。
   b. 縁談が壊れた。
5) a. 政府は戒厳令を解いた。
   b. 戒厳令が解けた。

1)〜5)は動作主(他動詞の主語)の能動的な行為によって変化した主語の状態を表し、次の6)7)は意志をもたない自然現象によって影響をうけた対象の状態を表している。

6) a. 寒気団が大気を冷やした。
   b. 大気が冷えた。
7) a. 濁流が橋を流した。
   b. 橋が流れた。

　このように有対他動詞はガ格名詞とヲ格名詞が別物であり、ヲ格名詞の変化に対するガ格名詞の意志の有無とは独立して、ガ格名詞の働きかけによって変化したヲ格名詞の状態を表すのが一般的であるが、変化したのが感情・思考・心理的な状態など、原因によって影響をうける場合もある。

8) 斎藤先生の授業をきいて私の考えが変わった。
9) 無事救出の知らせによって皆の緊張がとけた。

　有対他動詞が表す他動性が低くなると対象への働きかけはガ格名詞の直接的な動作から間接的な原因による影響になり、変化する対象も主語とは異なる別物から自分の思考や感情、あるいは心理状態になる。結局、これは有対自動詞の主語にも反映され、対応する他動詞の他動性が高い場合には物理的な変化による状態を表すが、他動性が低くなると本人の精神的な状態などを表すことになり、変化するのもヲ格名詞からガ格名詞になっていく。

　有対自動詞の主語は働きかけによって変化した対象であるので非情物が多いことについては前述したが、早津(1987)も「非情物を主語とすることが多く、有情物を主語とすることは稀である」と述べているように必ず非情物である必要はない。これは別のところで「主語は非情物である」とした早津の結論と矛盾しているようであるが、非情物であるとした理由について次の三点から説明を行っている。

　その一つは、「数としての人あるいは意志の感じられない物体のようにみなした場合の人であり、有情物としての人とはいいがたい」からだとしている。

10) 委員会で担当警官を増やすことは決定された。警官は30人に増えた。（早津）
11) 自分は怒って妻を突飛ばした。妻は寝床の上へ倒れた。（早津）

10)11)の「警官」や「妻」には有情物としての行為に対する自発的な動作性がないので、有情物が主語になっても非情物と同様であるということは理解できる。

　また、第二は「「助かる」「驚く」などは主として人が主語になる有対自動詞」についてである。

12) 人工呼吸のおかげで溺れた青年は助かった。（早津）
13) その子は大きなぬいぐるみをみて驚いた。（早津）

12)の「助かる」や13)の「驚く」が表しているのは、「青年」や「その子」が「自ら動作主となって行なう行為というよりは他者からの働きかけによってひきおこされる状態である。従って「驚く」、「助かる」などの主語も典型的な有情物とは異なっているというべきであろう」ということで、ガ格名詞に有情物がきても動作性を感じることができないからだとする。感情を表す動詞であったり、主語に動作性がない場合には人名詞が現われても有情物として振る舞うことができないので、主語は「非情物である」と結論を出したのだろうと思われる。
　それから、最後に「集まる、入る、出る、進む、上がる、降りる、戻る」などのようにものの移動を表す自動詞について説明をしている。

14) みんなも大統領官邸がどうなったのか見ようと集まってきているようだった。（早津）

14)の主語「みんな」は意図的な動作主であるが、早津は「自他対応の基準を考慮に入れるならば有対自動詞とはいいがたい。なぜなら、(中略)他動詞文と意味的・統語的な対応をなしているとは考えにくいからである」としている。まさにその通りで、みんなを(大統領官邸の前に)集めたという前提によって生じた事態ではなく、みんなが自分の意志によって行動をしたので、「有情物を主語としてその移動などを表す自動詞は無対自動詞とみなすべきもの」(早津)である。
　早津はこの三点を根拠として有対自動詞の主語に有情物がくる場合もあるが、それは動作性のない場合であり、「意図的な動作主」である場合には他動詞と対応関係をもたない無対自動詞と扱うべきなので、有対自動詞の主語は非情物であると結論を出しているようである。
　しかし、移動の意味を表す例は早津があげた14)のように対応関係をもたない例だけなのか。次の15)と比べてみよう。

15) a. 先生が新入生を講堂に集めた。
　　b. 新入生が講堂に集まった。

14)の主語は早津の説明通り「意図的な動作主」であるが、動作主「みんな」は誰かの働きかけによって動作したわけではないので、自他対応をもたない無対自動詞だとしても、15b)の新入生が講堂に集まったのは先生の働きかけによる動作であるので15a)と対応関係にある有対自動詞である。したがって、有対自動詞の主語に動作性のある場合には対応関係をもたないことや、有対自動詞の主語は動作性のない非情物と同様だとする早津の説明はあまり説得力がない。これは16b)〜18b)の場合にも同じことがいえる。

16) a. 犯人が人質を逃がした。
　　b. 人質が逃げた。
17) a. 駅員が乗客を白線まで下げた。
　　b. 乗客が白線まで下がった。
18) a. 運転手が太郎をタクシーから降ろした。
　　b. 太郎がタクシーから降りた。

16)〜18)のb)はそれぞれのa)と対応関係にある有対自動詞であり、10)〜13)とは違って自動詞の主語に動作が認められる。もちろん、自動詞の主語である「人質」「乗客」「太郎」に動作があるといっても、それはもともと本人の意志による動作ではなく、他動詞の主語の働きかけによる動作である。ガ格名詞の働きかけがヲ格名詞の動作を要求し、その動作がガ格名詞の「強制」による意味的な使役として用いられているが、他動詞から自動詞になるとそのような強制の意味はなくなり、自動詞の主語は意志をもって動作をしているような振る舞いをする。

　また、15)〜18)のｂ)のように動作に対する意志がもともと自動詞の主語にない場合だけではなく、19a)のように動作に対する意志が対象にある場合もある。

19) a. （太郎が家に帰りたがっていたので）先生は太郎を家に帰しました。
    b. 太郎は家にかえりました。

19a)の太郎への働きかけは最初から先生の意志によるのではなく、太郎の希望によって先生が「許可」した自動詞の主語の意志による動作である。もちろん、19a)は対象に動作に対する意志があるとしても、それはガ格名詞の許可によってはじめて成立する動作である。このように対象変化が対象自体の動作を求める移動動作の場合には、有対自動詞の主語の意志とは関わりなく動作性を認められる。

　また、次のように対象の動作が積極的な働きかけによらない場合もある。

20) a. 警察が犯人を逃がした。
    b. 犯人が逃げた。

20a)で犯人が逃げたのは、警察の意志による働きかけでもなく、19a)のように許可による対象の動作でもない。犯人の動作に対して警察が不注意や責任を感じている場合として、犯人の動作は本人の意志による行為であるので、有対自動詞の主語の意志による動作である。

　有対自動詞の主語に人名詞が来ても10)～13)のように全く動作性のない場合もあるが、有対他動詞の主語が対象の動作に対して強制や許可の意味をもつ意味的な使役文の場合や、責任や不注意を感じる場合には有対他動詞の対象、つまり有対自動詞の主語に動作性を認めることができるので、有対自動詞の主語が必ず非情物、あるいは非情物のように扱われる有情物だけではないということになる。

21) 有対自動詞の主語が有情物である場合の有対他動詞との関係

他動詞の意味	他動詞文	自動詞文	自動詞の主語
典型的な他動	10)(委員会で担当警官を増やすことは決定された。)警官を30人に増やした。	警官は30人に増えた。	数としての有情物
	11)自分は怒って妻を突飛ばした(倒した)。	妻は寝床の上へ倒れた。	意志性のない物体のようにみなす有情物
	12)人工呼吸のおかげで溺れた青年を助けた。	人工呼吸のおかげで溺れた青年は助かった。	動作性のない有情物
意味的な使役	15)先生が新入生を講堂に集めた。	新入生が講堂に集まった。	動作は強制的な働きかけによる
	19)(太郎が家に帰りたがっていたので)先生は太郎を家に帰しました。	太郎は家にかえりました。	動作は許可による
	20)警察が犯人を逃がした。	犯人が逃げた。	本人の意志による動作

3.1.4　意志表現との関わり

　有対自動詞が表す状態は働きかけによって変化した対象変化であるので、西尾(1978)は「これらの動詞は意志的な動作を表すものではなく、命令形や意志形を本来の意味で用いることができない」とし、早津も「いわゆる意向形、勧誘形、命令形をとるときわめて不自然である」としたように意志形や命令形にすることはできない場合が多い。

　22)　a. 船長が海に溺れている人を助けた。
　　　 b. 海に溺れている人が助かった。
　　　 c. ＊助かりなさい。／＊助かろう。

22b)の「助かる」は対応する他動詞のある有対自動詞であり、主語が

人名詞であっても動作性のある有情物ではなく働きかけによって変化した対象の状態を表している、つまり、「溺れている人」は自ら変化することができないので22c)のように命令形や意志形による表現はできない。

有対自動詞が意志形や命令形ができないことについて早津は「有対自動詞の主語が非情物であることから生じる現象である」としている。これは対象変化が自らの動作によらないという前提から出た現象であるが、では、対象変化が動作主の直接的な動作によらない原因による心理状態の変化を表す場合にはどうであろうか。

23) a. 太郎は論文のことで苦しんでいる。
    b. ? もう少し苦しめ。

動詞「苦しむ」は意図的な動作行為ではないので、一般的に意志形や命令形はあまり使われないが、漫画などの特殊な状況の下では言えなくもないが不自然な場合が多い。

24) a. 夫が妻を病気で倒した。
    b. 妻は病気で倒れた。
    c. 倒れ ?てしまえ / *よう。

24a)のようにもっと他動性の低い責任を感じる他動詞文の場合においても対象に動作性がないので意志形はできないが、24c)のように「～てしまえ」がついて願望の意味になると何とか使えそうであるが自然さは欠けている。

このように他動性の高い文から低い文まで、有対他動詞に対応する有対自動詞は意志形による表現ができないのは、早津が主語が非情物であることからくる現象であると述べたように動作性がないからであろう。

しかし、有対自動詞でも次のように意志形や「～たい」の接続がで

きる例もある。

 25) a. 運転手が太郎をタクシーから降ろした。
   b. 太郎がタクシーから降りた。
   c. タクシーから降りたい／降りよう。

有対他動詞が表す変化——太郎がタクシーから降りること——が対象の動作による意味的な使役の場合には、その動作が本人である「太郎」の意志による動作ではない働きかけによる場合においても変化に対する実質的な動作主は他動詞の対象であるので、他動詞から自動詞による表現になると主語に動作性が認められ、本人の意志の有無とは関わりなく25c)のように意志形による表現が可能になる。対象の動作が他動詞文の主語の強制による場合だけではなく、許可や不注意による場合にはもっと自然さを感じられる。

 26) a. 先生は（家に帰りたがる）子供を家に帰した。
   b. 子供が家に帰った。
   c. 家に帰りたい／帰ろう。
 27) a. 警察が犯人を逃がした。
   b. 犯人が逃げた。
   c. 逃げよう／逃げろ。

 有対自動詞は変化した対象を主語とするので一般的に意志形や命令形はできないが、他動性が低くなるにしたがって、変化は働きかけに対する依存度は弱くなり、心理状態の変化や意味的な使役のように対象自らの動作による変化になると自動詞を意志形や命令形にすることができる。

3.2 無対自動詞

　他動詞と自動詞に分かれる動詞が表すのは、動作と変化、それから対象の状態を表す。他動詞は対象への働きかけを表すが、働きかけをうけた対象には変化の可能性があり、対象変化まで表す動詞が有対他動詞で、対象への働きかけだけを表す動詞が無対他動詞である。
　それに比べて自動詞は動作と状態を表す。他動詞によって表される動作は他に影響を与える場合であるが、自動詞によって表されるのは動作主自らによる動作である。動作が他に影響を与えないといってもその動作は自分の意志によって実現可能な場合と他の関与による場合がある。
　有対自動詞が表す動作は自らの意志による動作というよりは他の関与によって成り立つ動作として、その関与は強制と許可、あるいは不注意や責任などの場合である。

動詞が表す意味	対象の動作を要求する有対他動詞による表現	有対自動詞による表現
強　制	先生が学生を講堂に集めた	学生が講堂に集まった。
許　可	（学生からの申し出があって、）先生が学生を家に帰した。	学生が家に帰った。
不注意	警察が犯人を逃がした。	犯人が逃げた。

　また、有対自動詞は状態も表すが、それは働きかけによって変化した有対他動詞の対象の状態であるので、有対自動詞が表すのは自らの意志による行為ではなく、他の働きかけなどによる動作と状態である。
　他動詞と有対自動詞が表す働きかけ・変化・状態との関わりは、大体次の通りである。
　①有対他動詞はヲ格名詞への働きかけと対象変化を表す。
　②無対他動詞はヲ格名詞への働きかけを表す。

③有対自動詞は働きかけによって変化した対象の状態と動作を表す。

では、ここで対応する他動詞をもたない自動詞である無対自動詞について調べてみよう。自動詞が対応する他動詞をもたないということは、自動詞の動作主を対象とした他動表現がないことを表す。有対自動詞が働きかけによる変化を表すのであれば、本人の意志による動作や自然的な変化などは無対自動詞に任せられた役割であろう。

3.2.1 人の動作や行為等を表す場合

自動詞によって表される動作が働きかけによるのではなく、動作主の意志によって行なわれる場合には無対自動詞が用いられる。

1) 子供が学校に<u>行った</u>。
2) 太郎は山に<u>登った</u>。
3) 花子は会社に<u>出かけた</u>。
4) <u>砂浜</u>で遊んだ後は、海で<u>泳ぐ</u>のです。
5) 幼稚園の近くにくると、子供たちの<u>遊ん</u>でいる声が聞こえる。
6) 待合室に入ると、先客が二人、椅子に並んで<u>座って</u>いた。

無対自動詞が表す動作は1)〜3)のように動作主の移動動作を表す場合や、4)〜6)のように動作主の移動行為や動作行為を表す場合があるが、共に動作主の意志によって実現可能な動作である。

では、動作主の意志によって実現可能な動作は無対自動詞だけの特徴であるかについて有対自動詞との関わりからみてみよう。

7) a. 姑は息子と喧嘩ばかりしている嫁を実家に戻した。
   b. 嫁が実家に戻った。
8) a. お盆の休みなので、若い店員たちを故郷に帰しました。
   b. 若い店員たちは社長の配慮でお盆休みの時、故郷に帰りました。

7b)8b)は7a)8a)と対応関係にある有対自動詞である。7b)が表す動作は姑の強制によって嫁は仕方なく実家に戻ったことであり、8b)の「若い社員」は社長の配慮によって動作が実現された場合として、社長が帰してくれたから若い店員たちが故郷に帰ることができたのである。このように自動詞の動作主が他動詞の対象である場合の動詞「戻ると戻す」、「帰ると帰す」は対応関係にあり、動作そのものは自動詞の主語によって実現されるが、その行為は本人の意図のよる動作ではなくガ格名詞(姑、社長)の意図による行為である。

しかし、7b)8b)のように有対自動詞「戻る／帰る」によって表される動作がガ格名詞の意図による動作の場合もあるが、次のように他動詞と対応しない場合もある。

  9) その日、会社に出かけた父は、ぐったりして家に戻ってきた。
  10) 辺りに夕やみがせまってきたので、（兄は）弟の手を引いて家に帰った。

9)10)は7b)8b)と同じ「戻る」と「帰る」であるが、9)の父が家に戻ってきたのも、10)の(兄が)弟の手をひいて家に帰ったのも、第三者の働きかけによる動作ではなく、たとえば「会社が終わった」から、あるいは「日がくれた」からということでガ格名詞が自分の判断によって行った動作である。このように自動詞が対応する他動詞がある場合においても、9)10)のように自動詞が表す動作がガ格名詞の意図によって行われた場合には、自動詞の主語「父」と「兄」を対象として対応する他動詞文を設定することはできない。

自動詞によって表される動作が動作主の意図による動作かどうかの判断は自動詞文だけではできない場合が多い。11a)は太郎の動作が太郎の意図による動作なのか、あるいは働きかけによる動作なのかは自動詞文だけでは分からないが、11a)が11b)と対応関係にあるとすれば、11a)は11b)の結果による動作であるので、太郎の動作は太郎の意図ではなく監督の意図による動作になる。

11) a. 太郎は試合の途中なのに、家に帰った。
    b. 監督が太郎を試合の途中なのに、家に帰した。

これは「勝手に」を入れると、行為が誰の意図による動作であるかが明らかになる。

12) a. 太郎は試合の途中なのに、<u>勝手に</u>家に帰った。
    b. 監督が太郎を試合の途中なのに、<u>勝手に</u>家に帰した。

11)と12)は「勝手に」の違いだけであるので、12)も11)と同様に対応関係にあるようにみえるが、12a)は「勝手に」が入ることによって11a)では明確ではなかった動作に対する意図が動作主である太郎の意図による動作だということが明らかになる。つまり、自動詞文に「勝手に」が入ると動作主の意図による動作を表すが、12b)のように他動詞文で用いられると、動作主の意図ではなく使役主体の意図による動作になる。

　だから、動作に対するガ格名詞の意図を表す「勝手に」が入ることによって、12a)と12b)が対応しないのは次の文が非文になることからも分かる。

13) *監督が太郎を試合の途中なのに<u>勝手に</u>家に帰したから、太郎は<u>勝手に</u>家に帰った。

　一つのイベントなのに、従属節の「勝手に」によって表されるのは監督の意図による太郎の動作であり、主節の「勝手に」は太郎の意図による動作を表すので、太郎の動作を表すという点では同じであるが、動作に対する意図の違いによって意味の上で矛盾が生じる。12)は共に太郎の意志的な動作行為を表すが、行為に対する太郎の意図の有無で対立している。

　自動詞が表す動作が動作主の意図によって行われる場合には一般的

に無対自動詞が用いられるが、たとえ対応する他動詞のある自動詞の場合においても、動作が動作主の意図によって行われる場合には、自動詞の主語を対象とした他動詞による表現ができないので、その自動詞は他動詞とは対応関係をもたなくなる。これを一般化すると次のようである。

14) 有対自動詞の無対自動詞化
自動詞が表す動作が動作主の意図による場合には、対応する他動詞の有無に関わりなく自動詞の主語を他動詞の対象として表すことはできないので、対応する他動詞が存在するとしても有対自動詞としては認めない。

このように無対自動詞が表す動作は動作主の意図による場合が多いが、必ず意図的な動作だけを表すのではない。

15) a. 私はさき階段から転んだが、痛くもないのに先生に治療してもらおうと思ってわざと泣いた。
b. 遺族は悲しみのあまり涙を流して泣いている。

15)でも分かるよるに同じ動詞であっても感情的な行為を表す動詞はガ格名詞の意図による動作の場合と、ガ格名詞によってコントロールできない非意図的な動作の場合がある。
また、ガ格名詞の非意図的な動作によってのみ成り立つ場合もある。

16) 乗客は全員海で溺れた。
17) a. 太郎は駅で偶然に先生に出会った。
b. ＊太郎は駅でわざと先生に出会った。

人が海で溺れることや、誰かに出会うことは意図的な動作ではなくたまたま生じた現象として、「わざと」が入らないことや「偶然に」に

よって表されるように、動作が意図によらない場合といっても、有対自動詞のような働きかけによる動作を表すのではない。

このように無対自動詞が表す動作は必ずガ格名詞の意図による動作だけではなく、16)17)のように非意図的な動作によってのみ成り立つ場合や、15)の感情動詞などのように両方の意味がある動作もある。その動作が意図的であれ非意図的であれ無対自動詞が表すのは働きかけによる動作ではない。

3.2.2　対象の変化を表す場合

無対自動詞が表すのは動作だけではなくガ格名詞の状態も表す。状態変化は働きかけによる場合もあるが、自然に生じる場合もある。有対自動詞は働きかけによって変化した対象の状態を表すのが一般的であるが、無対自動詞が表すのは自然に変化したガ格名詞の状態として、自然現象の変化もあれば人の心理状態や生理的な現象の変化や、物の変化などがある。

3.2.2.1　有情物の状態変化を表す場合

自然的に変化したガ格名詞の状態を表す無対自動詞の主語に人名詞が現われると、変化するのは心理状態や生理的な現象を表す。

18) 同じクラスの女の子に<u>あこがれて</u>いるが、彼女の前では一言も口がきけない。
19) 勉強に<u>飽きれ</u>ば茶の間にくるだろうと待っていたが、3時間たっても弟は降りてこなかった。
20) 周りの友人たちが次々と就職が決まっていくと、ぼくは次第に<u>焦ってきた</u>。
21) わしは君の誠実なその人柄に<u>惚れて</u>、きみを採用したのだ。

18)～21)の「憧れる、飽きる、焦る、惚れる」などによって表される無対自動詞の心理状態は、動作主の意志による変化でも、あるいは使役主体の働きかけによる変化でもなく、ガ格名詞の無意志的な心理状態の変化を表すので、意志的な動作行為を表す「わざと」が入ると非文になる。

　　20)′ *周りの友人たちが次々と就職が決まっていくと、ぼくは次第に<u>わざと</u>焦ってきた。
　　21)′ *わしは君の誠実なその人柄に<u>わざと</u>惚れて、君を採用したのだ。

　このように無対自動詞の主語に有情物が現われる場合には内面的な心理状態の変化も表すが、生理的な現象を表す場合もある。

　　22) 今日のお客はうるさい人ばかりで、仕事が終ると私はくたくたに疲れていました。
　　23) 長い間、正座していたら足が痺れて立てなくなった。

　変化が人の意志によらない場合には本人によってコントロールできないので、当然ながら意志や命令による表現はできなくなる。

　　22)′ *くたくたに疲れよう。
　　23)′ *足が痺れろ。

　このように無対自動詞のガ格名詞に人名詞が現われると、他の働きかけによらない動作を表すか、あるいは自然に変化したガ格名詞の非意志的な心理状態や生理的な現象を表す。無対自動詞が表すのが動作であれ状態であれそれは働きかけによって引き起こされるのではなく、ガ格名詞の意志あるいは自然的に変化した内面的な状態を表すようになる。

3.2.2.2　人や動植物に生育の状態変化を表す場合

　変化が働きかけによらないのは人の無意志的な心理状態や生理的な現象だけではなく、人や動植物の生育に関わる状態変化の場合もある。人間の体の変化や動植物の成長に関する事態は本人の意志による変化ではなく自然に生じる変化であるので、その動作を実現させようとする意志的な活動によって変化するのではない。

　　24)　父は煙草をやめてから少し太ったようだ。
　　25)　父は病気でだいぶ痩せた。

24)が表すのは、太るために煙草をやめたのではなく、煙草をやめたら偶然に太ってきたということであり、25)も痩せるために病気にかかったのではなく、病気にかかってやせたことである。
　従って、ガ格名詞の意志によって変化しない生育に関わる動詞は意志や命令表現はできない場合が多いが、24)′25)′のように意志や命令表現を作れないことはない。

　　24)′　5キロ太ろう。
　　25)′　少しは痩せろ。

しかし、意志や命令表現ができるとしてもそれは「太る／痩せるように努めよう」で表されるように、本人の意志によって必ず実現できるということではないので、本来の意志や命令表現がもっている意味とは異なる。
　命令表現はその背後に事態実現が話し手にとって望ましいと思われることであるので願望の意味を含んでいるが、聞き手にとって事態の実現が可能な場合に限って願望から命令になる。「太る」とか「痩せる」のように生育に関わる動詞は形態的には命令形をとっていてもそれは本来の命令ではなく願望である。こういう点からすると、影山(19

96)が命令だとしている「雨、雨、降れ、降れ。」は「明日天気になれ。」と同じく命令ではなく、願望になる。

動植物の生育も人為的なことではなく自然現象の中での変化であるので、他動表現ができない。

26) 庭に大輪のあさがおが咲いて、道行く人の目を楽しませている。
27) 今年は、雨量にも日照時間にもめぐまれて、稲がよく実った。

最近は技術の発達によって雨を降らせたり、花を咲かせたりすることができる場合もあるが、それも直接的な動作の結果による変化ではなく、そのような状態になるように使役主体が条件を整えただけで、変化は自然的なことである。

3.2.2.3　物の自然的な変化を表す場合

物名詞が変化するのは一般的に働きかけによる場合が多いが、変化が自然に生じる場合もある。

28) 湿気の多い梅雨時は、食べ物が腐ることが多い。
29) ちゃんと手入れしていなかったので、自転車がさびてしまいました。
30) 看板のペンキがはげてしまったので、塗り替えてもらった。

「食べ物」「自転車」「看板のペンキ」が変化したのは誰かの動作によるのではなく、自然現象的な変化である。物の状態変化が有対自動詞による場合には使役主体の働きかけによる変化であるが、無対自動詞によって表される物の変化はガ格名詞の意志的な動作による変化ではないので意志形で表すことはできない。

28)′ *これから食べ物が腐ろう。

29)' ＊自転車がわざと錆びていた。

3.2.2.4　自然現象の変化を表す動詞

　また、人の意志によって対象の変化を引き起こさないものとしては自然現象の変化がある。自然現象の変化というのは人間の力の届かない天候の変化や時間の経過などを表す。

31) 日ごろは水が枯れている場所に、雨が降ると、見事な滝が見られる。
32) 図書館で勉強しているうちに夜が明けてしまった。
33) 少年が空を見上げると、夜空に星が一つ、やさしく輝いていた。
34) さっきまで明るかった空が急に曇って、ポツリポツリと雨が降り出した。

これはガ格名詞そのものの変化というよりはそれをとりまく周辺の状況の変化であり、他の無対自動詞と同様に意志形にすることはできない。
　このように無対自動詞が表すガ格名詞の変化は、人の心理的・生理的な現象、動植物の生育、物や気候など自然現象の変化として、誰かの意志的な動作によるのではなく自然な成り行きの中での無意志的な状態変化である。

3.2.3　人や物の単純状態を表す動詞

　無対自動詞が表すガ格名詞の状態は自然的な変化による状態を表す場合もあるが、変化を前提にしない人や物の単純状態を表す場合もある。

35) 秋の花をさした花瓶が机の上にある。
36) アジアの人は体力で欧米人に劣る。

37) 京都の石碑と東京の石碑は異なる。
38) 太郎は英語の会話ができる。

これは変化によるガ格名詞の状態を表すのでもなく、また、他との比較を表す場合やガ格名詞そのものの存在を表すこともあって、意志形にすることができない。従って時間の観念を超越した動詞が多い。

3.3 まとめ

動詞は大きく他動詞と自動詞に分類されるが、動作が他の対象に影響を及ぼす場合には他動詞構文を、他に影響を及ぼさない自らの動きや状態を表す場合には自動詞構文が用いられる。

有対自動詞は西尾(1978)や早津(1987)の指摘通り変化した対象の立場からの表現であるので、ガ格名詞に動作性のない非情物がくる場合が多い。

1) a. 窓が壊れた。
   b. 大気が冷えた。
   c. 斎藤先生の授業をきいて私の考えが変わった。

ガ格名詞に人名詞がくる場合もあるが、早津(1987)は三つの点に基づいて「主語は非情物である」としている。もちろん、ガ格名詞に人名詞が現れると動作性のない場合や他動詞と対応しない場合が多いが、他動詞と対応しながら動作性もある場合がある。それはもともと本人の意図による動作ではなく、他動詞の主語の働き掛けによる動作であるので強制的な使役の意味として用いられる。

2) a. 先生が新入生を講堂に集めた。
   b. 新入生が講堂に集まった。

また、動作に対する意図が自動詞の主語にある場合には他動詞の主語が許可、あるいは責任や不注意を感じる場合としてガ格名詞に動作性を認めることができる。

  3) a. 警察が犯人を逃がした。
    b. 犯人が逃げた。

それに比べて無対自動詞は動作主の意志によって行われる動作を表す場合によく使われるが、ガ格名詞によってコントロールできない非意図的な動作を表す場合にも使われる。

  4) 乗客は全員海で溺れた。

無対自動詞は動作だけではなく自然現象の変化、人の心理状態や生理的な現象の変化、物の変化状態と、働き掛けによらない人や動植物の生育に関わる状態変化も表す。

  5) 湿気の多い梅雨時は、食べ物が腐ることが多い。
  6) ちゃんと手入れしていなかったので、自転車がさびてしまいました。
  7) 日ごろは水が枯れている場所に、雨が降ると、見事な滝が見られる。

このようにガ格名詞が物名詞である場合は人の意志によらない自然現象の変化として、ガ格名詞そのものの変化というよりはそれを取り巻く周辺の状況の変化であるので、人の心理的・生理的な現象、動植物の生育、物や気候など自然現象の変化として、誰かの意志的な動作によらない自然な成り行きの中での無意志的な状態変化を表し、また、変化を前提にしない人や物の単純状態をも表す。

8) 秋の花をさした花瓶が机の上にある。

有対自動詞と無対自動詞の特徴を纏めると次の表のようになる。

分類条件		基　準	有対自動詞	無対自動詞
主語に動作を表す場合	非意図的な動作	第3者の「強制」「許可」による場合	太郎が家に帰る	——
	意図的な動作	第3者が責任を感じる場合	犯人が逃げる	——
		第3者が責任を感じない場合	——	太郎が走った
変化を表す場合		内面的な心理状態	考えが変わる	彼女に惚れる
		生理現象	——	5キロ太る
		動植物の生育	——	花が咲く
		事物の自然的な変化	——	自転車が錆びる
		自然現象の変化	大気が冷える	日が暮れる
		内発性による変化	セーターが縮まる	——
単純状態を表す場合		事物の単純状態	——	本がある

第4章　他動性

4.1　無対他動詞と他動性

　無対他動詞はガ格名詞の動作とヲ格名詞への働き掛けという点では有対他動詞と同じであるが、ガ格の働き掛けによるヲ格名詞の変化については表さないところが有対他動詞と異なる。無対他動詞におけるガ格名詞の働き掛けは動詞によって、また対象によって、あるいはガ格名詞によっても異なる。

4.1.1　動詞の違いからくる他動性

　ヲ格名詞への影響はガ格名詞の意志的な動作によるのが一般的であるが、意志的な動作といってもそれが物理的な動作だけではなく、言語活動やヲ格名詞に対する判断、評価など直・間接的な行為によるヲ格名詞への働き掛けである。
　1)～4)は同じ構文(AがBを他動詞)をとり、ガ格名詞とヲ格名詞が有性名詞であるが、動詞の違いによってガ格名詞からヲ格名詞への影響が異なってくる。

　　1)　太郎が次郎を殴った。
　　2)　不意の客が僕を訪れた。
　　3)　父はもっと勉強しろと息子を叱った。
　　4)　先生は僕を諦めた。

1)はガ格名詞の物理的な動作によってヲ格名詞が影響をうける場合として、その働きかけによってヲ格名詞には変化の可能性が内在されているので他動性の高い構文であるといえる。無対他動詞にはヲ格名詞

が消費の対象である「食べる」類と、ガ格名詞の動作によって作り出された「作る」類、また空間的な位置移動を表す「投げる、運ぶ」類の動詞である。2)はヲ格名詞への影響がガ格名詞の意志的な動作によるという点では1)と同じであるが、ガ格名詞の動作によってヲ格名詞そのものに変化の可能性があるのではなく、ヲ格名詞はガ格名詞の移動先としてヲ格名詞がガ格名詞の影響をうけるという点においては他動性が認められるが、対象への働き掛けがガ格名詞の直接的な動作による1)に比べると他動性は弱いといえるだろう。また、3)はヲ格名詞に対する直接的な影響という点においては1)2)と同じであるが、対象への働き掛けがガ格名詞の動きによるのではなく言語描写によるヲ格名詞への働き掛けである。動作には動きによる場合と、このように動きを伴わない場合もあって他動性の弱くなると4)のようにヲ格名詞に対するガ格名詞の心的状態や判断を表し、それによって結果的に対象が間接的に影響をうける場合もある。

　このように同じ構文(AがBを他動詞)をとり、ヲ格名詞への働きかけがガ格名詞の意志による場合においても働き掛けは動詞のよって異なる。ヲ格名詞への働き掛けがガ格名詞の動きを伴うかどうか、あるいは動きはなくてもヲ格名詞への直接的な影響があるかどうかによってヲ格名詞への働き掛けは異なるので、他動性によっても高い動詞から低い動詞まであるといえよう。他動性は高ければ対象が人・物・事でも働きかけが認められるが、他動性が弱くなると対象によって働き掛けの有無が違ってくる。これはヴォイスとの関係にも影響が現われ、ヲ格名詞が有性名詞であり、ヲ格名詞への働き掛けがガ格名詞の意志による場合には直接受身文による表現も使役文による表現も可能になる。

4.1.2　ガ格名詞の違いからくる他動性

　ヲ格名詞への働き掛けはガ格名詞によっても異なる。ヲ格名詞への働き掛けはガ格名詞の意志による場合もあれば、自然現象や乗り物などのように機械類によって対象が影響をうける場合もある。

5) 太郎が鍋を擦った。
　　6) 車がガードレールを擦った。

5)と6)は同じ「擦る」であるが、6)は5)に比べて対象に働き掛けようとする意志がなく、有性名詞のコントロール下にあるとみなせる乗り物によってヲ格名詞が影響をうける場合であるが、人名詞が主語をとる形式と同じく対象に影響を与える場合には他動性が高いといえる。
　対象への影響にガ格名詞の意志が感じられないのは対象が自然現象によって影響をうける場合である。

　　7) 台風がこの地域に被害を与えた。

自然現象や機械によって影響をうける場合にはガ格名詞に意志を与えることはできないが、それによって対象が直接影響をうけるのであれば他動性は高いといえる。これはガ格名詞の意志による対象への働き掛けではないので使役文にすることはできないが、対象がガ格名詞の意志によらなくても影響はうけるので、影響をうけた対象の立場からの表現である直接受身文は可能になる。
　対象への働きかけは何らかの形で有性名詞と関わりをもつ場合が多いが、次の9)のように働き掛けをうける対象の立場からすると、動作性も意志性もない物名詞や事柄名詞が対象に影響を与える場合もある。

　　8) 彼は婚約者を食事（する食堂）に誘った。
　　9) 華やかなネオンが男たちを歓楽街に誘った。

9)はヲ格名詞が二格で表される場所に行くようにヲ格名詞に働き掛けるという意味では8)と同じであるが、8)のようにガ格名詞が意志をもって直接働き掛けるのではない。対象にある動作をさせる原因が主語に現われた場合には、対象に影響を与えようとする意志も動作もないので他動性は低くなる。これは結果的だとはいえヲ格名詞がガ格名詞

によって影響をうけるので、直接受身文による表現はできるが、ガ格名詞には動作性がないので使役文による表現はできない。

　また、ガ格名詞が有性名詞であっても人か動物かによって働き掛けに対するガ格名詞の意志は異なる。再帰用法の場合はヲ格名詞への動作が自分自身に戻るから対象への働き掛けはなくなるが動作性はある。しかし、ガ格名詞が動物になると動作が意志的な動作ではなく生理現象になって、直接受身文による表現はもちろんのこと、使役文による表現もできなくなる。

　　10)　太郎が服を脱いだ。
　　11)　蛇が皮を脱いだ。

4.1.3　対象の違いからくる他動性

ガ格名詞の働き掛けは同じで動詞であっても対象によって異なる。対象との関わりはガ格名詞の意志による動作であっても12)のようにヲ格が移動先である場合は、目的地が有性名詞か単なる場所名詞かによって対象への働き掛けは異なる。対象が有性名詞であればガ格名詞の動作によって対象は直接的に影響をうけるので他動性は高いが、12)のようにヲ格が場所名詞になると有性名詞が来る場合のように対象が影響をうけることはないので他動性はなくなる。しかし、ガ格名詞の意図的な動作であるので、ヲ格はガ格名詞によって全面的に支配されるという点で他動との繋がりが出てくる。

　　12)　私は父の会社を訪れた。

　また、ガ格名詞の動作が対象に及ばないガ格名詞の動作だけを表す場合として知覚動詞による表現がある。13)のように動詞が知覚動詞の場合のヲ格名詞はガ格名詞の動作を直接うけるのではなく、動作をするために必要な対象であるが、14)のようにヲ格名詞が有性名詞になる

とガ格名詞の動作が直接対象には及ばないとしても、対象に対するガ格名詞の判断が対象に接続し、対象は間接的にガ格名詞の影響をうけるので、他動性による対象への働き掛けになる。

 13) 太郎は京都の古いお寺や神社をみた。
 14) 与党が野党を軽くみている。

それは思考動詞になるともっと明らかになる。対象が14)のように有性名詞の場合には対象に対するガ格名詞の評価を表すのでガ格名詞に直接的な動作性はなくても、それによって対象は間接的に影響をうける。
 また、15)のようにヲ格名詞が抽象的な事柄になると、ガ格名詞の動作は事柄に対する心理状態を表すので対象が影響をうけることはない。それは受身表現にも反映され、間接的であれ対象が影響をうけるので14)は直接受身文による表現はできるが、事柄に対するガ格の心的状態を表す15)は意志的な行為であるので使役文はできても受身文による表現はできない。

 15) 弘は大学へ進学することを諦めた。

 ヲ格名詞に対する心理状態を表す感情動詞の場合にはガ格名詞に意志性はないが、16)のように対象が有性名詞である場合には間接的に影響をうけるので、他動性がないわけではないがとても低い。

 16) 弘はその女性を嫌っている。

 また、ガ格名詞と動詞が同じであっても動作が自分自身に及ぶ再帰動詞の場合には対象への働き掛けがないので他動性はなくなる。

 17) 花子が花瓶に花をさした。
 18) 花子が髪に簪をさした。

17)18)はガ格名詞がヲ格名詞をニ格のところに移動させる場合として、18)のように移動先であるニ格が自分の体の一部である場合にはガ格名詞に動作性があってもガ格名詞自身の動きだけを表すので他動性はなくなる。再帰用法の場合はガ格名詞の動作と対象への影響という他動と、自らの動きを表す自動の中間的な役割をする。対象への働き掛けが結局自分自身への動きを表すので、動作をうけたヲ格からの表現はできないが、ヲ格への影響がガ格名詞の動作性によるので使役表現は可能である。

このように無対他動詞におけるガ格名詞と対象との関わりは動詞、対象、あるいはガ格名詞によって異なるが、ガ格名詞に対象への働き掛けや動作性がないもある。

19) 日本人は桜の花で春を知る。
20) この仏像は文化財的な重要性を持つ。

これはヲ格名詞に対する判断がガ格名詞の意志によるのではなく、経験による場合であったり、あるいはガ格名詞にヲ格名詞の状態をもたせる場合であるので、直接受身文による表現も使役文による表現もできない。

対象への働き掛けが有性名詞の意志による場合においても、対象への働き掛けがガ格名詞の動きによる場合と動きを伴わない場合とがある。対象への働き掛けがガ格名詞の動きによる場合には対象への働き掛けがガ格名詞の直接的な働き掛けとして対象には変化の可能性が内在されている。対象への働き掛けがガ格名詞の動きによらない場合は言語表現による場合と対象に対する判断をする場合があるが、その時のヲ格名詞は有性名詞が現われる。対象への働き掛けがガ格名詞の意志による場合においても対象によって、あるいはガ格名詞によって他動性は違ってくる。また、同じ動詞でもヲ格名詞によって対象は動作をするために必要なだけで対象への働き掛けがなくガ格名詞の動作だけを表す再帰動詞、知覚動詞、思考動詞の場合があり、ガ格名詞に動

作性のない無対他動詞もある。このようにガ格名詞とヲ格名詞との関わりはガ格名詞によって、対象によって、あるいは動詞によって異なり、それはヴォイスにも影響を与えている。

4.1.4 ヴォイスとの関わり

他動詞とヴォイスはどのような関わりがあるのだろうか。佐伯(1984)は動詞をヴォイスとの関わりによって十六種類に分けて分類を行っている。対応する動詞の有無、使役にした時のガ格名詞がとる格がニ格かヲ格か、直接受身文と間接受身文への変換の可否によって分類を行なっているが、無対他動詞は①使役と受身が共に可能な場合と、②使役と受身が共にできない場合の二種類に分けて説明をしている。

21) 彼女は卓上にほうり出してあるハンドバックから煙草をとり出した。(佐伯)
22) 爪は紅いというよりは紫色にみえるのも清潔感を与えなかった。
(佐伯)

しかし、無対他動詞には使役と受身ができる場合とできない場合の二種類だけではなく、23)のように受身文はできるが使役文ができない場合と、24)は逆に使役文はできるが受身文ができない場合もある。また、間接受身文も分類に入れて考えるともっと分類は増えるだろう。

23) a. 弘はその女性を嫌っている。
    b. *弘にその女性を嫌わせている。
    c. その女性は弘に嫌われている。
24) a. 順子は魚の臭いを嗅いだ。
    b. 順子に魚の臭いを嗅がせた。
    c. *魚の臭いが順子に嗅がれた。

動詞を受身文にすることができるのは対象への働き掛けがあることを表すが、対象への働き掛けがあるといってもその働き掛けは様々である。また、対象への働き掛けがガ格名詞の意志による場合だけではなく、対象への影響がガ格名詞の意志によらない場合もあり、また、他動詞の分類には入るが対象へ影響を与えない動詞もある。

　工藤(1990)は他動性を「一方の参加者から他の参加者への働き掛け性」と規定し、「能動─受動の対立の成立の有無は他動性と相関している」として、「『行為者による対象＝他者への積極的な働き掛け』を表す典型的な他動構造文において、能動─受動の対立が全面的に開花し、この他動性が弱まれば、能動─受動の対立は変容したり、部分的になり、この他動性がなくなるとともに能動─受動の対立もなくなっていく」としている。もちろん、他動構文を説明するのに受身との関わりは重要であるが、受身ができることが他動を決める要素ではなく、他動の場合は受身が可能だというべきであろう。動詞がガ格名詞の動作と対象への働き掛けを表す他動性の高い文は受身と使役にすることができるが、対象への働き掛けがガ格名詞の意志によらない、結果的に対象に影響を与える場合には他動性は弱くなり、受身表現はできるが使役表現はできない。また、動作が対象に働き掛けのない知覚動詞、感情動詞などの場合はガ格名詞の動作だけを表すので他動性はなくなっていき、受身はできないが使役はできる。また、ヲ格が対象への状態を表し、動作性がなくなると受身だけではなく使役もできなくなる。他動性とヴォイスとの関わりについての詳しい考察は第9章を参照されたい。

4.2　有対他動詞と他動性

　日本語の自・他動詞は形態的な違いが顕著であるために、動詞の研究は自・他の形態的な対応関係に注目されてきたので、自動詞と他動詞が原型からどの程度離れていくのかという連続体の立場から説明し

ようとする発想があまりできなかった。しかし、最近の他動原型や自動原型を軸とした動詞の自・他論は、自動詞や他動詞の典型的なタイプを設定し、「遠—近」によって他動詞らしさ、自動詞らしさをとらえたり、それを構成する要素の抽出と組み合わせによって自・他を相対化しようとする方法は、動詞の特徴を明確に表すことができる有効な方法であるといえる。他動詞をガ格名詞からヲ格名詞への働き掛けという自・他論に基づいていうならば、他動詞ではない他動詞も存在するということになる。

他動性の根拠基準については学者によって異なるが、Hopper and Thompson(1980)、ヤコブセン(1989)、酒井(1990)、角田(1991)などの基準も他動性による動詞分類としては有効である。ヤコブセンは他動原型の意味特徴として次のように四点をあげて説明を行っている。

   1) 他動原型の意味特徴
      a. 関与する事物(人物)が二つ有る。動作主と対象物である。
      b. 動作主には意図性がある。
      c. 対象物が変化を被る。
      d. 変化は現実の時間において生じる。

ここでは他動性の観点から働き掛けによって分類される有対他動詞がどのように典型的な他動詞文から自動詞文へと繋がっていくのかについて調べてみる。

ガ格名詞とヲ格名詞は直接関わりをもって働き掛けによって繋がっている場合と、ヲ格名詞の変化にガ格名詞が関わりをもたない場合とがある。

   2) 太郎が桜の枝を折った。
   3) 父は縁談を壊した。
   4) 船長が海に溺れている人を助けた。

2)～4)は事態に関与する事物が二つあり、ガ格名詞の意図的な働き掛けによってヲ格名詞に変化が生じた「影響1」に当たる。これらは他動原型の条件に当てはまる他動性の高い他動詞らしい他動詞である。「影響1」のヲ格名詞としては物名詞だけではなく、事柄名詞や動作性のない有性名詞が現われる場合もある。

 5) 太郎はお湯を沸かした。
 6) 太郎が犬小屋を建てた。

5)6)は事態に関与する事物が二つであり、ガ格名詞の動作によってヲ格名詞に変化が生じた場合であるが、2)～4)とはガ格名詞とヲ格名詞との関わりが異なる。2)～4)はガ格名詞がすでに存在しているヲ格名詞に働き掛け、それによってヲ格名詞に変化が生じた場合であるが、5)6)はガ格名詞がヲ格名詞に働き掛けたのではなく、ある事物の働き掛けによってヲ格名詞が新しく生成された場合である。ガ格名詞の意図的な動作によってヲ格名詞に変化が生じたという点では2)～4)と同様に他動性の高い他動詞文であると言える。
 次の7)は6)と同じ構文であり、動詞も同じであるが、ヲ格名詞が「犬小屋」から「家」になると動作主がガ格名詞から第三者に変わる。

 7) 太郎が家を建てた。

つまり、6)はガ格名詞の動作によってヲ格名詞が作られた(可能性が高い)が、7)の「家」になるとガ格名詞には動作性はなく意図性だけが残り、ヲ格名詞の変化は文には現われない第三者の働き掛けによってヲ格名詞が生成されるようになる(もちろん、太郎自身が直接家を建てることも可能であるが、ここではたとえば「大工」に頼んで建てた場合である)。ガ格名詞の意図によってヲ格名詞が新しく生成される場合にも6)のようにガ格名詞の直接的な動作によると典型的な他動詞の意味になるが、ガ格名詞に動作性がなくヲ格名詞の変化に対する意図だけ

になると、7)8)のように同じ他動詞文の形式をとっていても「させる」「してもらう」の意味になる。

 8) a. 太郎は髪を切った。
   b. 太郎は髪を切ってもらった。

　他動詞構文をとりながらもっと明らかに使役の意味になるのは、9)10)のように動作がガ格名詞からヲ格名詞に移った場合である。ガ格名詞にはヲ格名詞を変化させようとする意図だけでヲ格名詞が実質的な動きをもって文の中で働くとガ格名詞は動作主から使役主に変わる。

 9) 父はその客を家にあげた。
 10) (警察の説得のすえ) 犯人は女性の人質をのがした。

　このように事態に関与する事物が二つあり、ガ格名詞にはヲ格名詞の変化に対する意図がある場合においても、動作がガ格名詞にあると他動性の高い他動詞文になる。動作がガ格名詞からヲ格名詞に移った9)10)は語彙的な使役文になるが、ガ格名詞には問題の事態をコントロールできる意図があり、それによってヲ格名詞に変化が生じるので他動原型と繋がる他動性の高い文になる。
　次の11)は「影響2」として、ガ格名詞の非意図的な動作によるヲ格名詞の変化であるので典型的な他動性の意味から少しは離れていくが、事態に関与している事物が「太郎」と「壺」の二つであり（もちろん、事態に関与する実体が二つだからといって他動性が高くなるのではない）、ヲ格名詞の変化がガ格名詞の影響による変化であるので他動性の高い有対他動詞文だといえる。

 11) 太郎は手が滑って父が大事にしている壺を壊してしまった。

　ヲ格名詞への影響が意図によらない場合は11)のようにガ格に人名詞

がくる場合もあるが、12)のように自然現象が現われる場合もある。12)のガ格名詞は自然現象であるが、ヲ格名詞に影響を与え、それによってヲ格名詞に変化が生じた場合である。事態に関わる事物が二つであり、ガ格名詞が擬人用法としての動作主の役割を担っているので、動作主を主語にとる他動詞文に比べて他動性は低くなるものの他動性の高い有対他動詞文である。

12) 濁流が橋を流した。

13)14)は問題の事態に関与する事物が二つであり、ガ格名詞の影響によってヲ格名詞に変化が生じた他動性の高い構文であるが、ヲ格名詞への影響が意図によるものでもなく、また、動作によるものでもないので「影響2」に比べても他動性は低くなる。

13) 太郎の説明が妻の誤解を解いた。
14) 一人の若者の行動が多くの人々の気持を動かした。

他動性の高い他動詞文とはガ格名詞の意図的な動作によってヲ格名詞に変化が生じる文であるが、他動性が低くなるとヲ格名詞への影響はガ格名詞の意図的な動作から非意図的な動作になり、さらに動作を伴わない原因による影響になる。

次の15)はガ格名詞の動作によるヲ格名詞の変化を表すが、ヲ格名詞の変化がガ格名詞自身の変化であるので、ガ格名詞の影響とヲ格名詞の変化という点では他動原型と繋がるところがあるが、ガ格名詞によるヲ格名詞への変化が結局ガ格名詞と一体化となってガ格名詞の変化をもたらすので、一つの事物としか関わりをもたない自動詞文との繋がりが出てくる。

15) 彼女は化粧で顔の私話をとった。

また、ヲ格名詞がガ格名詞の一部分であり、ヲ格名詞の変化にガ格名詞が直接関与するという点では15)と同じであるが、ヲ格名詞の変化に対してガ格名詞に動作性も、あるいは意図性もない場合がある。

　16)　太郎が髪を切った。
　17)　太郎が機械で手を潰した。

　このように対象の変化が主体の変化をもたらす再帰用法の動詞でも、対象変化に対する主体の意図の有無や動作性の有り無しによって他動性は変わっていく。
　他動性がもっと低くなると、ヲ格名詞の変化がガ格名詞によらない場合も出てくる。ガ格名詞がヲ格名詞に働き掛けるのでもなく、第三者からの影響によって変化したヲ格名詞が自分の体の一部分であったり所有物である場合として、変化がヲ格名詞に生じるという点においては他動原型と繋がるが、ガ格名詞にはヲ格名詞の変化に対する意図性も動作性もなく、ヲ格名詞の変化がガ格名詞の状態の変化をもたらす点では自動詞文とほとんど変わらない。

　18)　a. 太郎は火事で家を焼いた。
　　　　b. 火事で太郎の家が焼けた。
　19)　a. 子供が先生に殴られて歯を折った。
　　　　b. 先生に殴られて子供の歯が折れた。

　ヲ格名詞の変化がガ格名詞の変化をもたらす場合においても18)19)は一応他の影響による場合であるが、20)のようにヲ格名詞の変化が他の影響によるのではなく、ガ格名詞自身による生理状態の変化を表す場合もある。

　20)　(腐った林檎を食べて) 太郎がお腹を壊した。

20)は変化が生じた自分の体の一部を分離して考え、変化したところを明確にしているが、結局変化したヲ格名詞はガ格名詞自身である。「太郎が壊した」だけでは動作主である「太郎」が何を壊したのかが明らかではないし、ガ格名詞が意図的に何かを壊したような感じであるが、変化したヲ格名詞が自分の体の一部になるとその変化が意図によるものかどうかによってより自動性の方へ近づいていく。もちろん、ヲ格名詞の変化の原因は腐った林檎を食べたガ格名詞自身にあるので、ヲ格名詞の変化にガ格名詞は間接的な原因提供者でもある。

21) 太郎は戦争で子供を亡くした。
22) 太郎は病気で妻を倒した。

ガ格名詞の現在の状態を表すのはガ格名詞自身の変化による場合もあるが、22)のようにヲ格名詞の変化がガ格名詞からの影響も意図もないし、また、ヲ格名詞の変化にガ格名詞が原因として働き掛けているわけでもないが、ヲ格名詞の変化に対してガ格名詞が潜在的な責任感を感じるいる場合もある。潜在的な責任感は意図という点において他動原型との繋がりも出てくるが他動性はとても低い有対他動詞文である。

また、他動性をほとんど感じられない有対他動詞文がある。ヲ格名詞が他の働き掛けによって変化したのでもなく、ヲ格名詞の変化がガ格名詞の変化をもたらす再帰用法の動詞でもないが、ヲ格名詞がもっている性質や状態がガ格名詞に吸収され持続されている他動詞文である。このような他動詞文には他動性はまったくないが、その状態変化をまるでガ格名詞が意図的に行っているような印象を与える。

23) 彼女は母親の面影を残している。
24) 首脳会議は世界の注目を集めた。

このように同じ他動詞文といってもガ格名詞が意図的にヲ格名詞に働き掛け、それによってヲ格名詞に変化が生じる他動性の高い他動詞

文から、ヲ格名詞に影響を与えるのでもなく、また、ガ格名詞に動作性も意図性もなく単なる状態を表す自動詞文に近い他動詞文までである。

　ヤコブセン(1989)は形態論上の他動詞から自動詞まで五つに分けて分類を行っているが、他動詞文から自動詞文まで事態に関与する実体が一つか二つか、それらがどのような意味役割をもっているのかという観点から分類[4]しているが、どのように実際に繋がっているのかは明らかではない。

　この分類を基準にして他動性の意味特徴をあげると次のようになる。

　　25) 他動性の意味特徴
　　　(1) 事態に関与する事物は動作主と対象物の二つであり、各々は違った意味役割をする。
　　　(2) 動作主には働き掛けがある。
　　　(3) 対象への働き掛けは意図による。
　　　(4) 対象への働き掛けは動作主の動作による。
　　　(5) 働き掛けによって対象は変化を被る。
　　　(6) 変化は現実の時間において生じる。

このような意味特徴が満たされれば他動性の高い他動詞文になり、他動性があってもガ格名詞とヲ格名詞との関わり、それから意味役割によって他動性は異なる。

---

4) (a)二つの独立している実体が係わっており、それぞれの意味的役割が異なっている。
　(b)二つの独立している実体が係わっており、それぞれの意味的役割が異なっているが、動詞の表す変化の結果、それらが一体化される。
　(c)同一の実体(あるいは同一の実体の違った部分)が、二つの異なった意味的役割を担い、二つの違った名詞として文中に現われる。(再帰的意味)
　(d)一つの実体のみが係わっており、それが一つの名詞句として文中に現われながらも、二つの違った意味的役割を担っている。(意図的自動詞)
　(e)係わっている実体が一つであり、その意味的役割も一つに過ぎない。
　　　　　　　　　　　　　　　　　　　　　　　(非意図的自動詞)

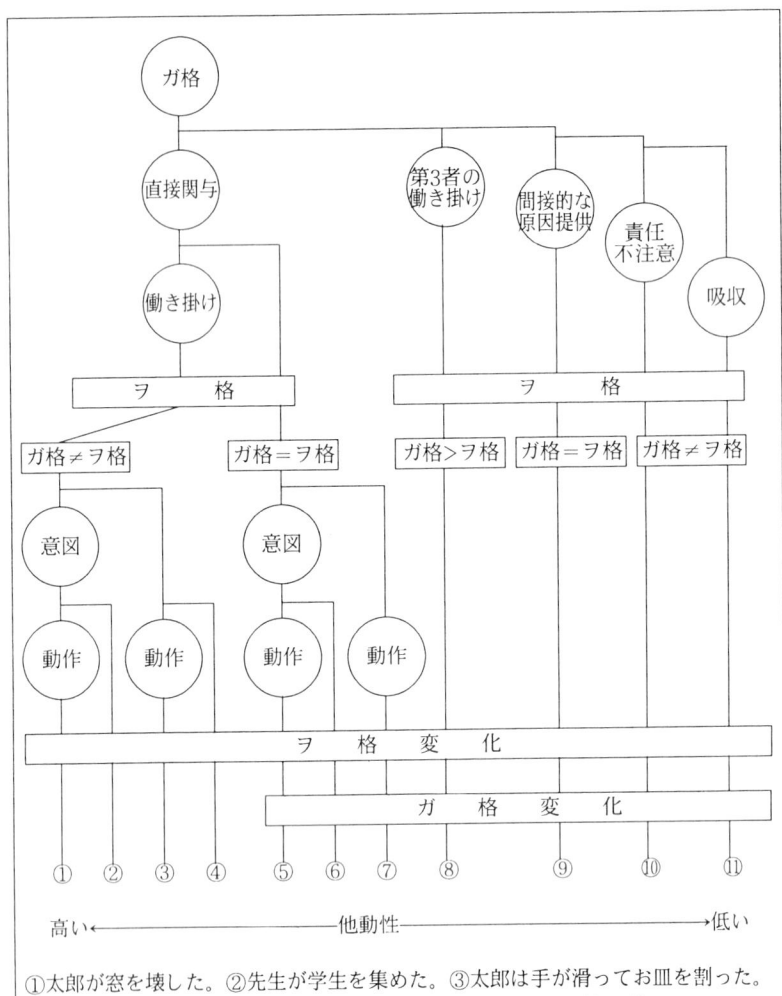

①太郎が窓を壊した。②先生が学生を集めた。③太郎は手が滑ってお皿を割った。
④一人の若者の行動が人々の気持を動かした。⑤彼女は顔の皺を隠した。
⑥太郎は機械で手を潰した。⑦太郎は髪を切った。⑧妻は夫の説明で誤解を解いた。
⑩太郎は戦争で子供を亡くした。⑪城下町は昔の雰囲気を残している。

4.3 まとめ

他動詞は対象への働きかけを表すが、動詞がヲ格名詞を要求するいわゆる他動詞であっても対象への働き掛けである他動性は同じではなく、また、対象への働き掛けがない他動詞もある。対象への働き掛けはガ格名詞・ヲ格名詞と動詞などの関わりによって異なる。

(1) 働き掛けがガ格名詞の意志的な動作による場合として、働き掛けによって対象には変化の可能性が内在されている場合：太郎が次郎を殴った。

(2) 働き掛けがガ格名詞の意志的な動作によるが、ヲ格名詞には物理的な変化の可能性はなく、働き掛けがガ格名詞の言語描写による場合：父はもっと勉強しろと息子を叱った。

(3) 働き掛けがガ格名詞の意志的な動作によるが、ヲ格名詞には変化の可能性がなくガ格名詞が及ぶ目的地として用いられる場合：不意の客が僕を訪れた。

(4) ガ格名詞に動作がなくヲ格名詞に対するガ格名詞の判断や評価によってヲ格名詞が間接的に影響をうける場合：先生は僕を諦めた。

(5) ヲ格名詞への影響がガ格名詞の意志によらないが、ヲ格名詞には変化の可能性が内在されている場合：台風がこの地域に被害を与えた。

(6) ガ格名詞がヲ格名詞に対する感情を表す場合として、それがガ格名詞の意志によらない場合：弘はその女性を嫌っている。

(7) ガ格名詞は意志も動作もない物名詞や事柄名詞であるが、ガ格名詞はヲ格名詞へ結果的に影響を与える原因として働く場合：華やかなネオンが男たちを繁華街に誘った。

(8) ガ格名詞の動作が自分自身に戻る再帰動詞や知覚動詞、あるいはヲ格名詞が場所名詞などをとる移動動詞の場合：花子が髪にかんざしをさした。

(9) ガ格名詞には動作性も対象への働き掛けもないが、ヲ格名詞に

対する判断がガ格名詞の経験による場合やガ格名詞にヲ格名詞の状態が持たされている場合：この仏像は文化財的に重要性をもつ。

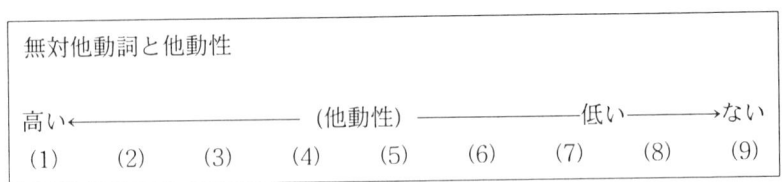

また、有対他動詞も他動性の基準からすると、大体次のようにまとめることができる。
(1) 事態に関与する事物が二つであり、ガ格名詞とヲ格名詞との関係がガ格名詞の影響によって結ばれている場合
　①ヲ格名詞への影響がガ格名詞の意志的な動作によってヲ格名詞に変化が生じる場合：太郎が窓を壊した。
　②ヲ格名詞への働き掛けがガ格名詞の意図によるが、ヲ格名詞の変化が自らの意志による場合：先生が学生を講堂に集めた。
　③ヲ格名詞への影響がガ格名詞の無為私的な動作による場合：太郎は手が滑ってお皿を割った。
　④動作を伴わないガ格名詞の抽象的な事柄がヲ格名詞の変化の原因になってヲ格名詞へ影響を与え、変化させる場合：一人の若者の行動が人々の気持を動かした。
(2) 事態に関与するのが同一の事物あるいは所有物として、ガ格名詞とヲ格名詞は全体と部分の関係にあり、文の中では二つの違った名詞をとって現われるが、ヲ格名詞の変化がガ格名詞の変化を意味する場合
　①ヲ格名詞の変化がガ格名詞の意志的な動作による場合：彼女は顔の皺を隠した。
　②ヲ格名詞の変化がガ格名詞の意志によるが、変化のために直接的

な動作は伴わない場合：太郎は髪を切った。
③ヲ格名詞の変化はガ格名詞の無意志的な動作による場合：太郎は機械で手を潰した。
④ヲ格名詞の変化がガ格名詞の動作によらず、第三者からの間接的な影響によってガ格名詞に状態変化が生じる場合：妻は夫の説明で誤解を解いた。
⑤ヲ格名詞がガ格名詞の違った一部分であるが、ヲ格名詞の変化にガ格名詞が間接的な原因を提供し、ヲ格名詞の変化がガ格名詞の変化を表す場合：太郎はお腹を壊した。

(3) 事態に関与する事物が二つであるが、ヲ格名詞の変化にガ格名詞は直接関与しないが、ヲ格名詞の変化あるいは状態が、ガ格名詞の状態あるいは周辺的な環境に変化を与える場合

①ヲ格名詞の変化に対してガ格名詞が責任を感じるが、ヲ格名詞の変化がガ格名詞を取り巻く周辺的な条件に変化を与える場合：太郎は戦争で子供を亡くした。
②ヲ格名詞に具体的な変化があるのではなく、ヲ格名詞の状態がガ格名詞に移り、それがガ格名詞の状態として持続して残されている場合：城下町が昔の雰囲気を残している。

第5章　使役構文

5.1　使役の意味

　使役は誰かが誰かにある動作をするように仕向けるということであるが、日本語の使役形（使役形とは動詞に(sa)seruがついた形のことをいう）は必ずそのような意味だけをもっているのではないようである。

　　1）母が学校へ行きたがらない子供を無理やり学校へ<u>行かせた</u>。
　　2）次郎は万一の場合に備えてランプを消すと床に倒れている男を抱き上げ、自分の目の前に<u>立たせて</u>おいてからドアの鍵をあけた。
　　　　　　　　　　　　　　　　　　　　　　　　　　（カムイ）

1)は被使役者である子供は「学校へいく」という行為を行おうとしないが、使役主体である母の強制によって仕方なく被使役者が動作を行ったという典型的な使役の意味を表している。しかし、2)は次郎が床に倒れている男が立つように働きかける場合として、被使役者である「男」は自らその動作を行うことのできない状態（男はもう死んでいる状態である）であるので、行為を実現させるためには使役主体である次郎の直接的な動作によらなければ成り立たないのである。
　つまり、1)と2)の違いは、使役主体の立場からすると、行為が使役主体の動作によるのか、あるいは被使役者がある動作をするように命じただけなのかにある。被使役者の立場からすると、被使役者自身には動作性がないので使役主体の力によって行為が実現されたのか、あるいは動作をしようとする意図はないが使役主体の命令によって仕方なく動作を行ったのかという点にある。

　　3）お雪は泣き声でさけんだ。だれにも見せたことのない裸身を、よ

りにもよって仇敵の次郎の目の前にさらし、大小便の世話までさせたというその屈辱に、舌を噛んで死にたい気持ちだった。(カムイ)

3)は使役主体であるお雪が(自分も知らないうちに)「次郎に大小便の世話をさせた」場合として、使役主体には2)のような動作も、1)のような被使役者に動作をさせようとする意図もないのに使役文として成り立っている。

このように、同じように使役文の形式をとっていても使役主体に行為を実現させようとする意図の有無によって、また、意図がある場合においてもその行為が使役主体の動作による場合と被使役者の動作によって実現される場合があるので、使役主体の意図と動作という観点から分類を行う。

5.1.1 使役主体に意図がある場合

5.1.1.1 使役主体に動作性がある場合
5.1.1.1.1 語彙的な他動

典型的な使役は使役主体の意図と被使役者に動作によって事態が成り立つ場合であるが、先にも述べたように使役主体の意図と動作によって事態が成り立つ場合がある。

4) 頭をひどく打ちつけたせいか、それとも着ているものを<u>脱がせる</u>のをためらって風邪を引かせてしまったためか高い熱がつづき、二日の間水も口にしていないので、お雪の唇はひび割れそうになっていた。(カムイ)

これは使役主体である次郎が気絶しているお雪のきているものを脱がせる状況である。動詞「脱ぐ」は主語が自らの体に巻いているものをはずすという意味をもつ再帰動詞であるので、5a)のように主語に動作性の

ある場合には5b)のように使役表現を用いても動作主体は変わらない。

  5) a. 子供が服を脱いだ。
    b. 母が子供に服を脱がせた。

　しかし、4)は主語と動作主体は一致するが、その服が主語の服ではなく、次郎が気絶しているお雪の服を脱がせる場面である。「脱がせる」が5b)のように被使役者に動作性があり、使役主体には行為に対する意図だけがある場合には典型的な使役の意味になるが、4)のように使役主体が動作主体である場合には使役形をとっていても使役というよりは「他動」の意味を表すといえるだろう。このように動詞が使役の形をとっていても他動の意味を表す場合を「語彙的な他動」とする。
　一般的に動詞の(sa)seru形が語彙的な他動の意味をもつ動詞としては「聞かせる、合わせる、知らせる」などがあるが、これらが使役の意味を持たないのは被使役者に動作性がなく使役主体に動作性があるからである。

  6) 太郎は彼女に音楽を聞かせた。

　このように6)の場合にも動作性が使役主体にあるので使役形が必ず使役の意味を表すのではないということが分かる。
　使役形が使役の意味をもたずに語彙的な他動の意味として使われるのは「脱ぐ」のような再帰動詞類だけではない。

  7) 次郎がさきほど二人に重傷を負わせたのは正当防衛だと考えられる。(カムイ)
  8) インディアンの身体は空中高く跳躍し、ふたりの役人を同じに蹴りつけて気絶させ、自分はかすり傷ひとつ負わず、後ろのカウンターに飛び上がっていたのだ。(カムイ)

7)8)の被使役者「二人」「ふたりの役人」は動作性をもった動作主ではなく、むしろ動作をうけた対象である。

 7)′ 二人が重傷を負った。→ 次郎が二人に重傷を負わせた。
 8)′ ふたりの役人が気絶した。→ インディアンがふたりの役人を気絶させた。

このように被使役者に動作性と行為に対する意志がなく、使役主体の直接的な動作によって行為が実現される場合には使役形をとっていても典型的な使役の意味を表すのではなく他動の意味を表す。
　使役形が他動の意味として使われるのは、対応する他動詞をもたない無対自動詞が多いが、次の例のように有対自動詞もある。

 9) 次郎は万一の場合に備えてランプを消すと床に倒れている（死んでいる）男を抱き上げ、自分の目の前に<u>立たせて</u>おいてからドアの鍵をあけた。（＝2))

たとえば、「次郎が男をたたせた」が典型的な使役の意味として使われるのは使役主体である次郎の意図と被使役者である男の動作によって事態が実現される場合である。しかし、9)の被使役者「男」はすでに死んでいる人であるので、被使役者の動作によって行為が実現できる可能性はまったくない。つまり、9)は被使役者を動作性のある有情物のように扱っている使役表現ではない。
　動詞が有対自動詞であり、被使役者に動作性がないのにもかかわらず対応する他動詞「立てる」を用いないで自動詞の使役形を使ったのは、動作性のない被使役者をいろんな方法を用いて何とかそのような状態にさせた場合である。これは「コロンブスが卵をたたせた」と通じる点がある。
　このように動作性のない被使役者に使役形を接続させ他動の意味として用いるのは再帰動詞や有対自動詞だけではなく10)のように無対他

動詞の場合もある。

 10) そのポージスをもと通りベットに横たえると、藤林はその口に睡眠薬をそそぎこみ、すこしずつ水を<u>のませた</u>。

10)は藤林が「（意識のない）ポージスに水をのませた」場合として典型的な使役の形をとっているが、被使役者である気絶したポージスは自ら水がのめる状態ではないので、藤林は水を口にそそぎこみ、水が喉をとおっていくような動作までさせないといけない。このように行為が使役主体の直接的な動作による場合には使役の形をとっても使役性は全然感じられない。
　森田(1988)は使役形が使役の意味ではなく「他動性」をもつ場合について「対象に対する行為主体の一方的な働きかけ、積極的な直接行為」であると指摘し、次の五例を上げている。

 11) 目を楽しませる。
 12) 歯をカチカチ言わせる
 13) 頭を働かせる
 14) ふところから短刀を覗かせる。
 15) 成金が札束をちらつかせる

森田が上げたこの例は天野(1987)の全体と部分の関係に当たる被使役者が使役主体の部分か所有物である例だけで、被使役者が有情物である例は一例もなく説明もない。しかし、先ほどみた通り被使役者が有情物――有情物といっても全然動作性はない――である場合もある。
　このように使役形が使役の意味ではなく他動の意味をもつのは被使役者に動作を行う能力がなく、使役主体の直接的な動作によって行為が実現される場合として、被使役者は使役主体の体の部分か所有物だけではなく動作性のない有情物の場合にも可能である。

5.1.1.1.2　強制1

　一般的に「強制」というのは行為をしたがらない行為者に無理やりある動作をするように強要する場合として、使役文で表すと使役主体には意図だけがあり、動作は被使役者によって実現される場合である。

　　　16) 太郎は水を飲みたがらない次郎に水を飲ませた。

16)の被使役者である次郎には水を飲もうとする意図はないが、使役主体の命令があったので仕方なく自ら水を飲んだ場合である。
　しかし、同じ「水を飲む」という行為であっても、次の17)18)は16)とは異なる。

　　　17) そのボージスをもと通りベットに横たえると、藤林はその口に睡眠薬をそそぎこみ、すこしずつ水を飲ませた。（＝10))
　　　18)「何を言うんだ、お雪……おまえに口移しで飲ませたのは、もういいかげんでやめたいからだぞ」（カムイ）

17)は被使役者であるボージスは意識のない気絶している状態であるので、行為が実現できるためには水を口の中に入れ喉を通すまでには使役主体の行為を要求し、18)は被使役者の意識は戻ってきたが自らコップをもって水が飲める状態ではないので、水を口に入れるまでは使役主体の行為である。
　つまり、同じ「飲ませる」であっても16)のように被使役者が自ら水を飲む場合と、18)のように使役主体が水を口に入れないと被使役者は水が飲めない場合、また、17)のように被使役者には全然意識がないので水を通らせるまでさせる場合がある。このように「AガBニ水ヲ飲ませる」といっても、被使役者の動作によって行われる16)は使役であるが、17)は被使役者の動作による行為ではなく使役主体の動作による行為であるので他動になる。それに比べて18)は16)と17)の中間的なもの

として、自ら飲める状態ではないが、水を口の中に入れてもらうと自分で「喉をとおす」動作はできるので17)と区別して「強制1」とする。
　「強制1」は使役主体の直接的な動作と被使役者の動作という二つの動作によって行為が実現される場合であり、「語彙的な他動」は使役主体だけの直接的な行為によって動作が実現される場合であるので、両者は事態の実現に対する被使役者の自発的な参加の可否にある。しかし、いずれにしても「語彙的な他動」と「強制1」によって表される行為は使役主体の直接的な動作が必要になる。

5.1.1.2　使役主体に動作性がない場合

　使役形が典型的な使役の意味をもつのは使役主体に動作性のない場合である。今までは使役主体に動作性のある場合として、使役の意味よりは他動的な表現であったが、使役主体に動作性のない場合についてみてみよう。

5.1.1.2.1　強制2

　青木(1977)は使役を次のように分類している。
①「させて」の意志が「なし手」の意志に反して強い場合、或いは「させ手」の意志が「なし手」の意志を上回って強い場合。強制的な意味となる。
②「させて」の意志が「なし手」の意志に反しない場合、許可助成の意味が生じる。「……てやる」「……もらう」の語を添えれば許可の意が一層明かとなる。
③派生的用法。「させ手」には積極的な意志がなく「なし手」の行為（この行為には意志的な場合と無意志的な場合とがある）を妨げない場合。放任の意味が生ずる。この場合、「……ておく」を添えれば放任の意が、「……てしまう」を添えれば不本意ながら放任した意が一層明瞭となる。

これは青木が「使役は、しむけられた他者即ち「させられ手＝動作のなし手」の意志と、しむける者即ち、「させ手」の意志との関係で成り立つと言える」で表されるように動作に対する意志がどちらにあるかによる分類である。

「強制2」は使役主体が被使役者に被使役者の意志は無視してある動作をするように仕向ける場合として、使役主体が被使役者より意志が強いので青木の分類①にあたる。

  19) 先生が学校へ行きたがらない子供を無理やり学校へ行かせた。

19)のように使役主体には行為に対する意図があるだけで、被使役者によって動作が行われる場合である。「強制1」との違いは使役主体の動作性の有無にある。

5.1.1.2.2 説得

被使役者に行為に対する意図はないが、使役主体が被使役者にある動作をするように唆して被使役者の意志によって行為が実現される場合である。これを「説得」と名付ける。

  20) 太郎は今回の宝くじは確率が高いと唆して、今まで買ったこともない次郎に宝くじを買わせた。

宮地(1972)は使役を五つの段階に分類しているが、「強制2」と「説得」を区分しないで「ダレカが、タレカを動かして、ナニカするようにする。」という項目で説明しているし、森田(1988)も使役を六つに分類しているが、「説得」については全然ふれていない。しかし、柴谷(1978)は日本語の使役文を「誘発使役」と「許容使役」との二つに分け、それが生じる状況について述べている。誘発使役状況とは「ある事象が使役者の誘発がなければ起らなかったが、使役者の誘発があっ

たので起こったという状況をさす」とし、「使役構文の補文が自動詞を含む場合は、動作主として働く被使役者を「に」ででも「を」ででも表すことができる」としている。誘発使役文における「を」使役文と「に」使役文の基本的な意味の違いは、前者は被使役者の意志を無視した表現であるが、後者は被使役者の意志を尊重した表現」であるとする。

21) a. 奴隷監督は鞭を使って奴隷達を働かせた。
  b. ＊？奴隷監督は鞭を使って奴隷達に働かせた。　（柴谷）

つまり、21b)は不可能でもないが、「監督が鞭の威力を借りて奴隷達を説得し、奴隷達が自分の意志で働いたような意味合いが強い」から「を」を用いた21a)の方が自然であるとする。

　柴谷の用語でいうと「強制2」は誘発使役の中で被使役者の意志を無視した表現になり、「説得」は意志を尊重した表現になる。いいかえれば、「強制2」と「説得」は動作行為に対する被使役者の意志を無視したのか尊重したのかに違いはあるが、被使役者に動作をさせようとする意図が初めから使役主体にあった場合である。

5.1.1.2.3　配慮

「配慮」は使役主体には行為をさせようとする意図があり、行為は被使役者によって実現される場合であるが、使役主体の意図が「強制2」とか「説得」よりは弱いといえそうである。「配慮」は被使役者がある行為をするように使役主体があらかじめ用意しておいた場合として、「強制2」や「説得」のように動作を行おうとする意志のない被使役者に動作をするように仕向けるのではなく、そのような動作が行われるように使役主体が意図的に配慮してくれた場合として、「〜てくれる」が接続するともっと明らかになる。被使役者の動作が使役主体に意図によるという点においては「強制2」とか「説得」と同じである。

22) あのホテルはタオルとシャンプを使わせてくれる。

22)は被使役者であるお客さんがタオルやシャンプを使えるようにホテルの方から意図的に予め用意しておいた場合として、次の「許諾」とも異なる。

5.1.1.2.4 許諾

使役主体が初めから意図をもって被使役者にある行為をさせようとするのではなく被使役者の要請によって使役主体が承認した場合として、使役主体の許可がなければ被使役者の動作は成立しない場合である。

23) 子供が家に帰りたいと先からいっていたので、先生は子供に帰らせた。

「許諾」と「配慮」の違いは、「配慮」は被使役者の要請とは関係なく被使役者にある行為ができるように使役主体が意図的に用意しておいた場合であるが、「許諾」は被使役者の要請によってはじめて動作をさせようとする意図が使役主体に生まれてきた場合として、被使役者の動作行為は使役主体の承認によって可能であり、「～てやる」の接続によって意味がもっと明らかになる。

5.1.1.2.5 黙認

使役主体には動作性がなく被使役者がすでに始まっている、あるいは始めようとしている行為をそのまま放置しておくこととして、使役主体が止めようとすれば止められたがそれを止めなかった場合を「黙認」とする。「黙認」と「許諾」は被使役者にある動作をさせようとする意図がもともと使役主体にはなかったこと、また、使役主体はそ

の行為を止められる立場にあるのに止めなかったということである。使役主体の立場からすると「許諾」は使役主体の承認によって動作が行われるので使役主体の意図による動作といえるが、黙認は使役主体の意図とは関係なく動作が行われているので「許諾」よりは使役主体の意図は弱いかほとんどない場合として、止められる立場にあるのに止めなかったということに使役主体の意図との繋がりがある。黙認は消極的な許容(柴谷)、放置(森田)、自由放任(宮地)ともいわれる。

24) 公園で子供が遊んでいたのでそのまま遊ばせた。
25) 剣道の極意に、身を捨てて、浮かぶ瀬もありといい、肉を切らせて骨を切る等というが、(カムイ)

「黙認」は「〜ておく」とともに用いられるともっと明らかになる。

26) 泣きたいやつには泣かせておけ。

これまでは使役主体に動作性はなく意図だけがある場合として、事態が被使役者の動作によって成り立つ場合についてみてきた。使役主体に意図があるとしても使役主体の意図は同じではなく、最初から被使役者に動作をさせようとする意図がある場合と、被使役者の要請によって後から使役主体に意図が生まれた場合、あるいは被使役者の動作を止められる立場にあるのに動作を続けさせたという点でやっと使役主体の意図と関わりをもっているかなり意図が微弱な場合まである。

5.1.2　使役主体に意図がない場合

今までは被使役者に動作をさせようとする意図がある場合として、事態が使役主体の意図によって成り立つ場合について調べてきたが、次は使役主体に動作をさせようとする意図がない場合についてみてみよう。

使役主体に行為に対する意図がないといっても被使役者の行為とか状態の変化が使役主体の間接的な影響によって変化した場合として、使役主体に意図性のないということが被使役者の行為に関わりをもたないということではない。

5.1.2.1　誘発

「誘発」は使役主体が被使役者にある動作や状態変化が生じるように影響を及ぼすが、それは意図的な行為によるのではなく抽象的な事柄による働きかけであるので、被使役者の変化に対する原因が使役主体になる。被使役者の行為も自らの意志的な動きによる場合とそうでない場合とがある。被使役者の行為が被使役者の動作による場合を「誘発1」、被使役者の意志とは関わりなく行われた場合を「誘発2」とする。

27) それが彼をアメリカへ行かせる原因となった。
28)「親殺しは、はりつけだあ」「いまのうちに、たたっ殺せ」大人と同じくらいに背が高くなっている次郎の身体が、村人の判断力を狂わせてもいた。（カムイ）
29) "死ぬ……" 次郎の心に不吉な思いが走った。だがすぐに、怒りがその冷たさを忘れさせた。（カムイ）

27)は被使役者を「アメリカへ行かせた」原因が使役主体として現われた場合であるが、その行為は被使役者の動作による場合であるので「誘発1」に当たり、28)29)は被使役者の変化——村人の判断力が狂ったり、次郎がその冷たさを忘れたり——は被使役者の意志による変化ではなく、被使役者自らの自然な状態変化を表すので「誘発2」に当たる。「誘発」は被使役者の変化が被使役者の意志とは関わりなく行われたという点においては「強制2」や「他動」と似ているが、使役主体の意図性の有無に違いがある。

5.1.2.2 不注意

「不注意」は典型的な使役表現とは異なり、被使役者の動作行為に対して使役主体が逆に責任や屈辱を感じる場合である。責任とは被使役者の行為に使役主体は全然関与してないが、次の30)は被使役者の変化に対して使役主体が自ら責任を感じる場合である。

    30) 父は子供を戦争で死なせた。

屈辱は責任の場合と同じく、使役主体の意図とは関わりなく被使役者の動作によって成立した事態に対して使役主体自らが被害をうけたと思っている場合である。

    31) お雪は泣き声でさけんだ。だれにも見せたことのない裸身を、よりにもよって仇敵の次郎の目の前にさらし、<u>大小便の世話までさせた</u>というその屈辱に、舌を噛んで死にたい気持ちだった。
                                                       （カムイ）

これは「お雪が仇敵の次郎に大小便の世話をさせた」ということで、使役主体である「お雪」が意図的にさせたのではなく、結果的にそのようになったということに対して自ら屈辱を感じている場合である。これは「〜していただく」との置き換えは不可能である。「〜していただく」は事態に対して使役主体が「ありがたい」と感じる場合であるが、31)のように「させた」という表現を用いると、「不注意」の気持ちが現われる。

責任と屈辱は使役主体の意図とは別に被使役者の動作によって使役主体が広い意味で被害を受けたと感じる場合である。

5.1.2.3 判断

「判断」は使役主体が被使役者にある動作をさせたのではなく話し手が被使役者の考え、判断を使役形式を借りて表している場合である。判断は「～に(を)させると／させれば」という形をとって用いられる。

32) このピストンリングが最初はえらく苦労して、結局シリコンが足りないことがわかり、学問も必要だということを悟ったというのですが、本田さんに言わせると、「戦争中につくったもので、いいものができるわけがない」と、こうなります。(わが友)
33) 三人目はゴールド・ガン。金鉱探しで失敗した男で、鉄砲を扱わせれば名人級だが、手癖の悪い大酒飲みだ。(カムイ)
34) 表現の仕方が下手くそなうえに、習字が嫌いだから字を書くのが面倒くさい。つい書かずだしてしまう。とにかく手先は器用な方で、物を作らせれば誰にも負けない自信があったが、字を書かせると全然表現できない。(わが友)

使役主体は話し手や聞き手のように特定の誰かが使役主体である可能性もあるが、それよりはもし誰かが被使役者にそのような動作をさせるのであれば、という考えから出た発想として、その事態に対する話し手の判断を使役という形式を借りて婉曲に表している表現であろう。話し手が被使役者から直接聞いた話であるとか、あるいは今までの動作をみて話し手が自信をもって表す表現である。これは自動詞文にしても意味が通じるという点がそれを裏付けている。

32)′ 本田さんは「戦争中につくったもので、いいものができるわけがない」といいました。

これは被使役者が一人称、つまり話し手自身である場合にはもっと「判断」の意味が強くなる。

35) 秋山：やあ、娘は18なんだけど、まだ子供ですよ。
　　コーチ：いや、僕にいわせりゃ、秋山さんのほうが子供ですよ。

コーチは秋山さんと娘さんをともに知っている場合として、秋山さんの話を聞いてコーチが自分の意見を述べている場合である。被使役者が話し手自身である場合は、ある意見に対する反対の意見、あるいは違う立場からの意見などを述べるときに用いられる表現として、話し手は直接的な表現を避けようとする言い方である。受け手の立場にたって表す表現として自分の意見を積極的に表すのではなく、自然な成り行きとしてもし「私」に誰かがそれについて話をさせるのであれば、という発想のもとでの消極的な自己主張である。

これまでを纏めると次の表のようになる。

使役主体		被使役者		意味	例
意図	動作	意図	動作		
あり	あり	ない	ない	語彙的な他動	次郎は（お雪が）着ているものを脱がせた。
		ない	△	強制1	（身動きできない）お前に口移しで飲ませるのは〜。
	なし	ない	ある	強制2	太郎は（水を飲みたがらない）次郎に水を飲ませた。
		ある	ある	説得	太郎は今回の宝くじは確率が高いと唆して、今まで買ったこともない次郎に宝くじを買わせた。
		ある	ある	配慮	あのホテルはタオルとシャンプを使わせてくれる。
		ある	ある	許諾	子供が家に帰りたいと先からいっていたので、先生は子供を家に帰らせた。
		ある	ある	黙認	公園で子供が遊んでいたのでそのまま遊ばせた。
なし		ない	ある	誘発	それが彼をアメリカへ行かせる原因となった。
		ない	ある	不注意	お雪はだれにも見せたことのない裸身を、よりにもよって仇敵の次郎の目の前にさらし、大小便の世話までさせたというその屈辱に、舌を噛んで死にたい気持ちだった。
		ある	ある	判断	いや、僕にいわせりゃ、秋山さんのほうが子供ですよ。

5.2 被使役者がとる格助詞

5.2.1 動詞と被使役者の格助詞との関わり

使役表現は基本文の主語である動作主を被使役者にして、使役主体が被使役者にある動作をするように仕向けることで、被使役者は「ニ」格と「ヲ」格をとることができるが、二格でもヲ格でもできるのではない。

1) a. 次郎が本を読んだ。（Bガ　Cヲ　スル）
   b. 太郎が次郎に本を読ませた。（Aガ　Bニ　Cヲ　サセル）

1b)のように動詞が他動詞である場合の被使役者は「を」格をとることはできず、「に」格しかできない。これについて柴谷(1978)は「補文が他動詞を含んでいて、すでに対格助詞「を」をとる名詞句がある場合には、被使役者は対格で起こることが出来ない」からであるとする。

1)′ a. [太郎[次郎　本　読む]させた]
　　 b. 太郎は次郎に本を読ませた。
　　 c. ＊太郎は次郎を本を読ませた。

つまり、一つの文に目的語を二つとる場合には一つは与格になり、もう一つは対格であればいいということで、対格目的語を二つとることができないのは二重対格目的語制約があるからである。

2) 二重対格目的語制約（柴谷）
　　一つの「文」の中に、二つ以上の対格目的語が現われてはならない。

しかし、柴谷の指摘のように二重対格目的語制約は対格目的語に対して働くものであるので、3)4)のように対格名詞節であっても目的語として働いていなければ「を」格が二つ重なってもかまわないのである。

 3) 太郎は急な坂を自転車を一生懸命押した。 (柴谷)
 4) 安藤昌山は、戻ってきた次郎を目を輝かせて向かえた。 (カムイ)

これについて益岡・田窪(1997)も使役文は「自動詞からの使役の場合と、他動詞からの使役の場合とで異なる」とし、他動詞からの使役は「ガ格(使役の主体)＋ニ格(動きの主体)＋ヲ格～＋動詞の使役形」の構文で表され、自動詞からの使役は「ガ格(使役の主体)＋ヲ格／ニ格(動きの主体)＋ヲ格～＋動詞の使役形」の構文をとるが、自動詞からなるのか他動詞からなるのかによって被使役者が二格をとることができるかできないかがまず決定され、それから自動詞からなる場合に限って二格をとることもヲ格をとることもできるという。

使役文の被使役者は二格とヲ格をとることができるが、基本文の動詞が他動詞である場合には5a)のように対格としてすでに「ヲ」格があるので「ニ」格しか選択することができない。動詞が自動詞である5b)は動作主である被使役者は「ニ」格と「ヲ」格をとることができる。これについて井島(1988)は他動詞が使役になる場合は柴谷の説明のように「二重ヲ格制約規則」5)によって動作主は自動的に「に」格が付与されるが、対象が存在しない場合には二重ヲ格制約規則が働かないので、被使役者は使役行為の対象格としてのヲ格を取ることもできるし、また行為の動作主格としての二格をとることもできるとする。

---

5) 柴谷は「二重対格目的語制約」と命名しているのに対して、井島は「二重ヲ格制約規則」としている。ここで使われる意味は同じであるが、3)4)で述べたように単なるヲ格なら一文に現われることもあるので「二重ヲ格制約規則」とするのは問題があるがそのまま引用した。

5) a. 太郎は窓を壊した。　　→　私は太郎に／*を窓を壊させた。
   b. 次郎が公園で遊んでいる。→　太郎が次郎に／を公園で遊ばせた。

　このように被使役者がとる格は基本文の動詞が他動詞である場合にはすでに対象にヲ格があるので被使役者がヲ格をとることはできないが、自動詞の場合にはヲ格をとることも二格をとることもできるということで、使役文の被使役者がとる格助詞は一次的には基本文の動詞が自動詞か他動詞かによって決まる。しかし、基本文の動詞が自動詞だとしても必ず二格とヲ格をとることができるわけではない。

6) a. 次郎がびっくりした。
   b. 次郎をびっくりさせた。
   c. *次郎にびっくりさせた。

6)の「びっくりする」のように感情動詞の場合には被使役者は二格はできずヲ格しかできない。これは行為に対する被使役者の意志と関わりがあって、事態が被使役者の意志によらない場合には自動詞であっても被使役者が二格をとることはできない。

5.2.2　動作に対する意図や動作性との関わり

　使役は使役主体が被使役者にある行為をさせることであるが、使役主体が必ず有情物である必要はなく、また事態が被使役者の意志的な動作によって行われる必要もない。
　では、使役主体の意図と被使役者の動作性の有無によって次のように四つのパターンに分けて考えてみよう。

7) 使役主体の意図と被使役者の動作性の有無による四つのパターン
   ①使役主体に意図がなく、被使役者に動作性がない場合

②使役主体に意図がなく、被使役者に動作性がある場合
③使役主体に意図があり、被使役者に動作性がない場合
④使役主体に意図があり、被使役者に動作性がある場合

　まず、使役主体に意図がなく、被使役者に動作性がない場合についてみてみよう。

8)「まあ、やさしいあなた、私を喜ばせてくださるのね。インディアン女にすぎない私を……」(カムイ)
9) 昭和五年八月、彼は千代子夫人と離婚した。そして千代子夫人が佐藤春夫と結婚することを三人連署の声明文として発表し、世間を驚かせた。(谷崎潤一郎)

8)は「インディアン女が喜ぶ」という事態に対して使役主体が関与しているが、使役主体の意図的な動作によるのではない。9)も「声明文を発表したこと」が使役主体として世間が驚く原因になっているが、意図的な動作行為ではない。つまり、事態が使役主体の意図的な動作によるのではなく、また、行為が被使役者の意志的な動作によらない場合には被使役者はヲ格をとりニ格をとることはできない。

8)′ *私に喜ばせてくださるのね。
9)′ *～三人連署の声明文として発表し、世間に驚かせた。

　では、使役主体には意図はないが、事態が被使役者の動作による場合についてみてみよう。

10) a. だが、その恐怖感をおさえて、彼をそこに向かわせたのは、タエに軽蔑されたくない、という強い感情だった。
(青春の門)
　　b. *強い感情が彼をそこに向かわせた。

10)の使役主体は有情物ではなく非情物であるので、被使役者の行為は使役主体の意図によらないという点においては8)と同じであるが、事態が被使役者の動作による点において異なる。行為が被使役者の動作による場合といっても被使役者の意図とは関わりなく行われた場合には動作性のない8)9)と同じくヲ格だけが許される。

　では、被使役者がニ格をとるのは使役主体の意図と関わりがあるのだろうか。今度は使役主体に意図のある場合についてみてみよう。

　　11) a. お前はその警部をよっぱらわせて聞き出したといったが、〜。
　　　　　　　　　　　　　　　　　　　　　　　　　（カムイ）
　　　　b. ＊お前はその警部によっぱらわせて聞き出したといったが、〜。
　　12) a. コロンブスが卵をたたせた。
　　　　b. ＊コロンブスが卵にたたせた。

11)の使役主体である「お前」には被使役者から情報を得るためにわざと「警部」をよっぱらわせた場合であるので、事態は使役主体の意図による場合であるが、被使役者には行為に対する意志がない。12)も同じく被使役者には自ら動作を行う能力のない非情物であるので、使役主体の意図的な動作によってのみ行為が成立する。

　　13) a. 太郎は次郎を無理やりアメリカへ行かせた。
　　　　b. ＊太郎は次郎に無理やりアメリカへ行かせた。

13)は太郎がアメリカへ行きたがらない次郎をむりやりアメリカへ行かせた場合として、使役主体の意図と被使役者の動作によって事態が実現された場合であるが、被使役者はヲ格しか許されない。

　つまり、使役主体の意図の有無と被使役者の動作性の有無によって四つに分けて分類してみたが、被使役者がとるのはヲ格だけでニ格をとる場合はなかった。

14) 使役主体の意図と被使役者の動作性による分類

使役主体の意図	被使役者の動作性	格助詞	例　　　文
ない	ない	を/*に	～三人連署の声明文として発表し、世間を驚かせた。
ない	ある	を/*に	それが彼を韓国へ行かせた。
ある	ない	を/*に	お前はその警部をよっぱらわせて聞き出したといったが、
ある	ある	を/*に	太郎は私を無理やりアメリカへ行かせた。

　このように基本文の動詞が自動詞だとしても被使役者が必ずヲ格と二格をとることができるのではない。被使役者がヲ格をとるのは、使役主体に意図がなくても、また、被使役者の動作性の有無とも関わりがないということになる。では、被使役者が二格をとるのはどんな条件が必要であろうか。

5.2.3　使役の意味と格助詞との関わり

　益岡・田窪(1997)は被使役者が二格をとることについて「自動詞からの使役において、動きの主体が二格を取ることができるのは、動詞が意志動詞の場合に限られる」とし、次の二例を上げている。

15)　花子は果汁を凍らせてデザートを作った。
　　　　　　　　　　　　　　（「果汁に凍らせた」は不可）
16)　太郎は花子を泣かせた。
　　　（「花子に泣かせた」は、花子に指示してその動作をさせたという場合に限る。）

つまり、動詞が自動詞であってもいつも二格とヲ格をとるのではなく、動詞が意志動詞でなければならないということと、また、被使役者の

動作が使役主体の「指示」による場合に限るということである。したがって、15)のように動詞が意志動詞でない場合には二格をとることができないし、16)の「花子が泣く」という動作も被使役者の無意志的な動作による場合には二格をとることができないが、それが使役主体の指示による意志的な動作であれば二格をとることもできる。井上(1987)も16)について「「泣く」「笑う」などは、命令文になるので、自己制御の可能性を持つ動詞といわなければならない。その主語は動作主と考えられる。ところが、これらは意志による自発的行為を表すことが一般にない」ので「に」使役文はできないが、「葬式で泣くことが儀式とされていて「泣く」アルバイトがある場合を想定すれば許容されよう」とか「劇の中で「笑う役割をわたしにさせた」のような文脈で初めて通用するような文」(『講座現代の言語』1)の場合に可能であるということは、「指示」と通じるところがある。

　ここで一つ疑問は使役主体が被使役者にある動作をするように「指示」した場合に限って被使役者が二格をとることができるという点である。これは逆にいうと使役主体が被使役者に動作をするように指示してない場合にはヲ格だけをとるということにもなるからである。では、先の例を益岡・田窪の説明と比べてみよう。8)9)がヲ格しかとることができないのは動詞が意志動詞ではないからであり、10)は動作が使役主体の指示によらない動作であるからだということで説明ができる。しかし、次の例はどう説明できるのだろうか。

17) a. 先生は彼をアメリカへ行かせた。
　　b. 先生は彼にアメリカへ行かせた。

益岡・田窪の説明通りであれば17a)は被使役者がヲ格をとっているので、使役主体が被使役者にアメリカへ行くように指示してない場合であり、17b)だけがアメリカへ行くように指示したことになる。しかし17)は使役主体が被使役者にアメリカに行くように指示した例として、使役主体が指示した場合に限って二格をとるという説明には無理があ

るということは次の18)からも分かる。

18) a. 先生は（アメリカへ行きたがらない）彼を<u>むりやり</u>アメリカへ行かせた。
b. *先生は（アメリカへ行きたがらない）彼に<u>むりやり</u>アメリカへ行かせた。

18)は被使役者の動作が使役主体の意図、つまり益岡・田窪の用語を借りると指示による動作であるが、「むりやり」は入ることによってかえって二格をとる18b)は許されず、18a)だけが自然な文になる。つまり、行為が使役主体の意図と被使役者の動作によって行われ、またそれが使役主体の指示による動作であっても「に」使役文は不自然な文になるということになる。

　柴谷(1978)は使役を誘発使役と許容使役に分け、被使役者がヲ格をとる場合と二格をとる場合について説明している。「誘発使役状況とは、ある事象が使役者の誘発がなければ起こらなかったが、使役者の誘発があったから起こったという状況」を設定し、誘発使役に於ける「を」使役文と「に」使役文の基本的な意味の違いは、「前者は被使役者の意志を無視した表現であるが、後者は被使役者の意志を尊重した表現である」(312p)としている。益岡・田窪の「指示」の概念では説明できなかった17)はこれで説明できる。17a)は被使役者である「彼」の意志を無視してアメリカへ行かせたことになり、17b)は彼の意志を尊重したということになる。ここで尊重ということが具体的に何を表すのかは明らかではないが、たぶん二通りの解釈が可能である。一つは、彼が自ら行きたいといって行った場合として使役主体はただそれを承認した場合と、もう一つは、彼が初めは行こうとしなかったが使役主体の説得によって行った場合があり得るが、前者は誘発使役ではなく柴谷の許容使役に当たるので、たぶん後者がこれに当たるのではないかと思われる。

19) そこで家人を豆腐屋に走らせ、おからを買わせる一方、……。
　　　　　　　　　　　　　　　　　　　　　　　　　（柴谷）
20) 土曜日に修一に行かせよう。（柴谷）

19)は「家の主人が権威者の立場で被使役者の意志を無視して用事を言いつけた状況」の表現であり、20)は「父が修一という息子に言いきかせ、行かせるという状況」を表しているので、いいかえれば、その意味が「強制」と「説得」の場合に「を」使役文と「ニ」使役文が使われるということになる。

　また、「に」使役文と「を」使役文について許容使役文を誘発使役文と異なる観点から説明している。「「に」許容文では、被使役者が許可を得た時点で意志的にある物事を始めたり、再び続けたりするが、「を」許容文では被使役者が既にある物事に携わっているのをそのまま放置する、という意味的違いを考慮に入れ、前者では補文の主語が「動作主」として働き、後者では補文の主語が「対象」として働く」という違いで説明をしている。つまり、許容使役の場合には、被使役者が動作主であるか対象であるかによって被使役者が二格をとるかヲ格をとるかが決まるということで次の例をもって説明している。

21) a. よし、と言って、子供に行かせた。
　　b. ？よし、と言って、子供を行かせた。
22) a. ？見て見ぬふりをして子供に行かせた。
　　b. 見て見ぬふりをして子供を行かせた。

21)は子供が映画に行きたがっている場合、親が「よし行ってこい」と言って積極的に承諾を与えた積極的な許容の場合には「に」使役文の方が自然であり、22)のように映画に行きたがる子供が親に黙って出て行こうとするのを見て見ぬふりをして消極的に許したという場合には「を」使役文の方が自然であるとする。被使役者が動作の許可を求めてきた場合、使役主体が承諾をした場合には「を」使役文よりは「に」

使役文のほうが自然であり、被使役者の動作行為について知らないふりをする場合には「に」使役文よりは「を」使役文の方が自然だということになる。

しかし、21)の子供は動作主であり、22)の子供は対象だということで「に」使役文と「を」使役文を説明するのは納得し難い面がある。柴谷は動作主について次のように定義している。

> 23) 動作主とは普通、動作の主体となるものと見做されているが、本書ではこれをもう少し厳密に、「意志的な動作の主体」というふうに規定する。（中略）「百恵ちゃんが泣いた／笑った」の「百恵ちゃん」は、彼女が意志的に泣いたり、笑ったりした場合は動作主として働いていると見做すが、自然に（または反射的に）泣いたり、笑ったりした場合は動作主と考えない。(277p)

つまり、動作主ではないのは本人の意志による動作ではなく意志とは無関係に動作が行われた場合である。柴谷のこの定義によっても「子供が行く」場合、22)の子供は動作主ではなく対象だとする根拠は弱い。子供の動作は使役主体である親の承諾ではなく自分の意志によって行われた場合であるので、柴谷の定義に従っても確かに動作主になる。被使役者が動作主か対象かという点と被使役者の意志を尊重するか無視するかというのは二格をとるかあるいはヲ格をとるかを決めるのにかなり重要な点であるのは確かである。被使役者の意志を無視するということは被使役者の意志とは関わりなくある動作をするように仕向けることであるので、動作主ではなく対象として見做すことであり、尊重するというのは意志を重視して動作主として扱うということにもなるからである。

しかし、柴谷の消極的な許容の場合には動作主なのか対象なのかということでは解決できない。もちろん、被使役者に動作性があっても動作主ではない場合もある。

24) それが彼をアメリカへ行かせた。

24)の被使役者である「彼」の動作はそのようにせざるを得ない状況が彼を行かせたので彼の意志による動作でもなく、また、使役主体にも動作をさせようとする意図がない場合である。被使役者の動作が使役主体の意図による動作でないからといって必ず動作主ではなく対象だとはいいきれない。22b)は使役主体の意図によらない行為であるが、その行為が24)とは違う本人の意志による動作であるので、対象ではなく動作主になる。だから、被使役者の動作が使役主体の意図によらないと被使役者は対象だとはいいきれないのではなかろうか。

柴谷の許容使役には積極的な許容と消極的な許容があるが、それは筆者の用語としては「許諾」と「黙認」に当たる概念として、許諾は被使役者が動作を行おうとする意図性がまずあって、それから使役主体の承認を得てはじめて動作が行われる場合である。使役主体の立場からすると被使役者にある動作をさせようとする意図性がはじめからあったのではなく、被使役者の要請によってある動作をするように承諾をした場合であるので、説得のようにはじめから意図がある場合とは意図性の現われ方は違うが、使役主体の意図による動作という点においては同じである。

25) アメリカへ行きたがらない花子を唆して、花子に行かせた。
   　　　　　　　　　　　　　　　　　　　　　　　(説得)
26) 花子がアメリカへ行きたいといっていたので、よしと行って花子に行かせた。　(許諾)

しかし、黙認の場合には被使役者が使役主体の指示とか許可によって動作をするのではないので、厳密にいうと被使役者の動作と使役主体は何の関わりもないともいえる。動作は使役主体が関与する以前からすでに行われていたし、ただ、使役主体はその行為を妨げなかったということである。

では、黙認と使役主体の意図性とは全然関わりがないのだろうか。黙認はすでに行われるいる被使役者の動作を使役主体が意図的に制止することができるのにそのままにしておいたという点が使役主体の意図と繋がる。

　　27) 仕事の帰りに公園を覗いて見たら子供が友達と楽しく遊んでいたので、子供をそのまま遊ばせて家に帰ってきた。（黙認）

このように使役の意味によって動作にいたるまでの過程は異なる。

　　28) 使役の意味と動作に至るまでの過程
　　　①強制2：使役主体の意図性→使役主体の被使役者への動作指示→動作
　　　②説得：使役主体の意図性→使役主体の被使役者への説得→被使役者に動作を行おうとする意志が生まれる→動作
　　　③許諾：被使役者の意図性→使役主体への要請→使役主体の承認→動作
　　　④黙認：被使役者の動作→使役主体による被使役者の動作の確認→黙認→被使役主体の動作行為の持続

　説得は使役主体が被使役者に動作をさせようとする意図性があり、また動作をしようとする被使役者の意志による動作、つまり、「先意図後動作」である。許諾は被使役者の意図性が先にあり、それから使役主体の許諾（意図）によって動作が実現される場合として、説得のように「先意図後動作」であるが、許諾は意図性が被使役者から出た場合である。黙認は被使役者の意図的な動作が先にあり、それから行為によって生まれた消極的な意図として、説得とか許諾に比べると使役主体の意図性は弱いかほとんどないといってもいいほどで「先動作後意図」である。「強制2」は使役主体の意図による被使役者の動作として被使役者の意志はほとんど行為に反映されてない場合として「先意図後動作」である。したがって説得、許諾、黙認の場合の被使役者

は意志的な動作行為者であるので動作主であるが、「強制2」は動作はしても動作主ではなく対象にすぎない。

これを纏めると次のようになる。

意味	使役主体		被使役者				使役主体の意図と被使役者の動作との関わり
	動作をさせようとする意図性		動作をしようとする意図性	格助詞		動作主と対象	
強制2	初めからあった場合	強↑意図性↓弱	ない	無↑意図性↓強	を	対象	先意図→後動作
説得			後から生まれてきた場合		に	動作主	先意図→後動作
許諾	後から生まれてきた場合		初めからあった場合		に	動作主	先意図→後動作
黙認					を	動作主	(被使役者の先意図)→後意図→後動作

これは次のように一般化することができる。

29) 被使役者が二格をとるための条件
　　事態が使役主体の意図あるいは許可があってから被使役者の自発的な動作によって事象が行なわれる場合に被使役者は二格をとる。使役主体の意図によって動作が行われても被使役者の強制的な動作による場合とか、被使役者の動作の結果によって使役主体に意図が生じた場合にはヲ格をとる。

5.3　無対自動詞と使役

5.3.1　無対自動詞の意味との関わり

自動詞は動作が他に影響を与えない動詞のことであるが、自動詞と

使役との関わりについてみてみよう。（有対自動詞と使役との関わりについては第6章を参照されたい。）

　無対自動詞は他の働きかけによって変化した対象の状態を表すのではないということについては前章で述べたが、無対自動詞が表す意味についてここでもう一度簡単に述べると大体以下のようである。

　　1) 無対自動詞が表す意味
　　　①動作や行為などを表す：子供が学校に行った。
　　　②無意志的な状態変化を表す：私はその中に女がいることで驚いた。
　　　③有情物の生育の変化を表す：父は煙草をやめてから少し太ったようだ。
　　　④物の自然的な変化を表す：湿気が多い梅雨時は、食べ物が腐ることが多い。
　　　⑤自然現象を表す：雨が降ってきた。
　　　⑥人や物の単純状態を表す：アジアの人は体力で欧米人に劣る。

　では、無対自動詞が表す意味と使役はどのような関わりをもっているのだろうか。使役は使役主体が被使役者にある動作をするように仕向けるという典型的な意味からすると、使役主体に行為に対する意図があり、事態が被使役者の動作や行為によって行われる場合には使役表現が可能になる。

　　2) a. 弘が優子の隣に座った。
　　　 b. 弘を優子の隣に座らせた。
　　3) a. 彼は彼女と踊った。
　　　 b. 彼を彼女と踊らせた。

　無対自動詞が表す動作は動作主に意図がなくてもその動作が動作主の意志によって行われるのであれば使役は可能である。2)3)はこれだけでは被使役者に動作をしようとする意図が使役主体にあるかどうか

は分からないが、たとえば、優子の隣に座りたくないのに母に命じられて仕方なく座った場面であっても、あるいは恥ずかしくて彼女と踊ろうとしない彼にむりやり踊らせる場面であっても4)5)が自然になるのは、事態が被使役者の意図とは関係ないということであろう。

　　4) 母は弘を<u>むりやり</u>優子の隣に座らせた。
　　5) 私は<u>はずかしがる</u>彼を彼女と踊らせた。

これは「むりやり」とか「恥ずかしがる」からも分かるように、使役主体が強制的に動作をさせたという意味をもつ使役文として、使役主体の意図と被使役者の意志的な動作による場合である。つまり、自動詞が使役文になるためには被使役者の意図とは関わりなく使役主体の意図と被使役者の意志的な動作さえあれば可能だということになる。

　無対自動詞が表す動作はこのように動作主の意志による場合もあるが、必ずそれが意志的な動作によってのみ行われるのではない。

　　6) 待合室には十五・六人ほどの男や女がいた。その中に女がいることが信介を驚かせた。(青春の門)
　　7) 突然の来客が母を慌てさせた。

「驚く、びっくりする、泣く」などのような感情動詞は人の無意志的な行為を表すが、6)7)のように使役表現が可能である。つまり、使役というのは被使役者によって行われる行為が意志的な動作だけではなく感情動詞のように無意志的な動作による場合においても可能だということになる。

　もちろん、感情動詞だからといってその動作が必ず無意志的な行為だけを表すのではなく、「葬式で泣くことが儀式とされていて「泣く」アルバイトがある」(井上1987)ように、命令や演技によって行われる場合には本人の意志による行為だといえる。その動作が本人の意志によるか否かによって8)のように被使役者がとる格助詞は違ってくるが、

動作が意志的な行為ではないからといって使役ができないことを意味するのではない。

    8) 太郎が次郎を／に泣かせた。

このように使役は行為が被使役者の意志によらない動作であっても可能であるが、では、使役主体の意図性の有無との関わりについてみてみよう。

今の例からも分かるように6)の「その中に女がいること」は意図をもった有情物ではなく事柄が使役主体であるので、被使役者によって行われる事態が使役主体の意図による行為を表すのではない。つまり、使役が成り立つためには必ず使役主体の意図が前提になる心要がないということを表す。これは9)10)のように「〜ない」や「〜てしまう」がつくことによって動作が使役主体の意志に反する動作であるということが明らかである。

    9) 会議中彼を黙らせる方法はない。
   10) 結局、彼を駅まで歩かせてしまった。

また、無対自動詞が表す事態が本人の意志によらない場合としては、人の身体の変化や動植物の成長による自然に生じた変化がある。

   11) a. 私が太った。
       b. 母がやせた私を太らせた。

一般的に事態が表す変化が意志によらない場合には12)13)のように意志形で表すことはできないが、14)15)のように生育の状態変化は意志による行為ではないのに意志形を用いて表すことができる。

   12) *明日は車が壊れましょう。

13) *3時からお腹がすきましょう。
14) 枯れ木に花を咲かせよう。
15) 母は痩せた私を太らせようとした。

　これは日本語の意志形はその動作が必ず実現可能な場合に限って使われる場合と、その行為が意志によって必ず実現できるとはいえないが実現できるように努力しよう、という意味としても用いられる。

16) 日本語の意志形
　①動作行為が本人の意志によって実現可能な場合：学校へいく。→学校へ行こう。
　②動作行為が必ず本人の意志によって実現できるとはいえないが、そうなるように努めようという意味をもつ場合：3キロやせる。→3キロやせよう。

　これは命令の意味として使われる場合においても同じである。

17) 相手を酒に酔わせてしまえ。

　また、無意志的な変化を表す場合としては心理状態もある。心理状態の変化は使役主体として事柄名詞や有情物がくる場合もあるが、有情物が現われても使役主体には事態の変化に対する意図がない場合が多い。

18) 彼の話は人を飽きさせない。
29) 私が勝手に先を進んで、彼を道に迷わせてしまった。
20) 蚊が彼を悩ませた。

　人が飽きたり、悩んだりすることは自らの意志によるものではなく、自然にそういう状態になった場合として、変化の原因が使役主体として働くので、当然ながら使役文を意志表現にすることはできない。

21) *これから太郎を飽きさせよう。
22) *彼を悩ませよう。

つまり、その行為が本人の意志による動作ではないので、「～させよう」のような意志形の接続はできないし、また命令表現もできない。

18)′ *はやく飽きなさい。
19)′ *もっと迷え。

意志形や命令形ができないということはその動作が本人の意志によって左右できないということを表すが、意志・命令形はできなくても禁止表現ができる場合がある。

23) 突然、来客がきたからといってそんなに慌てるな。
24) そんなに簡単に飽きるな。

禁止表現ができるということは、被使役者によって率いられる事態が事態制御性はないとしても、それが被使役者による行為であればいいということになる。事態が被使役者の意志によらない、つまり事態制御性のない行為であっても意志・命令形が可能な場合と、不可能な場合があるが、使役は可能である。
事態が意志によらない状態変化を表すのは有情物の場合だけではなく、物や事の自然的な変化を表す場合もある。

25) a. 食べ物が腐った。
    b. 細菌が食べ物を腐らせた。
26) a. 金物がすぐさびる。
    b. この辺は海が近いので、しめりけなどが金物をすぐさびさせる。

25)26)の食べ物がくさったり、金物がさびるのは食べ物や金物の意志

による行為ではなく、それ自体がもっている内発性による変化であるので、意志形の接続は許されない。

 25)′ ＊早く腐ろう／腐れ。
 26)′ ＊もっと錆びよう／錆びなさい。

　しかし、心理状態の変化と違う点は禁止表現ができないということである。心理状態の変化は自ら変化しようとしても変化できるものではないが、それが動作として現われる以上本人による事態制御性はなくても第三者がその動作をしないように命じることはできるので、禁止表現はその相手が有情物でなければならない。
　また、無対自動詞は自然現象の状態も表すことができる。一般的に自然現象の場合には使役表現はできない。

 27) ＊星を輝かせた。
 28) ＊空を曇らせた。

　しかし、自然現象であってもその動作が実現できるように条件を整えたり、あるいは人工的な行為が加わることによってその状態の実現が可能であれば使役は自然になる場合もある。

 29) 人工的に池を凍らせた。
 30) 科学者が雨を降らせた。

　今まで使役を無対自動詞が表す意味と使役主体と被使役者の意図と意志によって分類してみたが、これを纏めると次の表のようになる。

動詞が表す意味	使役主体の意図	被使役者の意志	意志/命令表現	禁止表現	例文
動作や行為など	+意図	+意志	可能	可能	母は弘をむりやり優子の隣に座らせた。
有情物の生育の変化		−意志			母は痩せた私を太らせようとした。
自然現象					老人は枯れ木に花を咲かせた。
動作や行為など	−意図	+意志			結局、彼を駅まで歩かせてしまった。
無意志的な状態変化		−意志	不可		彼の話は人を飽きさせない。
物の自然的な変化				不可	細菌が食べ物を腐らせた。

5.3.2 使役主体の意図との関わり

5.3.2.1 使役主体に意図がある場合

　無対自動詞の使役文は使役主体に意図がない場合にも可能だとしたが、使役主体の意図の有無が使役の可否にどんな影響を与えるのだろうか。
　まず、使役主体に意図がある場合には被使役者の動作性が必要である。

　　31) 私は彼をアメリカへ行かせた。

つまり、31)は使役主体に意図があり、被使役者には動作性のある典型的な使役文である。動作性があるということは被使役者に事態制御性があるということである。32)のように使役主体に意図がある場合に

は、被使役者に自分の意志で動作をコントロールできる事態制御性がないと使役は不自然になる。

 32) ＊私は彼を飽きさせた。

「飽きる」のように心理状態の変化を表す場合にも使役文はできるが、被使役者には事態制御性がないので使役主体が意図をもって働きかける場合には、被使役者はその動作を実現できる能力をもってないので使役は非文になる。
 これは感情動詞の場合にも同じである。

 33) a. 私が彼を驚かせた。
   b. ＊私は彼をむりやり驚かせた。
 34) a. 突然の来客が母を慌てさせた。（＝7））
   b. ＊私が彼をわざと慌てさせた。

動詞が感情動詞であり、被使役者に事態制御性がない場合には使役主体に意図のない33a)34a)は自然であるが、「わざと」や「無理やり」が入ることによって使役主体に意図が生まれると使役は非文になる。つまり、使役主体に意図がある時には被使役者に動作性か事態制御性が必要になる。
 また、事態の変化に事態制御性がないので本来の意志形がもっている意味はないが、「そのような状態になるように努める」の意味をもつと使役は可能になる。

 35) 老人は枯れ木に花を咲かせた。
 36) 母は痩せた私を太らせようとした。（＝15））

 このように使役主体に意図がある場合は、被使役者に動作性か、事態制御性が必要であり、あるいは意志形が可能な場合だけである。ま

た、事態が被使役者の内発性によって実現する場合には使役主体の意図が必要になる。

5.3.2.2　使役主体に意図がない場合

　使役は使役主体に意図がなくても使役文が自然になるのは、使役は使役主体の意図とは直接関わりがないということである。では、使役主体に意図がなくても使役文が可能になるのはどんな場合であろうか。

　　37) それが彼をアメリカへ行かせる原因になった。

37)は被使役者が動作性をもっている場合である。被使役者に自発的な動作性があれば、使役主体に意図がなくても使役文は可能になる。
　使役が使役主体の意図を要求する場合は、事態の変化が事態制御性を必要とする場合であるが、使役主体に意図がなくても使役が可能だということは被使役者が事態制御性を必要としないか、被使役者が動作性か内発性をもっている場合である。

　　38) その話が彼を飽きさせた。
　　39) 突然の来客が母を慌てさせた。
　　40) 私が彼を泣かせた。

38)〜40)のように被使役者に事態制御性がない場合には使役主体に意図があると非文になる。自分によってコントロールできない行為が意図的に指示されてもそれは遂行できないからである。
　また、事態の変化が被使役者の内発性によって自然に変化する場合にも使役主体の意図は要求されない。

　　41) 私は卵を腐らせてしまった。
　　42) 父が子供を戦争で死なせた。

41)42)のように使役主体の意図とは無関係に被使役者が変化した場合には事態の変化に対して使役主体が不注意や責任を感じる場合である。

5.4 他動詞と使役

他動詞文とは主体が対象に働きかけ、それによって対象に変化が生じる、あるいは生じ得る文のことであるが、同じ他動詞文でも対象への働きかけは同じではなく他動性の高い文から低い文まである。使役は使役主体と事態との関わりとして、事態がガ格名詞の働きかけによるヲ格名詞の変化可能性を内包している他動詞文は使役文にすることができるが、他動詞文だからといって必ず使役文にすることができるということではない。

1) a. 太郎が花子を映画に誘った。
   b. 母は太郎に花子を映画に誘わせた。
2) a. 華やかなネオンが男たちを歓楽街に誘った。
   b. *華やかなネオンに男たちを歓楽街に誘わせた。

1a)2a)は同じ動詞「さそう」を用いた他動詞文であるが、1b)のように使役文で表すことができる場合と2b)のように使役主体の設定ができなくて使役文で表すことが不自然な場合もある。つまり、同じ動詞であっても事態（他動詞が表す事柄）との関わりによって使役ができる場合とできない場合とがある。

では、他動詞文を使役文にすることができるかどうかをガ格名詞と事態との関わりなどで調べてみよう。

5.4.1　ヲ格名詞への影響がある場合

5.4.1.1　ヲ格名詞への影響がガ格名詞の意志による場合

　他動詞文において他動性の高い文はヲ格名詞の変化がガ格名詞の動作によって生じる、あるいは生じ得る場合として、1a)のように事態がガ格名詞の意志による場合には使役文も自然になり、ヲ格名詞として有生名詞、事柄名詞、あるいは物名詞が現われる。
　3)〜8)のヲ格名詞は有生名詞であり、ガ格名詞の意志によってヲ格名詞に変化が生じた場合である。

　　3)　a. 先生が生徒を講堂に集めた。
　　　　b. 先生に生徒を講堂に集めさせた。
　　4)　a. 駅員が乗客を白線まで下げた。
　　　　b. 駅員に乗客を白線まで下げさせた。
　　5)　a. 祐一は後ろから押して友達を倒した。
　　　　b. 祐一に後ろから押して友達を倒させた。
　　6)　a. 太郎が溺れている人を助けた。
　　　　b. 太郎に溺れている人を助けさせた。
　　7)　a. 劇団はその女優を主役から降ろした。
　　　　b. 劇団にその女優を主役から降ろさせた。
　　8)　a. 監督がだめなチームを一流チームに育てた。
　　　　b. 監督にだめなチームを一流チームに育てさせた。

3)4)はヲ格名詞の意志的な位置変化を表し、5)6)はガ格名詞の動作によるヲ格名詞の無意志的な変化であり、7)8)はガ格名詞の物理的な動作によるヲ格名詞の変化ではなく抽象的な状態の変化——たとえば、だめなチームが一流チームになるなど——を表している。ヲ格名詞の変化が意志的であれ無意志的であれ、事態がガ格名詞の意志によって行われるのであれば使役文で表すことは可能である。
　また、有対他動詞だけではなく対応する自動詞をもたない無対他動

詞は、ヲ格名詞への働きかけがガ格名詞の動きを伴わない9)10)のような場合にも使役文による表現ができる。

  9) a. 太郎は自分の気持ちを弘に言った。
    b. 太郎に自分の気持ちを弘に言わせた。
  10) a. 太郎は大学へ進学することをあきらめた。
    b. 太郎に大学へ進学することをあきらめさせた。

9)のようにガ格名詞の言語描写による働きかけであっても、あるいは10)のようにヲ格名詞に対する心理状態や判断などを表す場合においても他動詞文を使役文にすることができるのは、ヲ格名詞の変化が有対他動詞の場合と同様ガ格名詞の意志によって行われたからである。では、ヲ格名詞が物名詞である場合にも同じことがいえるだろうか。

  11) a. 太郎が桜の枝を折った。
    b. 太郎に桜の枝を折らせた。
  12) a. 母が味噌汁を暖めた。
    b. 母に味噌汁を暖めさせた。
  13) a. 大きな岩を向こうに転がした。
    b. 大きな岩を向こうに転がさせた。

ヲ格名詞が物名詞である場合はヲ格名詞の変化がガ格名詞の物理的な動作によって変化する場合が多い。11)はヲ格名詞の外面的な物理的な変化であり、12)はヲ格名詞の内面的な状態変化である。また13)は対象の位置移動を表しているが、3)～8)のように変化がガ格名詞の意志による、つまり、他動性の高い他動詞文は使役文にすることができる。
 ヲ格名詞が事柄名詞である場合の変化はヲ格名詞の動き、状態、特徴、あるいは関係の変化であるが、それもガ格名詞の意志による変化であれば対象が有生名詞や物名詞の場合と同じく使役文にすることができる。

14) a. 父は縁談を断わった。
    b. 父に縁談を断わらせた。
15) a. 子供が部屋の温度を18度から20度にあげた。
    b. 子供に部屋の温度を18度から20度にあげさせた。

このようにガ格名詞によるヲ格名詞への影響が意図による行為ではないとしても、事態がガ格名詞の意志的な動作によって行われるのであれば、対象が有生名詞であれ、事柄名詞であれ、あるいは物名詞であっても使役文は自然になる。

5.4.1.2　ヲ格名詞への影響がガ格名詞の意志によらない場合

ヲ格名詞の変化がガ格名詞の意志的な働きかけによって行われる他動詞文は使役文で表すことはできた。

16) a. 太郎が窓を壊した。
    b. 太郎に窓を壊させた。

では、17)はどうだろうか。

17) a. 従業員が（自分の）手を潰した。
    b. 従業員に（自分の）手を潰させた。

17a)のヲ格名詞がガ格名詞の一部として、ヲ格名詞の変化がガ格名詞の行為による再帰動詞の場合のガ格名詞は動作主ではなくいわゆる経験者である。たとえ事態が無意志的な動作による変化であってもガ格名詞の意志によって事態を生じさせることができる場合には17b)のように使役文による表現はできるが、使役表現になると経験者の無意志的な動作から意志的な動作に変わる。

しかし、事態が表す結果が同じであり、また、それがガ格名詞の動

作によって成り立つ場合においても使役文ができない場合もある。

 18) a. 太郎が<u>手が滑って</u>窓を壊した。
   b. *太郎に手が滑って窓を壊させた。
 19) a. 従業員は<u>うっかり</u>機械で手を潰した。
   b. *従業人にうっかり機械で手を潰させた。

18)19)の事態はガ格名詞である太郎や従業員の動作による変化であるという点では16)17)と同じであるが、それがガ格名詞の意志的な動作によるのではなく偶然に生じた動作による変化であるので、使役主体がその動作を被使役者であるガ格名詞にさせることができないからである。つまり、無意志的な動作によって行われた事態であっても事態がガ格名詞の意志によって事態を実現することができる場合には使役文も可能になるが、18)19)のように「手がすべって」「うっかり」のように無意志動詞化させる副詞類が現われると、ガ格名詞の意志によって事態を実現させることができないのでそれを使役文にすることはできない。

 これは次のような場合においても同じである。一般的に動作主に行為に対する意図がなければ意志もないが、事態が意図によらなくても意志によって行われるのであれば使役文は可能になる。

 20) 太郎は大学へ進学することを諦めようとしなかったが、母が説得して進学を諦めさせた。
 21) 娘は縁談に応じようとしたが、父がどうしてもいやだというので娘に縁談を断わらせた。

20)21)と18)19)は被使役者に事態を実現させようとする意図がないということと、被使役者の行為によって事態が実現されたという点で共通しているが、事態が被使役者の意志的な動作によって実現されたかどうかに違いがあると思われる。20)21)の被使役者には事態を実現させ

ようとする意図はないが、被使役者の意志的な判断——20)は「太郎は大学へ進学しようとしたが母がいやがっているので諦めようと思うこと」と、21)は「父が反対しているので縁談を断わろうと思う」こと——によって事態が実現されている。しかし、18)19)のガ格名詞には事態の実現に対する意図も、また事態がガ格名詞の意志的な動作によって行われたことでもないので使役文にすることはできない。つまり、他動詞文はガ格名詞に対象の変化に対する意志の違いによって18b)19b)のように不自然になったり、20)21)のように自然になるのは、他動詞文のガ格名詞には事態実現に対する意図はなくても、意志的な動作主として働くのであれば使役文ができるということである。

だから、他動詞が表す事態がガ格名詞によって変化するとしても、意志性のない自然現象や、原因などのように物名詞や事柄名詞の場合には、他動詞文のガ格名詞に事態を変化させるように仕向けることができないので使役文は不自然になる。

22) a. 台風がこの地域に被害を与えた。
    b. *台風にこの地域に被害を与えさせた。
23) a. 津波が家を飲んだ。
    b. *津波に家を飲ませだ。
24) a. 華やかなネオンが男たちを歓楽街に誘った。
    b. *華やかなネオンに男たちを歓楽街に誘わせた。
25) a. 過去の歴史が私たちに人類の愚かさを教えている。
    b. *過去の歴史に私たちに人類の愚かさを教えさせた。

このような点からすると他動詞文を使役文で表すことができるのは、ガ格名詞が有情物であり、また、事態がガ格名詞の意志的な動作によって実現される場合に限って成り立つということになる。

井上(1976)も「他動詞文では、有生名詞句か、機械や乗物のように動くもの（かりに[＋動的]と名づける）が主語になっていなければならない」(53p)とし、機械であっても使役文にすることができるとして

いる。ガ格名詞が機械や乗物である場合に使役文ができるのはその背景には機械や乗物を動かす動作主の想定が可能だからであろう。

 26) a. 機械が芝を刈る。
   b. お前たちは、機械に芝を刈らせればよい。（井上）
 27) a. コンピューターが計算（を）した。
   b. 太郎はコンピューターに計算（を）させた。

しかし、次のようにガ格名詞が機械であり、また、井上の説明のように[＋動的]であっても使役ができない場合もある。

 28) a. 列車が人を引いた。
   b. ＊列車に人を引かせた。
 29) a. 車がガードレールを擦った。
   b. ＊車にガードレールを擦らせた。

28b)29b)が不自然であるのは、機械や乗物が本来の機能や目的として用いられないからである。事態がガ格名詞である乗物(列車、車)によって行われても人を引いたり、ガードレールを擦ったりすることは本来の目的ではなく、また、28)29)のようにガ格名詞が事態を生じさせる手段としての道具にすぎない場合には[＋動的]な機械や乗物が現われてもそれを使役文にすることはできないが、次のようにガ格名詞が「車」であれば使役文も自然になる。

 30) a. 車が走った。
   b. 太郎は車を走らせた。

5.4.2　ヲ格名詞への影響がない場合

このように他動詞文を使役文にすることができるのはガ格名詞の働

きかけによってヲ格名詞に変化が生じる場合であるが、その変化は意志によって行われなければならない。では、いわゆる他動詞であってもヲ格名詞に影響を及ぼさない、つまり他動性のない他動詞文についてみてみよう。

　再帰動詞の場合には動作がガ格名詞の意志による場合と意志によらない場合とがある。再帰動詞や再帰用法の動詞はヲ格名詞が被使役者の一部分、声、汗などガ格名詞の支配下にある物や身体の一部である。31)〜33)のように動作がガ格名詞の意志による場合には当然ながら使役表現ができる。

　　31) a. 太郎は靴を履いた。
　　　　b. 太郎に靴を履かせた。
　　32) a. 太郎は髪を切った。
　　　　b. 太郎に髪を切らせた。
　　33) a. 彼女は化粧で顔の皺を隠した。
　　　　b. 彼女に化粧で顔の皺を隠させた。

　しかし、34a)のように事態がガ格名詞の無意志的な動作によって引き起こされるのであれば使役はできないが、「わざと」が入ることによって35)のように使役文が自然になるのは、17)で述べたように無意志的な動作の意志動作化による場合である。

　　34) a. 女子学生が松井選手の登場で悲鳴をあげた。
　　　　b. *松井選手の登場が女子学生に悲鳴をあげさせた。
　　35) 先生は女子学生に<u>わざと</u>悲鳴をあげさせた。

　このように再帰動詞は行為が意志的である場合には使役が当然ながらできるし、無意志的な場合にも意志動詞化することによって使役文ができる。
　また、36)も同じで、事態がヲ格名詞の位置変化を表しているのではなく「紛失」というガ格名詞の無意志的な行為による結果の状態を表

しているので34)と同様に使役文にすることはできない。しかし、36b)が使役文として自然になるためには行為が意志的な動作でなければならないし、紛失の意味ではなく空間的な位置移動の意味として用いられるなら意志的な動作になり使役文も自然になる。

36) a. 子供はデパートで財布を落した。
    b. 母は子供にデパートで財布を落とさせた。

37)は再帰動詞であり、また、34)と同じく無意志的な動作であるので各b)はそのままでは使役表現ができないし、「わざと」を入れても意志動詞化できない場合がある。

37) a. 太郎はお腹を壊した。
    b. *太郎にお腹を壊させた。
    c. *太郎にわざとお腹を壊させた。

34)が37)と違うのは事態がガ格名詞の動作によって生じ得る可能性のない生理的な状態変化を表す点にある。このように再帰動詞であってもそのままで使役文にすることができる場合と、意志動作化しないとできない場合、あるいは意志動詞化ができないので使役表現もできない場合などがある。
　では、ガ格名詞に動作性のない心理状態の場合はどうだろうか。

38) a. 太郎の説明が妻の誤解を解いた。
    b. *太郎の説明に妻の誤解を解かせた。
39) a. 太郎の説明で妻は誤解を解いた。
    b. △太郎の説明が妻の誤解を解かせた
    c. 太郎の説明が妻に誤解を解かせた。

38)と39)は同じ事態（太郎の説明で妻の誤解がとけた）を表している

が、ガ格名詞が事柄（妻の誤解が解ける）の原因である38a)を使役文にすることができないのはガ格名詞に事態に対する意志がないからであり、39)は心理状態の変化主である「妻」をガ格名詞として表しているからである。「誤解がとける」のは無意志的なことであるが、その誤解についての判断は「妻」によって行われるから、被使役者に変化主が現われると使役文はできる。

　また、他動詞文としては状態変化主体の他動詞文のように変化の持ち主がガ格名詞に現われた場合とか、逆にガ格名詞に行為が向けられる場合には使役にすることができない。

　　40) a. 太郎は火事で家を焼いた。
　　　　b. ＊太郎に火事で家を焼かせた。
　　41) a. 首脳会議は世界の注目を集めた。
　　　　b. ＊首脳会議に世界の注目を集めさせた。
　　42) a. 彼女は母親の面影を残している。
　　　　b. ＊彼女に母親の面影を残させた。
　　43) a. 彼は仲間から期待を集めた。
　　　　b. ＊彼に仲間から期待を集めさせた。
　　44) b. 城下町は昔の雰囲気を残している。
　　　　b. ＊大阪市は城下町に昔の雰囲気を残させている。

5.5　まとめ

　使役は誰かが誰かにある動作をするように仕向けるということであるが、日本語の使役形は必ずそのような意味だけをもっているのではなく、同じ使役形をとっていても使役主体に行為を実現させようとする意図の有無と事態実現のための動作性の有無などによって使役形が表す意味は異なる。

　(1) 語彙的な使役：事態が使役主体の動作によって行われる場合。

・頭をひどく打ちつけたせいか、それとも着ているものを脱がせるのをためらって風邪を引かせてしまったためか高い熱がつづき、二日の間水も口にしていないので、お雪の唇はひび割れそうになっていた。
(2) 強制1：使役主体に動作性がある場合としては、事態が使役主体と被使役者の動作によって実現される場合。
・何を言うんだ、お雪…おまえに口移しで飲ませたのは、もういいかげんでやめたいからだぞ。
(3) 強制2：使役主体が被使役者の意志を無視してある動作をするように仕向ける場合として、被使役者の意志よりは使役主体意図が強い場合。
・先生が学校へ行きたがらない子供を無理やり学校へ行かせた。
(4) 説得：被使役者に行為に対する意図はないが、使役主体が被使役者にある動作をするように唆して行為を実現させる場合
・太郎は今回の宝くじは確率が高いと唆して、今まで買ったこともない次郎に宝くじを買わせた。
(5) 配慮：被使役者がある行為をするように使役主体があらかじめ用意しておいた場合
・あのホテルはタオルとシャンプを使わせてくれる。
(6) 許諾：使役主体が初めから意図をもって被使役者にある行為をさせようとするのではなく被使役者の要請によって使役主体が承認した場合
・子供が家に帰りたいと先からいっていたので、先生は子供に帰らせた。
(7) 黙認6)：使役主体には動作性がなく被使役者がすでに始まっている、あるいは始めようとしている行為をそのまま放置しておく

---

6)「黙認」は使役主体の意図とは関係なく動作が行われているので「許諾」よりは使役主体の意図が弱いかほとんどない場合として、止められる立場にあるのに止めなかったということが使役主体の意図と繋がる。

場合
- 泣きたいやつには泣かせておけ。

(8) 誘発[7]：被使役者への影響が意図的な行為によるのではなく抽象的な事柄による働きかけとして、使役主体が事態の原因である場合
- "死ぬ……"次郎の心に不吉な思いが走った。だがすぐに、怒りがその冷たさを忘れさせた。

(9) 不注意：被使役者の動作行為に対して使役主体が逆に責任や屈辱を感じる場合
- お雪は泣き声でさけんだ。だれにも見せたことのない裸身を、よりにもよって仇敵の次郎の目の前にさらし、大小便の世話までさせたというその屈辱に、舌を噛んで死にたい気持ちだった。

(10) 判断：使役主体が被使役者にある動作をさせたのではなく話し手が被使役者の考え、判断を使役形式を借りて表す場合
- 表現の仕方が下手くそなうえに、習字が嫌いだから字を書くのが面倒くさい。つい書かずだしてしまう。とにかく手先は器用な方で、物を作らせれば誰にも負けない自信があったが、字を書かせると全然表現できない。

このように動詞の使役形は使役主体の立場からすると使役主体に動作性と意図による「語彙的な他動」と「強制1」、使役主体に意図だけで動作性のない「強制2」「説得」「配慮」「許諾」「黙認」があり、また、使役主体に意図もない「誘発」「不注意」「判断」がある。

使役文は事態に対する使役主体と被使役者の動作、意図との関わりによって分類することができるが、使役の意味と被使役者がとる格助

---

[7]「誘発」は被使役者の変化が被使役者の意志とは関わりなく行われたという点においては「強制2」や「他動」と似ているが、使役主体の意図の有無に違いがある。

詞とはどうような関わりがあるだろうか。
　使役文の被使役者は二格とヲ格をとることができるが、基本文の動詞が他動詞である場合には二重ヲ格制約規則によって二格しかとることができないが、自動詞の場合には二格もヲ格もとることができる。しかし、自動詞でもいつも二格とヲ格をとることができるのではなく、使役主体の意図、被使役者の動作・意志、また動詞の種類との関わりによって違ってくる。

　　(1) 動詞が無意志動詞である場合
　　①使役主体に意図がなく、事態も被使役者の無意志的な動作による場合：「誘発」
　　②事態が使役主体の意図と被使役者の意志によって成り立つ場合：「説得」
　　(2) 動詞が意志動詞である場合
　　①使役主体の意図と被使役者の意志によって事態が成り立つ場合：「強制2」
　　②使役主体の事態を実現させようとする意図によって被使役者にも後から意図が生まれた場合：「説得」
　　③被使役者の事態を実現させようとする意図によって使役主体に後から意図が生まれた場合：「許諾」
　　④被使役者の意図によって事態がすでに成り立っている場合：「黙認」

これは次のように一般化することができる。

　　使役主体の意図あるいは許可があってから被使役者の自発的な動作によって事態が行なわれる場合の被使役者は二格をとるが、使役主体の意図によって動作が行われても被使役者の強制的な動作による場合とか、被使役者の動作の結果によって使役主体に意図が生じた場合にはヲ格をとる。

では、ここでは無対自動詞と使役との関わりについてみてみよう。
(1) 被使役者に動作性（意志動詞）があれば使役主体に意図はなくてもいいが、使役主体に意図がない場合には事態の変化に対するきっかけにならなければならない。
(2) 被使役者に事態制御性がない場合には使役主体に意図があっても非文になる。
(3) 使役主体に意図がなくても被使役者に事態実現のための動作性か内発性がある場合には使役文が可能になる。
(4) 使役主体に事態を実現させようとする意図がなくても被使役者の内発性によって事態が成り立つ場合には、使役主体が事態に対する責任を感じているのであれば使役表現はできる。

では、他動詞はどうだろうか。他動詞であっても必ずそれを使役文で表すことができるのではない。他動詞を使役文にすることができるのは次のような場合である。
(1) 事態がガ格名詞の意図による場合として事態がヲ格名詞の動作によって行われるのではれば被使役者の意志とは関わりない。
(2) 変化するのがヲ格名詞に対するガ格名詞の心理状態や判断などの場合にも事態がガ格名詞の意志によって行われるのであれば使役文は可能になる。
(3) 機械や乗り物のようにガ格名詞に意志のない場合でも使役はできるが、それが本来の機能や目的として用いられない場合には使役文にすることはできない。
(4) 対象への働きかけのない再帰動詞の場合にも事態がガ格名詞の意志による場合には使役文にすることができる。

しかし、ヲ格名詞の変化がガ格名詞の無意志的な動作の場合にも使役文にすることができないのではないが、その場合には無意志動詞が意志動詞化するので、「手がすべって」「うっかり」のように無意志動詞化させる副詞類が現われると使役文はできない。

また、ガ格名詞に意志のない自然現象や、原因などのように事柄が使役主体として現われると、事態がガ格名詞の意志によって行われることはないので使役文にすることはできない。
　それから、状態変化主体の他動詞文とか、行為がヲ格名詞からガ格名詞に向けられる場合にも使役文にすることはできない。

第6章　有対自動詞の使役形と有対他動詞

　動詞は対象の変化と対象への働きかけ、動作主自らの動作と対象の状態などを表すが、有対自動詞が表すのは有対他動詞の対象を主語とした状態と動作である。有対自動詞が表す状態とは働きかけによって変化した対象の状態だけではないことについてはすでに述べてきた。対象の変化は有対他動詞の他動性が高いほど働きかけによるが、他動性が低くなるにつれて有対他動詞の主語は変化の与え手から変化の原因、あるいは変化に対して責任を感じるだけで、対象の変化は対象自体に内在されている潜在性による変化になる。

　では、有対自動詞は使役とどのような関わりをもっているのだろうか。早津(1987)は次のような有対自動詞の特徴との関連で使役について説明している。

　①主語は非情物であること
　②働きかけによってひきおこしうる非情物の変化を表すものであること

一般的な使役の定義からするとこのような主語の特徴をもつ有対自動詞を使役文にすることはできない場合が多く、早津も実際に有対自動詞は「使役もとりにくい」という立場から論を進めている。

　1)　自分は怒って妻を突き飛ばした。妻は寝床の上へ倒れた。（早津）
　2)　人工呼吸のおかげで溺れた青年は助かった。（早津）
　3)　みんなも大統領がどうなったのか見ようと集まってきているようだった。（早津）

1)～3)のように有情物を対象としてとる場合もあるが、「意志の感じられない物体のようにみなした場合の人」であったり、あるいは3)のように意志的な動作主体であっても「他動詞文と意味的・統語的な対応をなしているのは考えにくい」ということで「無対自動詞とみなす

べきもの」であるという立場から有対自動詞は使役もとりにくいとしている。

　また、西尾(1978)も有対自動詞の一般的な性格を五つの点から分析し、その一つとして「これらの動詞は大体、直接受身も迷惑の受身も構成しないので、三上章氏の分類によれば『所動詞』に属する性格を主とするものだ」としているところからも早津の説明を間接的に指示している。

　また、寺村(1986)は使役態が成立するためには少なくとも二つの文法的な条件――意味的な条件と日本語の語彙の構造からくる条件――が作用しているとする。意味的な条件とは「受身をつくることのできない動詞、つまり、所動詞は、だいたい使役態にもならないといえそうである。状態動詞といってもよいかと思うが、「イル」は「イラセル」となるから、やはり、所動詞という特徴づけのほうがよいだろう」ということで、動詞が状態の意味を表す場合には使役ができないということで、西尾の説明と一致する点がある。

　4) 木ガアル。　　　→ *木ヲアラセル（寺村）
　5) 彼ニオ金ガ要ル　→ *彼ニオ金ヲ要ラセル（寺村）

　しかし、有対自動詞が表すのが働きかけによって変化した対象の状態だけではなく、他動性が低くなるに従って、逆に対象（有対自動詞の主語）に動作性が付与される6c)7c)のような有対自動詞でも使役ができる場合もある。

　6) a. 先生が学生を講堂に集めた。
　　　b. 学生が講堂に集まった。
　　　c. 先生が学生を講堂に集まらせた。
　7) a. 駅員が乗客を白線まで下げた。
　　　b. 乗客が白線まで下がった。
　　　c. 駅員が乗客を白線まで下がらせた。

では、有対自動詞による使役表現が自然になるためにはどんな条件が必要であるのか。また、対応する他動詞があるのに自動詞の使役形だけが自然になる場合、あるいはその逆もあるので自動詞の使役形と他動詞がどのように役割分担しているのかについても調べる。

6.1 自動詞の使役形だけが自然な場合

自動詞の使役形や他動詞で表現するということは、対象に何かの変化があり、その変化を誘発させる広い意味でのきっかけの立場から表現することを表す。事態が有情物によって引き起こされる6)7)は自動詞の使役文と他動詞文で変化を表すこともできるが、次のように有情物が現われても両方とも自然になるとは限らない。

8) a. 母が子供を火のそばで暖まらせた。（用法）
   b. *母が子供を火のそばで暖めた。

8)は「子供が火のそばで暖まる」という事態と母との関わりについての描写である。自動詞「暖まる」の使役形を用いた8a)は子供を火のそばにいさせたりして子供の体が暖まるように母が仕向けた場面であるが、他動詞を用いた8b)は母が子供を人間として扱ったのではなく、まるで「ミルク」などのように物を火のそばにおいて暖めたような印象を与える。

このように他動詞を用いると一般的に使役主（他動詞文の主語）の動作によって事態が成立した場合であり、自動詞の使役形は被使役者の行為によって事態が成立した場合である。使役主体の直接的な働きかけによる対象の変化を要求する変化動詞の場合には他動詞による表現が自然であるが、事態が使役主体の直接的な働きかけではなく、被使役者の行為によって成立する場合には自動詞の使役形による表現も可能である。しかし、使役主体の直接的な動作を要求する動詞なのに、

事態が被使役者の動作によって実現される場合には他動詞による表現は不自然になる。さらに、1、2例を付け加えておく。

9) a. 私が子供を雨に濡れさせた。
   b. *私が子供を雨に濡らした。
10) a. 先生が子供を廊下に立たせた。
    b. *先生が子供を廊下に立てた。

9)は、ドアを早く開けてやらなかったから子供が雨にぬれてしまったということで、自動詞の使役形を用いた9a)は結果的に子供がぬれるように仕向けた場合であり、他動詞を用いた9b)は子供をまるで「靴下」などのような自分の持ち物を濡らした感じで、有情物としての子供ではなく使役主体の直接的な働きかけによって変化した非情物として扱っている。10)も同じく、10a)は先生が子供に罰でも与えるために子供に自ら廊下にたつように仕向けたごく自然な使役文であるが、他動詞を用いた10b)は先生がまるで子供を「箒」などと同様に、動作を行うことのできない非情物に手を加えて事態を成立させたような感じになり不自然である。

このように対象の物理的な変化を要求する動詞は事態が使役主体の直接的な動作によって変化するので11)12)のように非情物が現われても他動詞による表現は自然になるが、9)10)のように事態が被使役者の行為によって成立する場合には自動詞の使役文が自然になる。

11) 母が味噌汁を暖めた。
12) 車を一度濡らしてから洗った。

では、次の13)はどう説明できるだろうか。13b)は13a)の状況を表している。

13) a. 次郎は万一の場合に備えてランプを消すと床に倒れている男

を抱き上げ、自分の前に立たせておいてからドアの鍵をあけた。（カムイ）
b. 次郎が敵船のある一室に侵入して、そこにいた敵を殺して出ていこうとようとした時、誰かがドアにノックをしたので、まるで男が生きているようにみせかけようと思って倒れている人を立たせた場面である。

13a)の事態「次郎が男をたたせた」は、10a)「先生が子供をたたせた」と同じパターンであるが、13a)は事態が「男」の意志的な動作によって成り立っているのではない。男はすでに死んでいるので、事態は使役主の動作によってのみ可能である。8)～10)で自動詞の使役文が自然であるのは、事態が被使役者の動作によって行われたからである。では、なぜ13)は被使役者に事態を実現させる動作遂行能力がないのに自動詞の使役形が使われたのだろうか。

　その理由としては二つ考えられる。一つは、一般的に「立つ」という行為が人間によって行われる場合には意志的な動作であるので、それが固定化され、たとえ被使役者に動作性がなくても有情物が現われると使役形を用いなければならない、という意識が働いているからである。しかし、次の14b)のように人間による行為であっても対応する他動詞がある時には他動詞による表現もできるので、人間による動作だからといって必ず自動詞の使役形だけが用いられるのではないからこれが理由にはならない。

14) a. 先生が子供を家に帰らせた。
　　b. 先生が子供を家に帰した。

　もう一つは、被使役者には事態実現のための行為遂行能力はないが、使役主体が「何とかして」その事態が実現できるようにさせた場合には自動詞の使役形が用いられるのではないか、ということである。たとえば、15)の被使役者「箒」は自らたつという行為を実現すること

ができない物名詞であるのに自動詞の使役形が用いられたことからもうかがうことができる。

  15) 何とかして箸をたたせなさい。

15)は話し手が箸を何度もたてようとしてもすぐ倒れるので、いろんな工夫をして「何とか」たつ状態にさせたい場面である。つまり、事態が被使役者によっては実現できない、あるいは実現できにくい事態が被使役者によって導かれたという意識が働くのであれば、たとえ被使役者には行為能力がなく、事態が使役主の動作によって実現されたとしても使役形は可能であるということになる。
 一般的に他動詞は使役主の行為による事態の変化を表すが、自動詞の使役形を用いると、被使役者を事態が表す状態になるように使役主がいろんな方法を用いて「なんとか」「やっと」その状態にさせたという意味を表す。だから、13)も被使役者には事態を実現させる行為遂行能力はないが、被使役者が自ら事態を実現させたようにみせるため、使役主が被使役者に働きかけた場合でも自動詞の使役形は用いられる。
 被使役者が有情物である場合、自動詞の使役文だけが自然になるのは次のようである。
 ①変化が使役主の直接的な働きかけによって成立する変化動詞であっても事態が被使役者の行為によって行われる場合
 ②被使役者には事態を実現させるための行為能力はないが、事態が被使役者によって実現されたように使役主が何とか事態を実現に導いた場合。

6.2 自動詞の使役形と他動詞が自然な場合

6.2.1 事態の変化が有情物によって行われる場合
6.2.1.1 被使役者に動作性がある場合

　被使役者が有情物である場合には、自動詞の使役形だけが自然で、他動詞による表現はできなかった。では、他動詞の対象に有情物は現われないだろうか。

　　1) a. 先生が学生を講堂に集めた。
　　　 b. 先生が学生を講堂に集まらせた。
　　2) a. 先生は子供を家に帰らせた。
　　　 b. 先生は子供を家に帰した。

1)2)が1節の8)〜10)と違うのは、8)〜10)は被使役者の物理的な変化を要求する動詞であるが、1)2)は被使役者の移動を表す動詞だということにある。今まで述べてきたように自動詞の使役形が自然であるのは3)4)のように事態が強制的であれ、あるいは許可による変化であれ、使役主体の直接的な行為によらない被使役者の動作によって事態が実現されたからである。

　　3) 先生は家に<u>かえりたがらない</u>子供を家に帰らせた。
　　4) 先生は子供が家に<u>かえりたがっていた</u>ので家に帰らせた。

　また、動詞が位置移動を表す場合には自動詞の使役ではなく、1b)2b)のように他動詞による表現も自然になる。主体が対象に影響——その影響は直接的であっても間接的であったもかまわない——を与え、それによって事態が変化したという意識から、被使役者の動作行為よりは結果に重点をおいて表現する時には他動詞を用いて表す。さらに1、2例をあげておく。

5) a. 社長は田中君を会社に残らせた。
   b. 社長は田中君を会社に残した。
6) a. 母は子供を台の上から降りさせた。
   b. 母は子供を台の上から降ろした。8)

　使役主体の被使役者への働きかけは使役文の場合は間接的であるが、他動詞文は直接的である。しかし、5b)6b)は他動詞の形式をとりながら使役主体と被使役者との関わりが間接的であり、また、動作が被使役者によって行われる点で無対他動詞を用いた7)とは異なる。

7) 父が子供をぶんなぐった。

「父」の「子供」への働きかけは、6b)「母」の「子供」への働きかけに比べて強いといえる。被使役者が人名詞である場合の主体の対象への働きかけは、無対他動詞に比べて有対他動詞の場合は弱く、事態の変化に対する動作も使役主体から被使役者に移り、いわゆる他動の意味から使役の意味になるのは他動詞の対象が変化主体であると同時に動作主であるからである。
　定延(1991)は使役文を生産的使役文と語彙的使役文とに分け、両使役の使い分けを次のように説明している。

8) a. 語彙的使役 (lexical causatives)とは、非使役形式との形態的対応が不規則で非生産的な使役形式を指す。現代日本語ではまわす・つなぐ等がこれに属する。
   b. 生産的使役(productive causatives)とは狭義の迂言的使役 (periphrastic causatives)に等しく、非使役形式との形態的対応に規則性があり、生産的な使役形式を指す。現代日本語ではまわらせる・つながらせる等がこれに属する。(124p)

---

8)「子供を台の上から降ろした」は子供が自らおりてきた場合と、使役主の動作による場合があるが、ここでは前者の場合で、後者については後述する。

8a)のようないわゆる他動詞を使役の一種として扱うのは動作主と使役主体の違いで説明できる。動作主と使役主体が一致すれば他動詞であり、一致しなければ使役であるという観点からすると、

 9) 太郎が荷物を降ろした。
 10) 乗務員が乗客を降ろした。

9)10)は同じ「〜ガ〜ヲ降ロス」構文であっても、9)は主語である「太郎」が動作主であるが、10)の動作主は主語である「乗務員」ではなく対象の「乗客」であり、乗務員は使役主になる。だから、9)は動作主と使役主が一致するので他動詞文であり、10)は他動詞文と同形式であるが、使役の意味を表す語彙的使役文になる。このような観点からすると5b)6b)も他動詞の形式をとる語彙的使役文になる。
 日本語のおいて使役の意味をもつのは動詞に(sa)seruがついた生産的使役と、動詞自体が使役の意味を表す語彙的使役があるということになる。では、他動詞が使役の意味をもつためにはどんな条件が必要であろうか。
 ここでもう一度2)の例で説明する。自動詞文を使役文や他動詞文で表現できるのは2)で説明すると、事態が使役主の意図的な動作による場合である。もちろん、3)4)でも分かるように事態に対する被使役者の意図はあまり問題にならない。つまり、事態が被使役者の動作によって行われる場合には語彙的使役文になるということになる。
 では、次の例はどうだろうか。

 11) a. △警察が犯人を逃げさせた。
   b. 警察が犯人を逃がした。

11)は「犯人が逃げる」という事態と、その事態が警察の意図によって成立している場合であるので、2)が自然であるのと同じく11a)も自然になるはずであるが、2)のような自然さがあまり感じられないのはな

ぜだろうか。これは動詞「逃げる」がもっている意味と関わりがありそうである。「犯人が逃げる」という事態は使役主体にさせられなくても被使役者は常に事態を実現させようとする強い意志があるので、それを使役形式で表すと不自然に感じられる。しかし、12)のように「わざと」を入れると11a)に比べて自然に感じられるのは、事態が使役主体の意図による行為だということが明らかになるので自然に感じられるのである。

  12) 警察は犯人を<u>わざと</u>逃げさせた。

また13)のように被使役者には事態を遂行しようとする意志がない場合、つまり、使役主体の意図が強くなるともっと自然な表現になる。

  13) 殺人犯に人質として弟と捕まえられている姉が犯人の隙をみて弟を逃げさせた。弟は一人で逃げるのをいやがりながら逃げて行った。

 いずれにしても11)12)は自動詞の使役形よりも他動詞「警察が犯人を逃がした。」を使ったほうが一番自然であるかもしれないが、事態が使役主体の意図と被使役者の動作によって行われるので使役形による表現も可能である。
 では、事態が使役主体の意図とは関係なく行われた場合はどうだろうか。

  14) a. *警察が犯人を逃げさせた。
    b. 警察が犯人を逃がした。

14)の事態と使役主体との関わりは、事態が使役主体の意図による変化ではなく、事態に対して使役主体が責任を感じる場合——使役主体である警察の不注意によって犯人が逃げた場合——である。

では事態が使役主体の意図によらない場合、あるいは、事態に対して使役主体が責任を感じる場合には使役表現はできないだろうか。15)は事態が使役主体の意図によるのではなく、また、16)は事態に対して使役主体が責任を感じる場合であるが、自動詞の使役形ができるので、事態が使役主体の意図による変化ではないということや、使役主体が事態に対して責任を感じるということが14a)を不自然にさせる理由にはならない。

15) その話が彼をアメリカへ帰らせることになった。
16) 父は子供を戦争で死なせた。

使役は15)のように使役主体に事態を実現させようとする意図がなくても、また、16)のように使役主体が事態と直接関わりをもたなくてもいいが、「使役主が事態の変化に直接関与し、被使役者に事態を実現させたくないという強い意図があるのに、被使役者によって行われた事態に対して使役主体が不注意や責任を感じる場合」には使役表現が不自然になる。

では、被使役者に事態を実現させようとする意志がない場合についてみてみよう。

17) *太郎は花子を崖から落ちさせた。[適格性判断は久野1973]

久野(1973)は17)が非適格文である理由として、「落ちる」は[＋自制的（自分の意志で制御可能）]ではなく [－自制的（自分の意志で制御不可能）] な動詞である、からだとしている。

18) ここから落ちたらどうなるのかな。

18)の動詞は無意志動詞であるが意志的な動作による行為を客観化して動作の結果だけを表す場合として、動詞が無意志動詞だからといって

それによって導かれる動作も必ず無意志的な動作であるとは限らない。それに19)のように動詞が無意志動詞であるだけではなく、事態が無意志的な行為であっても使役は可能である。

　19) 先生の突然の退職が学生を驚かせた。

19)の事態は被使役者である学生の意志による行為ではないので、久野の[－自制的]な動詞に当るが、使役表現は自然である。また、17)も花子が崖から落ちるという事態を太郎が細工し、それによって花子が落ちることになったのであれば不自然でもない[9]。つまり、被使役者には事態を実現させようとする意志がなくても使役主に事態実現に対する意図があるか、あるいは事態変化の原因であれば自然な使役文になる。
　このように被使役者が有情物である場合、有対自動詞の使役形と有対他動詞が共に自然になるのは大体次のようである。

　20) 有対自動詞の使役形と有対他動詞が共に自然になる場合
　①事態が使役主体の意図と被使役者の意志的な動作によって実現される場合として、被使役者の行為に対する意図は問題にならない。
　　・先生は家にかえりたがらない子供を家に帰らせた。
　　・先生は子供が家にかえりたがっていたので家に帰らせた。
　②使役主体には事態を実現させようとする意図はないが、事態が被使役者の意志的な動作によって実現される場合として、使役主体は事態のきっかけである。
　　・その話が彼をアメリカへ帰らせることになった。
　③被使役者には事態に対する意志はないが、事態が使役主体の意図による被使役者の行為によって行われる場合[10]

---

[9] 定延も17)についてその文だけなら不自然に感じられるが、条件さえ設定すれば自然な使役文になるとしている。次は定延があげた「落ちさせる」が自然だとしている例である。
　・太郎と花子は喧嘩した。花子は目隠しをし、太郎に「止めるなら今よ」と言って、崖っぷちをうろつきまわり始めたが、太郎は（勝手にしろ）と思い、冷たく傍観して花子を崖から落ちさせた。

・太郎は花子を崖から落ちさせた。

6.2.1.2 被使役者に動作性がない場合

では、被使役者の意志と使役主の意図がないのに事態が実現される場合についてみてみよう。

21) a. 借金が太郎を苦しめた。
    b. 借金が太郎を苦ませた。
22) a. 一人の若者の行動が多くの人々の気持ちを動かした。
    b. ＊一人の若者の行動が多くの人々の気持ちを動かせた。

21)は自動詞の使役形も他動詞による表現も自然であるが、22)は他動詞による表現だけが自然である。21)と22)はともに被使役者の心理状態の変化を表すのに、21)だけが自動詞の使役形ができないのはなぜだろうか。21)22)が表す事態「太郎が苦しむ」ことや「多くの人々の気持ちが動く」ことが「太郎」や「多くの人々」の意志による行為ではないということは、動詞が無意志動詞であることを表す。有対自動詞が無意志動詞であっても使役ができるのは、つまり、17)が自然になるのは事態が使役主体に意図による場合であった。この点からすると、21)22)は事態が使役主体の意図による事態の変化でもないので、使役による表現はできないはずであるが、21b)だけは自動詞の使役形が自然である。

動詞が対象の心理状態を表す無意志動詞である場合には命令表現はできないが、動作動詞の場合には自然になる。命令と使役との共通点は、命令されている事態がまだ実現されていないことである。つまり、

---

10) 20)の①は事態を実現しようとする意図が初めからなかったとしても、動作を行う前に被使役者の意志によって動作が行われたが、②は事態が被使役者によって行われてはいるが、それが被使役者の意志とは全然関わりなく行われている場合である。

事態が実現されていればそれを実現させようと仕向ける必要がないからである。状態を表す動詞を使役にすることができない理由はこれである。動詞が状態を表すということは、すでにある状態になっているからそれをまたその状態にさせる必要がないからである。使役を使役主と事態との関連づけだとする場合、事態は常に変化の可能性を備えていなければならない。

　このような観点からすると、命令表現ができるということは被使役者の意志によって事態の遂行（達成、成立）が可能であるということで、事態が被使役者にとっても自己制御が可能であることを表す。したがって、23)24)のように命令表現が可能な場合には使役表現も可能になる。

　　23) a. 子供が家に帰る。
　　　　b. 家に帰ろ。
　　　　c. 子供を家に帰らせた。
　　24) a. 車から降りる。
　　　　b. 車から降りろ。
　　　　c. 車から降りさせた。

しかし、命令表現ができないからといって使役表現も不可能だということではない。命令ができないということは、事態の達成が主体の意志によって成立しないことを表すが、ただ、禁止表現ができる場合には使役表現も可能のようである。

　　25) a. 太郎は借金で苦しんだ。
　　　　b. ?借金でもっと苦しめ。
　　　　c. 借金でそんなに苦しむな。
　　26) a. 一人の若者の行動で多くの人々の気持ちが動いた。
　　　　b. *一人の若者の行動で多くの人々の気持ちが動け。
　　　　c. *一人の若者の行動で動くな。
　　　　　　　　　　（動くのが動的な動きであれば可能である）

25)26)は命令表現である各b)は不自然であるが、禁止表現になると25c)は自然になるが、26c)は非文になる。これは21b)と22b)にも反映されている。

　では、禁止表現と使役表現はどんな関わりがあるのだろうか。禁止は事態の「達成の禁止ではなく、過程の禁止」(仁田：1988)であるので、禁止表現が可能になるということは事態の成立過程については使役主体によって制御が可能であるということを表すので、禁止表現が可能であれば使役表現も可能になる。

　　27)　a. 夫の説明が妻の誤解を解いた。
　　　　b. *夫の説明が妻の誤解を解けさせた。
　　　　c. *誤解を解け。
　　　　d. *誤解を解けるな

　このように自動詞の使役と他動詞による表現は事態が被使役者の動作による場合だけではなく、被使役者に動作性のない場合にも可能である。動作性がないことが事態の変化がないことを表すのではない。事態に変化がなければ他動詞による表現も、自動詞の使役形による表現もできない。動詞が有対自動詞の場合、動作性がないのに自動詞の使役形と他動詞が共にできるのは、事態がある原因やきっかけによる心理状態の変化を表し、その事態の発生は自己制御のできない無意志的な行為であるが、禁止表現ができる場合には使役表現もできるようである。禁止表現というのは、そのような状態にならないようにすることなので、心理状態の変化の場合、事態の発生は意志的な行為ではないが、そのような状態にならないようにすることは意志的なことである。だから、禁止表現ができるということは事態の変化に自己制御性が働くので使役による表現もできるようになる。

6.2.2 事態が非情物によって行われる場合

では、被使役者が非情物である場合には使役による表現はできないのだろうか。

28) a. 物価が上がる
    b. ?物価を上がらせる　（寺村）
29) a. 穴がふさがる
    b. ?穴をふさがらせる　（寺村）

寺村(1982)は28)29)のように被使役者が非情物である場合において自動詞の使役形は不自然であり、他動詞を用いるとごく自然な文になることについて、使役態を成立させる「日本語の語彙の構造からくる条件」から次のように説明している。

30) 使役の形は、無生物を主格補語としてとる動詞、つまり、非意志性の動詞についても可能であるが、その対応する（同様の）他動詞をもっているときは、その他動詞を使うのがふつうで、その自動詞の使役態を使うと、非常に不自然になる。

しかし、対応する他動詞をもつ非意志性の動詞の主格補語（自動詞文の主語を表す）が非情物である場合においても自動詞の使役形が常に不自然になることはない。

31) カビガ生エル　→　カビヲ生えさせる　（寺村）

寺村自身も31)について、30)では説明できないので「現在のところでは保留しておくしかない」としている。有対自動詞が非情物を主格補語としてとる場合においても使役ができるのは31)だけではなく、次のように対応する他動詞よりもむしろ自動詞の使役形を用いたほうが、

より自然な場合もある。

32) 昨日買ったばかりの弟のセーターを洗濯して縮ませてしまった。

これについて井上(1976)は次の例をあげて説明している。

33) 芝居を早く終わらせたいと思います。
34) ゼリーを早く固まらせるには、冷蔵庫にいれるとよろしい。
35) 傷を早く塞がらせるには、この薬が一番よろしい。
36) *樽に水を満ちさせた。
37) *この道を早く塞がらせた。

33)～35)の自動詞の使役表現が自然であるのは「補文の主語が、人手をかりないで自力である状態を引き起こす」と解釈できるから、自動詞の主体が非情物であっても、使役文の被使役者になり得るが、36)37)は被使役者に状態変化を引き起こす自発性がないので許されないとしている。

また、青木(1976)も、「対象物の能力、本性を利用してそれを助成する意となる」のであれば、自動詞の主体が非情物であっても、自動詞の使役形は可能であると述べている。

寺村は被使役者が非情物であり、動詞が対応する他動詞をもっている時は、自動詞の使役形は非常に不自然であるとするが、井上と青木は被使役者に「自発性」と「本性」があれば自動詞の使役文も可能であるとする。

しかし、被使役者が非情物であり、自動詞の使役形ができる場合において被使役者の変化に対する自発性や本性だけでは説明できない例もある。

38) コロンブスが卵をたたせた。

たとえば「卵がたつ」という事態は、普通はそうなりえない、あるいはそうなりにくいので、「人手をかりないで自力である状態を引き起こす」という井上の自発性でも、卵の「能力、本性を利用してそれを助成する」という青木の説明でも38)は不自然になるはずである。しかし、38)が自然な使役表現であるということは、それだけでは解決できない何かが使役と関わりをもっているということである。

　従来の使役についての研究は、使役主が被使役者にある動作や行為をするようにしむけるという立場から使役を分析したので、被使役者の行為能力に焦点を当ててきた。しかし、使役は使役主体と事態との関わり、つまり、被使役者の行為能力よりは事態の変化と使役主体との関わりの観点から考える必要がある。たとえば38)はコロンブスと卵との関わりだけで考えられてきたから、従来の自発性や本性だけでは説明できない。使役は「卵がたつ」という事態とコロンブスとの関わりをコロンブスの立場から表した表現である。だから、被使役者に事態変化のための動作性も意志性もない感情動詞、あるいは無意志動詞の場合にも使役表現ができたのである。

39) a. *ナイフで手を切ったので、近くにあった包帯で血を止まらせた。
　　b. △ナイフで手を切ったので、近くにあった包帯で何とか血を止まらせた。

39a)は「血が止まる」という事態と使役主体との関わりであるが、その事態が使役主の直接的な動作によって行われたので、他動詞を用いて表現したほうが自然に感じられる。しかし、39b)が39a)に比べて少し自然な表現になるのは、一般的にはそうならない事態を何とかしてそのような状態にさせたという意識が働いているからである。同じ理由で38)は卵はたつという自発性も本性もないのでそうなるとは予想もしてないが、事態が成り立つように使役主体が何とか働きかけた場合には自動詞の使役形が用いられる。もちろん、変化結果だけを表す時

には、他動詞形を用いればいいのである。

 40) a. 子供がボールを向こうに転がした。
   b. ?子供がボールを向こうに転がらせた。

40)は「ボールが向こうに転がる」という事態と子供との関わりで、40 a)は子供の直接的な動作による被使役者の変化として、客観的な事実だけを叙述しているだけであるが、40b)はボールが自発的に転がるように子供がしたという意識よりも、たとえばボールがバウンドしないで転がっていくように使役主体が意図的にさせたという意味になると自然な表現になる。つまり、意図的にそのような事態が生じるようにした場合には自動詞の使役形も可能であるが、「〜てしまう」が接続すると意図性はなくなり不自然な文になる。

 40)' a. 子供がボールを向こうに転がし<u>てしまった</u>。
   b. *子供がボールを向こうに転がらせ<u>てしまった</u>。

このように被使役者には自発的に事態を実現させる行為能力はないが、事態が被使役者によって実現されるように使役主体が何とか働きかけて事態を実現に導いた場合として、被使役者が有情物である場合には1節の13)のように自動詞の使役形しか成り立たないが、非情物である場合には自動詞の使役形と他動詞による表現が自然になる。

使役主が非情物である場合に自動詞の使役形が可能になるのは次のように事態が使役主に意図のよる場合とよらない場合とがある。
①使役主体の意図によるのではなく、使役主体の行為が原因になって被使役者がもっている変化に対する内発性によって事態が生じた場合。
②事態が使役主体の意図による場合とは、被使役者の行為による変化ではなく、事態は使役主によって成り立つが、一般的にそうな

らない、なりにくいものを使役主体が何とか意図的に事態を実現に導いた場合である。

6.3　自動詞の使役形ができない場合

6.3.1　事態が有情物によって行われる場合

　今までは被使役者が有情物である場合には一応自動詞の使役形による表現は自然であったが、被使役者に有情物が現われても他動詞による表現だけが自然になる場合がある。
　使役とは事態と使役主体との関わりとして、使役表現が可能であるのは事態が被使役者の動作によって行われるか、あるいは被使役者の内面的な心理状態に変化が生じた場合であった。
　たとえば、「子供がベットからおりる」という事態を使役形で表せるのは事態が子供の動作によって行われた場合である。しかし、事態が子供によって行われるのではなく、使役主体である母の動作によって事態が実現されるのであれば、2節の28b)はできなくなる。

　　1)　a. 子供がベットから降りた。
　　　　b. 母が子供をベットから降りさせた。
　　　　c. 母が子供をベットから降ろした。

つまり、事態が被使役者の動作によらず使役主の動作によって行われる場合には使役による表現はできなくなるが、事態が使役主体によっても、あるいは被使役者の動作による場合においても1c)は使われる。これは次の例のように被使役者に動作性がない場合にもっと明らかになる。

　　2)　a. *船長が海に溺れている人を助からせた。

b.　船長が海に溺れている人を助けた。

　海に溺れている人は自ら動作を遂行する能力がないから事態が被使役者によって実現される可能性はなく、使役主体の力を借りずには「助かる」状態にはならないので、他動詞による表現しかできない。被使役者に動作性がなく、また、使役表現で表すことができない場合には命令表現も禁止表現もできない。

　　2)'　a.　*海に溺れている人が助かれ。
　　　　b.　*海に溺れている人が助かるな。

　このように被使役者には事態を遂行する能力がなく、事態が使役主体の動作によって行われる場合、つまり被使役者を動作性のある有情物としてではなく非情物として扱う場合には使役による表現はできないが、変化がある以上他動詞による表現はできる。
　自動詞の使役形による表現はできないが他動詞による表現ができるのは、事態が使役主体の動作によって成り立つ場合であるが、次のように事態が使役主体の直接的な動作によらない場合もある。

　　3)　a.　教授会は彼を助手から講師に上げた。
　　　　b.　*教授会は彼を助手から講師に上がらせた。

　「彼が助手から講師に上がる」という事態は使役主体の物理的な動作によるのでも、あるいは、被使役者の意志によって左右できる自己制御性による変化でもない。「上がる」は位置移動を表す動詞として、たとえば、「太郎が2階に上がる」のように空間的な移動の場合であれば、事態が被使役者の動作によって行われるので自動詞の使役形による表現も、あるいは、結果だけを表す他動詞による表現もできるが、事態が被使役者の動作を要求するのではなく、もとの意味からずれた抽象的な意味として使われる場合には自動詞の使役形による表現はで

きず、他動詞による表現しかできない。さらに1、2例をあげておく。

4) a. 先生をたてた。
   b. *先生をたたせた。
5) a. 劇団はその女優を主役から降ろした。
   b. *劇団はその女優を主役から降りさせた。

4)の動詞「たつ」は「座ったり横になったりしていた人が足を伸ばして自分の体を垂直の姿勢にする」11)という意味として、被使役者の動作によって事態が変化するのであれば使役表現も可能になるが、たとえば、先生を「仲人としてたてる」とか「選挙の立候補者としてたてる」場合には自動詞の使役形はできなく、他動詞による表現しかできない。また、5)も被使役者の位置移動を表すのではなく、ある役割をやめられることで、動詞がもっている本来の意味からずれて被使役者の行為によらずに事態が実現される場合には使役表現はできない。

6) a. 課長が田中君を青森支店から北海道支店にまわした。
   b. *課長が田中君を青森支店から北海道支店にまわらせた。

動詞「まわす」は、たどえば「独楽をまわす」のように周囲をぐるりと移動させる意味として用いられる場合、つまり、課長が田中君を北海道の支店に何かの用事で行かせたという「出張」の意味として用いられるのであれば自動詞の使役形も自然になるが、これから北海道支店で働くのようにさせたという「転勤」の意味になると、動作を表す「まわす」本来の意味からずれて動作性のない抽象的な意味として用いられるので6b)は非文になる。

このように事態が動詞本来の意味からずれて抽象的な概念として用いられる場合には、自動詞の使役形による表現はできないが、事態には変化があるので他動詞による表現はできる。これは先ほどの1)2)の

---

11) 松村明編 1988『大辞林』三省堂

ように事態が被使役者の動作によらない場合と同じ傾向でもあるが、2節の21)のように事態が被使役者の動作によらない場合においても使役表現が可能な場合もあり、また、1)2)のように使役主体の直接的な動作による事態の変化でもないので区別しておく。

6.3.2 事態が非情物によって行われる場合

　自動詞文の主語が有情物である場合、自動詞の使役文が自然になるのは、事態が被使役者によって行われる場合が多かったが、被使役者が非情物である場合はどうだろうか。
　事態が被使役者の自発的な動作によるのではなく、使役主体の意図的な働きかけによる場合には被使役者が有情物であれ非情物であれ使役表現はできない。

 7) a. 太郎が桜の枝を折った。
   b. *太郎が桜の枝を折れさせた。
 8) a. 母は味噌汁を暖めた。
   b. *母は味噌汁を暖まらせた。
 9) a. 花子は宝物を箪笥の奥に隠した。
   b. *花子は宝物を箪笥の奥に隠れさせた。

7)～9)は被使役者が物名詞であり、事態が使役主体の直接的な関与による変化として、被使役者の物理的な変化や、存在場所の移動を表す場合には他動詞による表現だけが自然になる。
　また、被使役者が事柄名詞の場合には被使役者によって表される事態は被使役者の動き、状態、特徴、あるいは関係である。

 10) a. 父は縁談を壊した。
    b. *父は縁談を壊われさせた。
 11) a. 恵子は散らかした部屋をもと通りの状態に戻した。

　　　　b. ＊恵子は散らかした部屋をもと通りの状態に戻れさせた。
12) a. 息子が髪型を長髪から短髪に変えた。
　　　　b. ＊息子が髪型を長髪から短髪に変わらせた。

被使役者が事柄名詞であっても事態は被使役者によって変化が可能であれば使役による表現もできるが、たとえば、11)のように「部屋がもと通りに戻ったり」、12)のように「髪型が変わったり」することは、誰かの働きかけによらないと事態は生じないので他動詞による表現だけが自然になる。もう少し例をあげておく。

13) a. 濁流が橋を流した。
　　　　b. ＊濁流が橋を流れさせた。
14) a. 夫の説明が妻の誤解を解いた。
　　　　b. ＊夫の説明が妻の誤解を解けさせた。
15) a. 湿布が私の患部の痛みをとった。
　　　　b. ＊湿布が私の患部の痛みをとれさせた。
16) a. 太郎は髪の毛を伸ばした。
　　　　b. ＊太郎は髪の毛を伸びさせた。
17) a. ワールドカップは世界の注目を集めた。
　　　　b. ＊ワールドカップは世界の注目を集まらせた。

また、13)～17)のように事態が使役主体の働きかけによるのではなく、被使役者の内部による状態変化であっても被使役者によって事態が成立しない場合には使役はできない。

6.4　まとめ

　有対自動詞の使役と有対他動詞との関わりを纏めると次のようになる。

1) 自動詞の使役形だけが自然な場合
 (1) 変化が使役主体の直接的な働きかけによって成立する変化動詞であっても、事態が被使役者の行為によって行われる場合
 (2) 被使役者には事態を実現させるための行為能力はないが、事態が被使役者にによって実現されたという意識が働き、使役主体が何とか事態を実現に導いた場合。
2) 自動詞の使役形と他動詞が自然な場合
 (1) 事態が使役主体の意図と被使役者の意志的な動作によって実現される場合として、被使役者の行為に対する意図は問題にならない。
 (2) 使役主には事態を実現させようとする意図はないが、事態が被使役者の意志的な動作によって実現される場合として、使役主体は事態のきっかけである。
 (3) 被使役者には事態に対する意志はないが、事態が使役主体の意図による被使役者の行為によって行われる場合
 (4) 事態がある原因やきっかけによる心理状態の変化として、事態の発生は意志的な行為ではないので命令表現はできないが、事態変化に自己制御性が働いて禁止表現はできる場合
 (5) 使役主体の意図による[12]のではなく、使役主体の行為が原因になって被使役者がもっている変化に対する内発性によって事態が生じた場合
3) 自動詞の使役形ができない場合
 (1) 使役主体が事態の変化に直接関与し、被使役者に事態を実現させたくないという強い意図があるのに、被使役者によって行われた事態に対して使役主が不注意や責任を感じる場合
 (2) 事態が使役主体の動作によって実現され、被使役者を動作性のない非情物として扱う場合

---

12) 事態が使役主体の意図による場合とは、被使役者の行為による変化ではなく、事態が使役主体によって成り立つが、一般的にそうならない、なりにくいものを使役主体が何とか意図的に事態を実現に導いた場合である。

(3) 動詞本来の意味からずれて抽象的な概念として用いられる場合
(4) 事態が被使役者の自発的な動作によるのではなく、使役主体の意図的な働きかけによる場合
(5) 自然現象による事態の変化を表す場合
(6) 事態の変化が使役主体の働きかけによるのではなく、被使役者の内部による状態変化であっても被使役者によって事態が成立しない場合

第7章　使役と他動

7.1　使役と他動の違い

いわゆる使役は「ある者が他者に対して、他者自らの意志において或いは主体性をもってその動作を行なうように仕向けること」(青木：1976)であり、他動は「主体が対象に働きかける」ことである。

1) 太郎が窓を壊した。
2) 太郎が次郎を学校へ行かせた。

1)は太郎の働きかけによる窓の変化を表し、2)は次郎が学校へ行くように仕向けることで、1)と2)はガ格名詞がヲ格名詞に働きかけ、ヲ格名詞がある状態になるようにさせたという点において共通している。

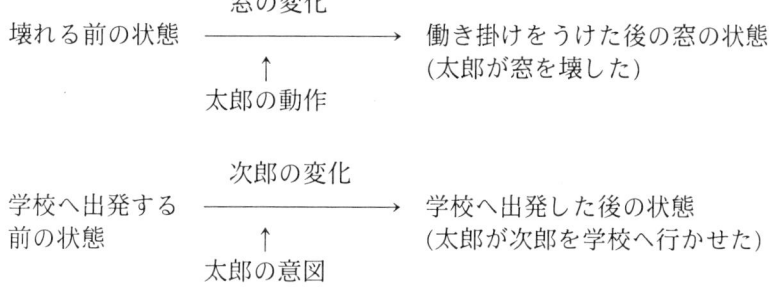

しかし、使役は青木の定義のように意志あるいは主体性をもって動作をするように「（他者）に仕向ける」ことだけを表すのではない。たとえば、2)は太郎が次郎に対して、次郎が意志をもって学校へ行くように仕向けた、という青木の定義にように説明することができるが、次の3)は父が子供に対して、子供自ら意志をもって戦争で死ぬように

仕向け、その結果、子供が死んだわけではない。3)はある者「父」と他者「子供」との関わりではなく、「父」と「子供が戦争で死んだ」こととの関わりである。

　　3) 父が子供を戦争で死なせた。

このような観点からすると、1)は「太郎」と「窓が壊れる」という事態との関わりを、2)は「太郎」と「次郎が学校へいく」という事態との関わりを「太郎」の立場から表していることである。
　つまり、いわゆる使役と他動は「ガ格名詞」と「事態」との関わりをガ格名詞の立場から表現している点において共通しているが、その関わりが直接的な働きかけによって成り立つのか、あるいは間接的な働きかけによって実現されるのかによって、前者は他動になり、後者は使役になるわけである。
　使役は形態的に動詞に(sa)seruをつけて意味を表すという点で動詞だけで意味を表す他動と区別されるが、必ず形態と意味が一致するのではない。たとえば、4)5)の各a)は使役の意味を表す自動詞の使役形を用いた各b)とは事態とガ格名詞との関わりは同じであるので、同一事態を他動詞によって表現することも(sa)seru形によって表現することもできる。

　　4) a. 運転手が客を降ろした。
　　　 b. 運転手が客を降りさせた。
　　5) a. 先生が学生を講堂に集めた。
　　　 b. 先生が学生を講堂に集まらせた。

　また、逆に動詞の(sa)seru形が使役の意味を表さない場合として、7)8)のように事態がガ格名詞の動作を要求する場合もある。

　　6) 次郎はお雪に水をあげた。

7) a. 二人が重傷を負った。
   b. 次郎が先ほど二人に重傷を負わせたのは正当防衛だと考えられる。（カムイ）
8) a. お前が（服を）着替えた。
   b. 「でも…おれは、お前を着替えさせ、五日間のあいだ何度も、大小便の世話を…」（カムイ）
9) a. 巨大の鼓動が響いた。
   b. 「かかったぞ、お父さん。」周囲の男たちが何かわめいたが、もう信介の耳にはきこえなかった。ハーレーのエンジンは巨大な鼓動を夜気のなかに響かせ、信介はそのとき自分をとり囲む一切の世界がその音で満たされるのを感じた。

　事態の成立に対する行為との関わりからすると、使役が表す事態は二格名詞である被使役者によって動作が実現される場合であるが、7b)の二格は動作主格ではなく与格として、ガ格名詞の動作によって事態が実現される6)と同じであり、また、8)9)のように被使役者に動作性のないむしろ他動的な場合もある。
　このように典型的な使役は動詞の(sa)seru形で意味を表すが、他動詞には使役の意味を表す語彙的な使役もあり、また、動詞の(sa)seru形が他動の意味を表す語彙的な他動もあって、典型的な使役と典型的な他動では説明できない事態についての描写を語彙的な使役と語彙的な他動が文法と意味の側面から補充している。

10) ①動詞の(sa)seru形：典型的な使役、語彙的な他動
    ②単純他動詞：語彙的な使役、典型的な他動

　では、典型的な使役と語彙的な使役、語彙的な他動と典型的な他動はどのように相補っているのか、また、ガ格名詞（使役主体）と事態との関わりによる使役性の違いは使役の意味と被使役者の格にどのように反映されているのか、また、それらが使役と他動との関係にどのように影響を与えているのかなどについて調べる。

7.2 使役性のパターン

7.2.1 使役性が意図による場合

使役は使役主体と事態との関わりであるが、使役主体と事態との関わり方にはいくつかのパターンがある。

1) 太郎は水を飲みたがらない次郎に水を飲ませた。
2) 太郎は今回の宝くじは確率が高いと唆して、今まで買ったこともない次郎に宝くじを買わせた。
3) 子供が家に帰りたいと先からいっていたので、先生は子供に帰らせた。

たとえば、1)は「太郎」と「次郎が水を飲む」という事態との関わりについての描写として、事態は次郎の意志的な動作によって行われているが、その事態を実現させようとする意図が次郎にあったのではなく、太郎の働きかけによって事態が次郎によって実現された場合である。また、2)も「次郎が宝くじを買う」という事態が使役主体である「太郎」の働きかけと次郎の動作によって行われたという点においては1)と同じであるが、1)に比べて事態の実現が最終的には次郎の判断によって行われている点に違いがある。また、3)の「子供が家に帰る」という事態は、事態を実現させようとする意図が使役主体に最初からあったのではなく、被使役者の希望によって事態を実現させようとする意図が後から生まれて事態が実現に導かれた場合である。

このように、たとえ事態を実現させようとする使役主体の意図の現われ方は違っても、使役主体の意図によって事態が実現された場合を「使役1」とする。

7.2.2　使役性が原因による場合

　事態が被使役者の意志的な動作によって実現されても、それが使役主体の意図によらない場合もある。

　　4)　それが彼をアメリカへ行かせる原因となった。

4)は事態が被使役者の意志によって実現されたという点では「使役1」と同じであるが、使役主体の意図によって事態が実現されたのではなく、逆に被使役者自ら事態を実現せざるを得なかったきっかけや責任を使役主体のせいとし、事態実現の原因を使役主体に求める場合である。
　このように使役主体には事態の実現に対する意図はないが、事態が被使役者の意志によって実現される場合を「使役2」とする。

7.2.3　使役性が疑似意図による場合

　使役主体には事態の発生に対する意図も原因提供者でもないのに、事態発生の原因や責任が自分にあるという使役主体の疑似意図と事態を関係づける場合がある。

　　5)　母は公園で子供が遊んでいたので、そのまま遊ばせた。
　　6)　私は戦争で子供を死なせた。

5)は「子供が公園で遊ぶ」という事態が使役主体とは関わりなく行われているが、その事態を止めようとすれば止められたが、それを止めなかったのが結局事態を持続させる原因となったと使役主体が思っている場合である。6)も「戦争で子供が死んだ」ことと「私」とは直接関わりはないが、事態の発生の責任が自分にあると思っている場合である。

このように事態が使役主体とは関係なく行われているのに事態を発生させる原因が自らにあるという、逆にいうと自分が意図的に事態を発生させる結果になったという使役主体自らの疑似意図と事態を関係づける場合を「使役3」とする。

7.2.4　使役性が形式的である場合

　使役文には事態が使役主体の意図による「使役1」と、事態に対して自ら責任を感じる「使役3」のような使役主体の立場からの使役文もあれば、自らの動作の原因を使役主体に求める「使役2」もある。しかし、次のように使役主体が不明確であるのに使役形式を用いて表す使役文を「使役4」とする。

　　7) a. やあ、娘は18なんだけど、まだ、子供ですよ。
　　　　b. いや、俺にいわせりゃ、かえってあなたのほうが子供ですよ。

7)は使役主体に使役性があるのではなく、被使役者が自分の意見を使役形式をかりて表現する場合として、聞き手を使役主体として想定することも、話し手が自らを使役主体として想定することもできるが、特定できない誰かがもし私にそれについて意見を聞くのであればという前提のもとでの話である。このような形式は話し手が自分の意見を断定的に表す場合よりは話し手が自分の意見を婉曲に述べる場合によく使われる。
　また、使役形式を用いて話し手の意見を述べる表現としては仮定表現（「～させれば／と／たら」など）だけではなく、命令表現や依頼表現を下接させて表すこともできる。典型的な使役文において話し手が動作主である場合には命令形式を下接させることはできないが、使役主体には使役性がなくなり、話し手が主導権を持って被使役者の立場にたつ場合には禁止・命令形式の下接も自然な表現になる。これは被使役者である「自分」の気持ちを積極的に表す場合によく用いられる。

つまり、被使役者が「話し手」になるにつれて、使役主体の使役性はなくなり、被使役者の意図性が現われる傾向がある。

 8)「マスターと呼ぶのは、やめろったら」次郎は怒ったように言った。何度も同じ事をいわせるのだと。（カムイ）

8)は「何度も同じことをいわせるな」ということで、使役主体の「言わせたい」気持ちよりも被使役者の「言いたくない」という気持ちの方が優勢である。また、このような表現形式は文末に命令形式がきた場合にも同じであるが、禁止の場合と同様に形式的には使役主体の許可を求める形式をとっているが、使役主体に使役性はないといえよう。

 9)「芝居じみたことばかりで失礼だが、もう一度確認させてほしい……あなたの、軍隊におけるもとの階級は？」（カムイ）

話し手の強い希望を表す形式には自動詞を用いるか、助動詞「〜たい」を下接させるか、あるいは動詞に使役形をつけて表す場合などいろいろあり得る。
 ここで「俺が最後まで喋る」に(sa)seru形がついた場合との関わりをみてみよう。

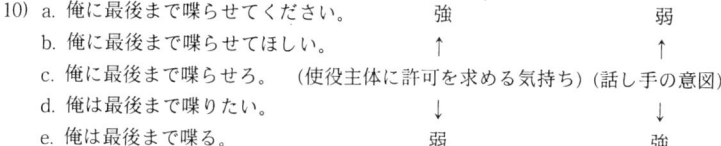

10) a. 俺に最後まで喋らせてください。 強   弱
  b. 俺に最後まで喋らせてほしい。   ↑   ↑
  c. 俺に最後まで喋らせろ。 （使役主体に許可を求める気持ち）（話し手の意図）
  d. 俺は最後まで喋りたい。   ↓   ↓
  e. 俺は最後まで喋る。   弱   強

10a)は使役主体に許可を求める気持ちは強いが、10b)、10c)になるにしたがって使役主体に許可を求めるよりは事態の実現に対する自分の気持ちを強く主張しているように感じさせるのは、10b)10c)が目上の人には使わない表現であるからである。結果的に許可を求める表現では

ないにもかかわらず、一応形式の上では相手の許可を求める形式をとっている。文末が仮定条件であれ、命令形式であれ使役主体に使役性を感じることはできない。また、10d)10e)のように「希望」か「断定」的な表現になるにしたがって話し手の事態実現に対する気持ちは強くなる。

　また、次のように被使役者が個人ではなく漠然的な人名詞がくると、もっと使役性はなくなり、被使役者は一般的に「ハ」格をとって主語の位置に現われる場合もある。

> 11) 人間というのは仕事さえさせれば、その仕事を通して育ってくる。（わが友）
> 12) 日本は競争させたら本気になるんですよ。過当競争でも競争すべきだと、つくづく感じますね。（わが友）

7.3　使役性のパターンと意味

　使役は使役主体と事態との関わりによって四つのパターンに分けられるが、これは使役の意味とどのように関わりをもつのだろうか。

7.3.1　使役1

「使役1」は事態が使役主体の意図によって実現される場合として、事態の実現に対する被使役者の意図は無関係である。使役文において一番典型的なパターンは使役主体の意図と被使役者の意志的な動作によって事態が実現する場合である。

> 1) 太郎は今回の宝くじは確率が高いと唆して、今まで買ったこともない次郎に宝くじを買わせた。

1)は使役主体である太郎が「次郎が宝くじを買う」という事態を実現させようと次郎を唆して事態を実現に結び付けた場合である。事態の成立に対する最終的な判断（宝くじを買おうと思ってそれを実行に移した事）は次郎によって行われるが、それは使役主体である太郎の働きかけがあってのことであるので「説得」に当たる。
　次に事態が使役主体の意図によって成立する場合として、事態の実現に対する被使役者の意図は完全に無視し、使役主体の意図と被使役者の意志的な動作によって事態が実現される「強制2」がある。

　　2）太郎は水を飲みたがらない次郎に水を飲ませた。

2)の被使役者である次郎は、水を飲みたくなかったが太郎の強要によって仕方なく水を飲んだ場合である。事態は被使役者の意志的な動作によって実現されているが、「説得」と違うのは事態の実現に対する判断の余地が被使役者にないことである。
　このように「説得」と「強制2」は事態が使役主体の働きかけによって実現された場合であるが、次のような「許諾」は事態を実現したいという意図が被使役者から出て、使役主体が被使役者の要請を許可することによって事態が実現される場合である。

　　3）子供が家に帰りたいと先からいっていたので、子供に帰らせた。

3)の使役主体である先生には「子供が家に帰る」という事態を実現させようとする意図はなかったが、被使役者である子供の要請によってはじめて事態を実現させようとする意図が生まれ、事態を実現させた場合である。
　「使役1」には事態の実現に対する使役主体の意図がもともと使役主体にあった「強制2、説得」と、被使役者の要請によって後から意図が生まれ、それによって事態が実現した「許諾」もあるが、これは事態が被使役者の意志的な動作によって実現された場合である。

また、「使役1」には次のように事態が使役主体の動作を伴う「強制1」もある。

 4) 信介はおそるおそる織江の体に手をかけた。人工呼吸をして水をはかせなければ、と思ったのだった。（青春の門）
 5) 彼の手はお雪の胸を押さえ、その乳房の感触にうろたえたとき、口移しに飲ませていたスープが唇からこぼれ、お雪はうっとむせた。（カムイ）

「強制1」は事態が被使役者の意志的な動作によって実現される「強制2、説得、許諾」とは異なり、被使役者がもっている潜在的な能力によって実現される場合として、4)の「水をはく」という事態と、5)の「水を飲む」という事態が成り立つためには被使役者の無意志的な動作だけではなく使役主体の動作も必要である。

このように事態の実現が使役主体の意図によって成立する「使役1」は「強制2、説得、許諾」のように被使役者の意志的な動作による場合と、「強制1」のような無意志的な動作による場合とがある。

7.3.2　使役2

「使役2」は使役主体に事態を実現させようとする意図がない場合として、被使役者によって行われた事態実現の原因・責任が使役主体にある、という事態の責任を使役主体に転嫁する「誘発」の場合である。

 6) そんな恐怖感が彼を駆けりたてて、ふだんはあまり入ったことのない食堂の暖簾をくぐらせたのだった。

「使役2」の使役主体には事態の実現に対する意図はないが、事態が被使役者の意志によって実現される場合として、使役主体は事態の原因を表す。6)も自動詞文「彼が食堂ののれんをくぐったのは恐怖感が

あったからである」の原因「恐怖感」を使役主体にたてて使役化した例である。

7.3.3 使役3

「使役3」は使役主体と事態に直接的な関わりがないので、使役主体は事態の実現に対する意図も、あるいは原因提供者でもないが、使役主体自らが事態の原因提供者だと判断して事態と関係づけている場合である。

 7) 母は公園で子供が遊んでいたので、そのまま遊ばせた。
 8) 私は戦争で子供を死なせた。
 9) お雪は泣き声をさけんだ。誰にもみせたことのない裸身を、よりにもよって仇敵の次郎の目の前にさらし、大小便の世話までさせたというその屈辱に、舌を噛んで死にたい気持ちだった。

7)は事態を「黙認」した場合であり、8)9)は事態に対して使役主体が責任や屈辱を感じる「不注意」の場合として、使役主体は事態が成立してから事態の発生事実を知った場合である。

7.3.4 使役4

「使役4」はある事柄に対する話し手の「判断」をわざと使役形式を借りて表す表現として、特に使役主体を設定することができない場合である。

 10) 彼を行かせればこの事件はうまく解決できると思う。
 11) 三人目はゴールド・ガン。金鉱探しで失敗した男で、鉄砲を扱わせれば名人級だが、手癖の悪い大酒飲みだ。（カムイ）

このように使役形で表される意味を、使役主体と事態との関わりによるパターンと関係づけると次のようになる。

12) 使役のパターンと意味との関わり

使役のパターン		使役の意味
使役1	使役性が使役主体の意図による場合	強制1、強制2、説得、許諾
使役2	使役性が原因による場合	誘発
使役3	使役性が疑似意図による場合	黙認、不注意
使役4	使役性が形式的である場合	判断

7.4 使役性のパターンと被使役者の格

　使役文において事態遂行者である被使役者がとる格は自動詞の使役文と他動詞の使役文が異なり、他動詞の使役文は「二重対格目的語制約」によって二格しかとることができないが、自動詞の使役文は「二重対格目的語制約」が働かないので二格とヲ格をとることができる。しかし、自動詞の使役文であっても被使役者が必ず二格とヲ格をとることができないことについては5章2節で述べた。
　他動詞文の対象がヲ格をとるのは対象の変化が主体の働きかけによる変化だからであり、変化に対象の意図は反映されないからである。これは使役文にも影響を与え、被使役者が二格とヲ格をとることができる自動詞の使役文においても被使役者が二格をとることができるのは「使役1」の場合だけである。「使役1」の場合においても「強制1、2」がヲ格しかとらないのは、他動詞文の対象がヲ格をとるのと同じく、事態が被使役者の意図による動作ではないからである。
　使役主体と事態との関わりの中で典型的な使役の意味を表すのは、事態を実現させようとする意図が使役主体にあり、事態も被使役者の

意図によって実現される「説得」「許諾」の場合である。「説得」より事態を実現させようとする使役主体の意図が強くなれば、逆に「強制1、2」になるにつれて事態を成立させようとする意図がない被使役者はヲ格を取ることになる。それは他動詞の二格が動作を受ける与格として働くのと同様に、事態に対する被使役者の意図がなくなると二格が動作主から与格になっていく。

1) 怖がっている<u>子供に蛇を掴ませた</u>。：（強制2）
2) それからオヤルルは胸につきささっている短刀を引き抜き、<u>(気絶している)次郎の右手に握らせた</u>。その指を開こうとしても指は動かなかった。：（強制1）
3) 「おまえ、人を刺したことがあるかい」「いや」「ほら、これをもってみな」春男は上着の前をあけ、ベルトの間から白いものを取り出して<u>信介に渡した</u>。：（他動）

また、「許諾」より被使役者に事態を実現しようとする意図が弱くなると、つまり、使役主体に事態を実現させようとする意図がなく、事態と使役主体との関わりが形式的になると自動詞の使役文の被使役者は二格をとることができない。

つまり、事態を成立させようとする使役主体の意図と事態を行おうとする被使役者の意図が一体になったときに被使役者は二格をとることになる。したがって、「強制1、2」のように被使役者が事態を行おうとする意志がなく使役主体の意図だけが強くなれば被使役者はヲ格だけをとり、また、事態を成立させようとする使役主体の意図が弱くなれば被使役者は二格をとることはできない。これを矢印で示すと次の4) のようになる。

4) 被使役者がとる格助詞と使役の意味との関わり
　　強制1/強制2（を）←説得/承諾（に）→誘発（を）→黙認/不注意（を）→判断（を）

7.5　生産的な使役と語彙的な使役

　使役は動詞に(sa)seruをつけてその意味を表すが、動詞が使役の意味を表す場合もある。動詞といっても対応する自・他動詞のない無対他動詞と無対自動詞が使役の意味を表すことはないが、有対他動詞が対応する自動詞の使役形とほとんど同じ意味として用いられる場合がある。

　有対他動詞と有対自動詞の使役形が共に使われる場合の有対他動詞のヲ格名詞には有情物も非情物も現れる。ヲ格名詞が非情物である場合にも自動詞の使役形はできるが、それは大体次のような場合である。

1) ①使役主体の意図によるのではなく、使役主体が事態変化の原因として被使役者がもっている変化の内発性に影響を与え事態を生じさせる場合。
　②事態が使役主体の意図による場合とは、被使役者の行為による変化ではなく、事態が使役主体によって成り立つ場合として、一般的にそうならない、あるいはなりにくいものを使役主体が何とかして意図的に事態を実現に導いた場合。

　使役文の被使役者が非情物である場合、有対自動詞の使役形と有対他動詞がともに用いられるのは、事態が被使役者の内発的な性質によって変化する場合として、有対他動詞を用いて事態の変化を表すこともできる。他動詞を用いると使役主体が被使役者に働きかけた事態実現までの変化過程や、被使役者がもっている変化の内発性もなくなり、ただ使役主体の行為によって実現された対象変化の結果だけを表すことになり、使役の意味はなくなる。

2) a. 母はきのう買ったばかりの弟のセーターを縮まらせた。
　 b. 母はきのう買ったセーターを縮めた。
3) a. コロンブスが卵をたたせた。

b. コロンブスが卵をたてた。

しかし、他動詞が使役の意味として用いられるのは次のような場合である。

4) ①事態が使役主体の意図と被使役者の意志的な動作によって実現される場合として、動作に対する被使役者の意図は問題にならない。
②使役主体には事態を実現させようとする意図はないが、事態が被使役者の意志的な動作によって実現される場合として、使役主体は広い意味での事態のきっかけである。

4)を使役性のパターンとの関わりからすると、「使役1」と「使役2」に当たる。自動詞の使役形を用いないで他動詞による表現になると、事態実現に対する被使役者の動作性はあまり問題にしない、動作の結果に焦点をあてた使役主体の意図による表現になる。

5) 先生は子供が家にかえりたくないといったが、説得して家に帰した。：（説得）
6) 先生は子供が家にかえりたがっていたので、家に帰した。：（許諾）
7) 先生は家にかえりたがらない子供を無理やり家に帰した。：（強制2）
8) その話が子供を家に帰した。：（誘発）

動詞が使役の意味として使われるのは有対他動詞であり、それも対応する自動詞の使役形が可能な場合である。対応する自動詞の使役形が可能だからといって必ず他動詞も使役の意味をもつのではなく、事態が被使役者の意志的な動作によって実現される場合であるので、事態に対する被使役者の動作よりは事態の結果だけを使役主体の立場から表す時に用いられる。だから、使役文の意味がたとえ「説得」や「許

諾」であっても他動詞による表現になると、事態の実現に対する被使役者の意図が問題にならないのは、他動詞が表す事態が使役主体の意図による直接的な働きかけによるのと同じであるからである。

7.6 動詞の(sa)seru形と他動

　他動詞が使役の意味を表す語彙的な使役として使われるように、動詞の(sa)seru形が使役の意味を表さない場合もあるので、動詞の(sa)seru形と他動がどのような関わりをもっているのかについてみてみよう。

7.6.1 他動詞の(sa)seruと他動との関わり

　使役は事態と使役主体との関わりとして、他動詞文を使役形式で表すと、ガ格名詞は被使役者になり事態の起こし手として働く。1b)が自然な使役文として用いられるのは被使役者である「次郎」によって事態が行われたからである。

　1) a. 次郎がボールを蹴った。
　　　b. 太郎は次郎にボールを蹴らせた。

　しかし、事態がガ格名詞の動作によって行われても、その動作が意志的な動作によらない場合には2b)のように使役文にすることができないし、3)のように意識のないあるいは行為能力のない場合には使役表現はもちろんのこと事態も成り立たなくなる。

　2) a. 子供は手が滑って窓を壊した。
　　　b. *子供に手を滑って窓を壊させた。
　3) a. *気絶している人がボールを蹴った。
　　　b. *気絶している人にボールを蹴らせた。

従って、4)のように事態が被使役者の意志的な動作によって成り立つ場合に限って他動詞文を使役文にすることができるということになる。

　　4) 母は子供に水を飲ませた。

4)は子供が水を飲むように母が仕向けた場合として、事態と母との関わりによって使役の意味は違うが、水を飲むという行為は被使役者である「子供」によって行われた場合である。
　ここで「子供に水を飲ませる」についてもう一度考えてみよう。たとえば、机の上に水が入っているコップがおいてある場合、そのコップの水を子供が飲むためには少なくとも二つの行為——「プロセス」と「動作」——によって成り立つといえる。

　　5) a. コップの水を口の中に入れる行為：「プロセス」
　　　 b. その水を喉を通す行為：「動作」

一般的に「水を飲む」というのは5)の二つの行為が一体化して一人によって行われることを表し、4)の場合にも「子供に水を飲ませる」はコップの水を自分の口に入れるまでの「プロセス」と自ら喉を通す「動作」——一般的に5)の「プロセス」と「動作」を広い意味で動作とするが、ここでは5b)を狭い意味での動作と名付け、「動作」と表す——が子供によって行われる場合を表す。
　しかし、「プロセス」は飲む人によって行われなくても「動作」だけが被使役者によって行われる場合もある。

　　6)「何を言うんだ、お雪……おまえに口移しで（水を）飲ませたのは、もういいかげんでやめたいからだぞ。」（カムイ）

6)は「お雪が水を飲む」という事態と使役主体との関わりについての

描写であるが、「水を飲む」という行為は被使役者である「お雪」によって行われたとしても、それは被使役者の無意志的な動作による行為として、事態が実現されるためには「プロセス」としての使役主体の行為——たとえば、使役主体が水を被使役者の口の入れること——を必要とする。また、次の例も同じである。

  7)　信介はおそるおそる織江の体に手をかけた。人工呼吸して水をはかせなければ、と思ったのだった。（青春の門）

7)も「水をはく」という行為は被使役者によって行われるが、被使役者自らは水を吐ける状態ではないので、事態を生じさせるためには使役主体による「プロセス」——使役主体が被使役者の胸を両手で押したりするなど——が前提条件として必要になる。
　つまり、6)と7)の「プロセス」は使役主体の動作によって行われ、「動作」だけが被使役者によって行われているのに「飲ませる」「吐かせる」のような使役形式が用いられているのは、「プロセス」よりも「動作」が被使役者によって行われるのであれば使役形式ができるということになりそうである。
　では、ここで次の点についてもう少し考察する。

  8)　a. 他動詞文の事態が主語の無意志的な動作によって行われても使役文はできるのか。
   　b.「プロセス」は被使役者によって行われなくても「動作」だけで使役の意味を表せるのか。

まず8a)についてであるが、3)では被使役者に行為能力がない場合はもちろんのこと、事態が被使役者の動作によって行われてもそれが意志的な動作でないと、2)のような他動詞による表現はできても使役文で表すことは出来なかった。6)7)の被使役者は意識のない状態であるので、事態が自らの意志によって行われないにもかかわらず使役のよる

第7章　使役と他動　213

表現ができるのはなぜであろうか。それは、現在はその動作を行うことはできなくても事態が人の意志によって可能な場合、つまり、その動作がまるで被使役者によって行われたように使役主体がさせた場合には使役文による表現が出来る。これは無対他動詞だけではなく有対自動詞の場合（死んでいる人を立たせた）にも可能である。しかし、事態が人によって可能である場合においても必ず使役表現ができるのではなく、むしろ3)のような外的な動作動詞の場合にはできないが、6)7)のように身体の内面的な変化、本能的・反応的な動作の場合には可能になるのではないかと思われる。これは次のように纏めることができる。

9) 他動詞の使役表現は事態が被使役者の意志的な動作によって行われる場合、つまり、「プロセス」と「動作」が被使役者によって行われる場合に限って可能である。また、「プロセス」は使役主体によって行われても「動作」だけが被使役者によって行われるのであれば使役形式を用いて表すこともできるが、それは被使役者の無意志的な動作による場合に限る。

それから8b)についてであるが、次の例をみてみよう。

10) a. 太郎が彼をバスに乗らせた
　　b. 太郎が彼をバスに乗せた。

10a)は彼がバスに乗るという行為と太郎との関わりによって、強制や許可などのように使役の意味は違っても、彼は太郎によってバスに乗るように仕向けられバスに乗っている場面を表し、バスに乗るまでの過程は無視されている。しかし、10b)は動作の結果を表す場合にも用いられるが、バスに乗る行為が彼の動作によらない場合には10b)しか使われない。たとえば、一人では歩けない障害者をバスに乗る状態にさせる場合には、「乗らせる」はできず「乗せる」しか使えない。こ

れを先ほどの「プロセス」と「動作」との関わりからすると、10a)は「プロセス」と「動作」が彼によって行われた場合であり、10b)は「プロセス」が彼によって行われない場合である。つまり、「プロセス」と「動作」が表す状態を被使役者が行っていれば使役による表現も可能であるが、「プロセス」が使役主体の動作による場合には対応する他動詞があれば他動詞を用いた方が自然であるということになる。

　ここで6)7)に戻って考えると、一般的に人が水を飲んだり吐いたりすることは本人の意志的な動作によって可能であるが、6)7)のように事態は被使役者の無意志的な動作、つまり、潜在的な動作能力によって行われる場合には使役表現ができるとしたが、被使役者の意志的な動作によって事態が行われる典型的な使役文とは異なる。事態が被使役者によって行われているという点からすると6)7)は使役的な性質をもっていることになるが、被使役者によって行われた事態が使役主体の動作も必要とするので、事態が主語の動作によって行われる他動的な性格も備えている。

　　11)「だが、きみはインディアンじゃないと言った。みんなに武器を
　　　もたせてくれないか？」（カムイ）

11)の「みんなが武器をもつ」という事態と使役主体「きみ」との関わりは、みんなが自分の武器を地面において両手をあげている場面として、みんなが武器をもつ状態になるには、使役主体がみんなに武器を渡すのではなく、ただ許可さえすればみんなは地面においてある武器を自分が持ち上げて所有することができる場面である。つまり、持つまでの「プロセス」も含めて持つ状態が持続するという意味での「武器をもたせる」として、行為が二格をとる被使役者「みんな」によって実現できるように使役主体に許可を求める典型的な使役文である。
　しかし、「もたせる」には「プロセス」は使役主体によって行われても「動作」、つまり「持っている」状態の持続が被使役者の意志によって行われるのであれば使役形式で表すこともできる。

12)「お前、人をさしたことがあるかい。」「いや」「ほら、これを持ってみな」春男は上着の前をあけ、ベルトのあいだから白いものを取り出して<u>信介に渡した</u>。（中略）信介は春男の制止の声を背後に、路地の反対側から事務所の勝手口へまわって駆け出した。おれも何かをしなければ、と彼は考えた。さっき<u>春男がもたせてくれた刃物</u>の感覚が、手のなかにはっきりと残っている。

(青春の門)

13) 信介は男の子をたたせ、袋からこぼれた炭を広い集めて<u>相手にもたせた</u>。

12)は13)と同じく「AがBにCをもたせた」構文をとっているが、「信介が刃物をもつ」ことと「みんなが武器をもつ」ことは、「プロセス」が同じではない。12)は被使役者である二格の「信介」によって事態が実行されたのではなく、使役主体「春男」が刃物を渡すことによって事態が成り立っている。つまり、「プロセス」は使役主体の動作によって行われているが、その後の「動作」である事態の持続は被使役者の意志によって行われている。しかし、11)は被使役者が「対象（武器）をもっている」状態の持続を表す点では12)と同じであるが、その状態になるまでの「プロセス」が使役主体によって持たされたかどうかという違いによって、11)の被使役者は意志的な動作によって事態を遂行する動作主であり、12)の被使役者は「刃物をもつ」という行為が被使役者に及んだ対象の所有者として、事態が被使役者に持続しているだけである。

しかし、12)も「プロセス」（信介が刃物を持つまでの過程）は春男の動作によって行われているので他動的な要素も含んでいるが、「持たせる」が対象を持つまでの過程ではなく持っている状態についての使役だとすると、12)13)のように被使役者の無意志的な動作によって行われる「飲ませる、吐かせる」よりはいわゆる使役に近い表現になる。

14) 「持たせる」が表す事態

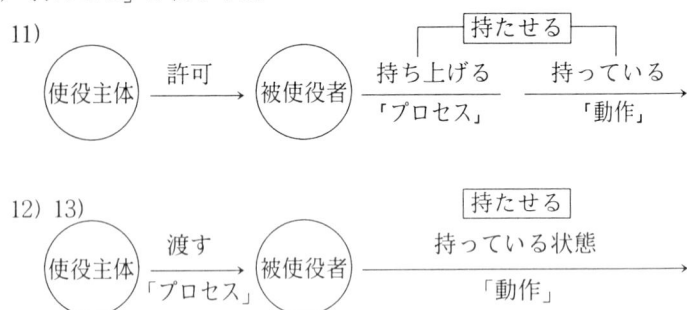

もちろん、状態の持続が12)のように被使役者の意志によって行われない場合もある。

15) 次郎は短刀を握った。
16) それからオヤルルの胸に突きささっている短刀を引き抜き、次郎の右手に握らせた。その指を開こうとしても指は動かなかった。
（カムイ）

動詞「握る」は意志動詞であるので、15)は次郎の動作によって事態が成り立っている場合であるが、16)のような使役形式になると被使役者の意志はなくなってしまう。16)は、「プロセス」は使役主体によって「動作」は被使役者によって行われる12)とも異なり、「動作」が被使役者の意志とも関わりなく行われた場合である。また、「動作」が被使役者によって行われた6)7)とも異なって、動作性もない場合である。

今までは被使役者に「プロセス」と「動作」がある場合から「プロセス」が使役主体へ移動、あるいは「動作」に対する意志の欠如が生じる場合まであった。これは「母が子供に靴を履かせた」が使役としても他動としても用いられる場合——「靴をはく」という行為が子供の動作によって行われるのであれば使役になるが、子供に動作を遂行する能力がなく、事態が使役主体の動作によって行われるのであれば

動詞の(sa)seru形をとっていても他動になる——とも繋がる。

  17）次郎がさきほど二人に重傷を負わせたのは正当防衛だと考えられる。（カムイ）

これは「重傷を負う」という事態が本人の意志とは関わりなく使役主体の動作によって実現される場合として、使役の意味を表さないのは、「プロセス」と「動作」が使役主体によって一体化し、事態が被使役者とは関わりなく実現されるからである。だから、事態が使役主体によってのみ成り立つ「知らせる、聞かせる」などは(sa)seru形をしていても使役の意味を表すのではなく他動詞として定着しているのである。

  18）次郎は弱々しくささやいた。「きみの部落に裏切り者がいる。俺のことを役人に知らせたやつが……」（カムイ）
  19）私のほうは、どこをどう探しても、人に聞かせるような、そんな面白い話はなにもありません。（わが友）

18)の「役人が俺のことを知る」は役人の行為によるのではなく、使役主体である「裏切り者」の動作によるものであり、また、19)も「自分の意志」で聞くのではなく使役主体の動作によってそのような状態になるわけであるので、使役の形をとっていても使役の意味をもたないのは事態が被使役者によって成り立たないからである。
 このように典型的な使役と他動においては「プロセス」と「動作」が使役主体であれ被使役者であれ一体化されているが、「プロセス」と「動作」が分化する過程において他動詞が使役の意味を表したり、あるいは動詞の(sa)seru形に他動の意味を与えられたりする。

使役主	被使役者		分化と一体化	他動化
φ	「プロセス」＋「動作」		一体化	使　役 ↑ 動詞の (sa)seru ↓ 他　動　化
「プロセス」	「動作」	意志による場合	分化	
		無意志的な動作による場合		
		無意志的な状態の持続		
「プロセス」＋「動作」	φ		一体化	

7.6.2　自動詞の(sa)seruと他動との関わり

　使役は事態と原因との関わりとして他動詞だけではなく、自動詞においてもきっかけまで表す場合には使役文を用いて表現する。自動詞が使役をとる場合についてはすでに述べたので、ここでは自動詞の(sa)seru形が使役の意味をもたない場合についてのみ述べる。

　自動詞によって表される事態が主語の動作による場合には使役文で表すことができるが、自動詞の使役形が必ず使役の意味を表すのではない。「子供が靴を履く」という行為は子供自らによって事態が成り立つので対応する動詞は持たないが、その行為が必ず子供によって行われるとは限らない。たとえば事態が動作主自らによって行われても、あるいは、母によって行われても「母が子供に靴をはかせた」を用いて表すことができる。ただ、その動作が誰によって行われたのかによって文法的な用語として使役だとか他動だというふうに説明されるだけで、それが使役であれ他動であれ動詞に(sa)seruが接続され事態の変化を表す。

　また、事態の変化は他動詞を用いて表すこともできるが、動詞が常に＜対＞をなしているわけではない。有対自動詞は変化の原因を語彙的なヴォイスである有対他動詞で表すこともできるが、無対自動詞はそれが動作であれ状態であれ対応する他動詞がないので文法的なヴォイスでしか表すことができない。その文法的なヴォイスとしての役割を(sa)seru形が担っている。

　結局、文法的なヴォイスの役割をする(sa)seruが使役であるのか他動

であるのかを区別する要因としては事態が自らによるのか、あるいは誰かの働きかけによるのかの違いによって分類することもできる。自動詞が対応する他動詞を持たないということは、その行為が自らによって行われる、ということを表すが、行為に対する主体の意志を認めないでむりやりそのような状態にさせる場合には文法的なヴォイスで表す。

　言語描写は文法的な用語としての使役と他動に明確に分かれる場合もあるが、それが必ず二分されるのではない。自動詞と他動詞がいわゆる定義のよって明確に分類されないのと同じく、(sa)seruによって表される事態ときっかけとの関わりも同じである。たとえば、例文20)だけでは太郎がアメリカへ行ったのは太郎の意図による意志的な動作によって行われたかのように思われるが、21)になるとアメリカへ行ったのは太郎の意志的な動作によって行われても、それは太郎の意図ではなく母の意図によって事態が行われた場合である。

　　20) 太郎は昨日アメリカへ行った。
　　21) 母が昨日太郎をアメリカへ行かせた。

　もちろん、自動詞の使役文だからといって必ず事態が使役主体の意図によって生じるのではない。5章でも述べたが22)のような「使役2」は被使役者の意志によって事態が行われたとしても、使役主体に21)のような意図はない。

　　22) それが太郎をアメリカへ行かせる原因になった。

つまり、事態が被使役者の意志的な動作によって行われたのであればそれで十分な使役として意味を表すが、事態が被使役者の意志とは関わりなく行われた場合には果たして使役といえるのだろうか。
　一般的に感情動詞は事態が被使役者の意志とは関わりなく生じる。

23) 太郎が花子を怒らせた。

23)は花子が怒るという事態と太郎との関わりとして、感情動詞である場合には被使役者の感情への働きかけであるので直接的なことでもなく、また、意図による行為でもない。使役主体に人名詞がくる場合においてもそれは有情物としての「人」ではなく、24)のように使役主体が起こした行為を表す。

24) その女のなじみの客が、織江に露骨に興味をしめし、帰りに食事でもしていこうと誘ったのが彼女を怒らせたのだった。

このように感情動詞の(sa)seru形が使役から離れていくのは使役主体に事態に対する意図もなく、また、事態も被使役者の意志的な動作によらないからであろう。

25) 「親殺しは、はりつけだあ」「いまのうちに、たたっ殺せ」大人と同じくらいに背が高くなっている次郎の身体が、村人の判断力を狂わせてもいた。(カムイ)
26) 体は信介のほうが大きいのだが、相手の頭の石のようなかたさが信介を悩ませたのだ。(青春の門)
27) 春男は、時に驚くような残酷な行為をして人を恐れさせることがあった。(カムイ)

感情動詞は事態が他の意図的な働きかけによるのではなく被使役者の心理的な状態を表すので対応する他動詞がない場合が多く、25)'～27)'のように使役主体を原因のデ格(「～で／によって／をみて」等)を用いた自動詞文で表すこともできるが、事態の原因まで表すためには25)～27)のように文法的なヴォイスである(sa)seruを用いて表すしかない。

25)' 村人は大人と同じくらいに背が高くなっている次郎の身体をみ

て判断力が狂った。
26)′ 信介は体は信介のほうが大きいのだが、相手の頭の石のようなかたいので悩んでいる。
27)′ 人は春男の時に驚くような残酷な行為によって恐れることがあった。

一般的に使役はある事態の成立に直接関わりのない第三者の立場からの表現であるが、感情動詞のような場合には基本文の原因が使役主体にたって29)のような使役形式が用いて表す。

28) a. Bが　自動詞。　→　Aは　Bに／を　自動詞(sa)seru。
　　 b. Bが　Cを　他動詞。　→　Aが　Bに　Cを　他動詞(sa)seru。
29) a. Aが　Bで　自動詞。
　　 b. Bは　Aを　自動詞(sa)seru。

では、感情動詞によって表される動詞の(sa)seru形が使役か他動かについては次の2例をもって説明する。

30) 彼女の誤解が　太郎の説明で　解けた。
31) 彼女の顔が　太郎の話で　赤くなった。

30)31)は29a)と同じパターンとして、原因がデ格をとり、変化——誤解が解けることや、顔が赤くなること——は使役主体の意図によるのではないので、25)～27)が動詞の(sa)seru形によって表現できるように30)31)も使役形式を用いて表すこともできるはずであるが、31)だけが(sa)seru形で表すことができる。

30)′ *太郎の説明が　彼女の誤解を　解けさせた。
31)′ 太郎の話が　彼女の顔を　赤くさせた。

事態の変化が被使役者の意志による場合には使役による表現もでき

る。では、感情動詞のように使役主体に事態に対する意図のない原因（事柄名詞）が現われることと使役ができないということとは何か関わりがあるのではなかろうか。30)「解ける」は対応する他動詞「解く」があるのに対して「赤くなる」は対応する他動詞がないので、事態が被使役者の意志によらない30)は使役表現を用いないで32a)のように対応する他動詞を用いて表すが、31)のように対応する他動詞がない場合には仕方なく32b)のように文法的なヴォイスを用いて表すしかない。

 32) a. 太郎の説明で　彼女は　誤解を　解いた。
   b. 太郎の話で　　彼女は　顔を　　赤くさせた。

ということは、「赤くさせる」は語彙的なヴォイスの代用として用いられた文法的なヴォイスであるので、逆にいうと使役の形式をとっていてもそれは使役ではなく他動だということになる。
　ここでもう一つ「赤くさせる」が他動であることを証明する方法として、「解けさせる」が可能で、「赤くさせる」が非文になる場合があれば「赤くさせる」は他動になるということになる。

 33) 太郎の説明で　彼女は　誤解が　解けた。

30)は使役文による表現はできなかったが、33)は34)のように使役文で表すことができる。

 34) a. 太郎の説明が　彼女に　誤解を　解けさせた。
   b. ＊太郎の説明が　彼女に　誤解を　解いた。

ここで、31)′「赤くさせる」が使役の意味をもつのか、あるいは他動の意味をもつのかをテストする二番目の方法として31)を33)のような構文にし、それが34a)のように使役文で表すことが出来るかどうかと

いうことである。「解ける」が「解く」になる時、「赤くなる」は「赤くさせる」になって、使役の形をとっていても他動の意味を表すとしたが、「解ける」が「解けさせる」になるとき「赤くなる」が「赤くさせる」にならなければ、使役ではなく他動になるわけである。

35) a. 太郎の話で　彼女は　顔が　赤くなった。
　　 b. *太郎の説明が　彼女に　顔を　赤くさせた。

30)を34a)のように表現した35b)が非文になるということは次の表のように纏めることができる。

	自動詞文	他動詞文	自動詞の使役文
AのBが自動詞	彼女の誤解がとけた	———	*彼女の誤解をとけさせた
	彼女の顔が赤くなった	———	彼女の顔を赤くさせた
AはBが自動詞	彼女は誤解をとけた	彼女は誤解をといた	彼女に誤解をとけさせた
	———	彼女は顔を赤くさせた	*彼女に顔を赤くさせた

　この表で分かるように「赤くさせる」は他動詞「解く」が自然な場合には「赤くさせる」も自然であるが、「解く」が不自然であれば「赤くさせる」も不自然になる。また、自動詞の使役「解けさせる」が自然な場合に「赤くさせる」が不自然であるということは、「赤くさせる」は他動詞「解く」と同じような働きをするということになる。
　つまり、一般的に使役構文は基本文とは対立しないが、原因などのように意図をもたないのが使役主体になると典型的な使役文とは異なるパターンをとり、それが表す意味も使役の意味を表さなくなる。感情動詞のように自動詞の使役形が用いられてもそれが使役というより他動詞に近いのは、事態が使役主体の無意図と被使役者の無意志による変化を表すからである。大体、無対自動詞が表すのは主語の動作か状態変化を表すが、無対自動詞が表す状態変化は他の働きかけによる変化ではなく、自らの状態を表すので、それが他の原因による変化を表

す場合には動詞の(sa)seru形を用いて変化まで表すことになる。

　また、動詞の(sa)seru形が使役の意味を持たないのは再帰動詞の場合である。いわゆる使役文は事態を行う動作主である被使役者と事態を引き起こさせる使役主体が別々であり、主語は動作主ではない。しかし、再帰動詞による(sa)seru形は被使役者が使役主体の体の一部であるので、使役主体と被使役者が同じである。

36) 「おばさん、塩をまいてやろうよ」エリカは額に青い静脈をうかせながら長太に何かひどく汚い言葉を投げつけた。
37) 講師は目尻をぴくぴく引きつらせながらいった。
38) 織江は額に汗をにじませながら必死で考えた。
39) 早竹先生は自分も一つジャガイモのボールにてを出して大きな口をあけると、一口にパクリと頬張って目を白黒させた。
40) 織江は大声で叫ぶと、白い脚を踊らせて一目散に駆け出していった。
41) 安藤昌山は、戻ってきた次郎を目を輝かせて迎えた。
42) 梓先生は信介の顔を自分の胸に強く抱きしめると、肩を震わせながら泣きはじめた。

　再帰動詞は身体部分の様子を所有者の立場から表現するので、自動詞だけでも身体の状態を表すことはできるが、動詞の(sa)seru形で表すことによって主語が意志的に行った行為のような印象を与える。再帰動詞が他動詞と自動詞の中間的な部分に位置付けられる要因の一つはこれである。

43) 彼は身空ひばりの「悲しき口笛」という歌がすきで、自分一人のときなど、こっそり声を震わせて歌い、うっとりした気分になることがあった。
44) 竜五郎は歯の痛い男のような表情で片頬をふくらませながらごつごつした言い方で喋りだした。
45) 「うちが言うとじゃなかもん」織江は口をとがらせる。

> 46) 信介はつっけんどんな口調で織江を制して、腰を浮かせた。

　つまり、使役主体と被使役者に分化されている使役文を再帰動詞が使役形式を用いることによって被使役者として現われる身体の部分を客体化し、その被使役者に生じた事態の変化を使役主体の立場から表しているが、典型的な使役文からすると使役主体と被使役者が一体化されているといえる。もちろん、これを使役文として認めることはできなく、他動詞の所でも述べたように、いわゆる他動詞が自動詞化されていく過程の中間的な性質をもっているというべきであろう。
　このように使役の意味を表さない再帰動詞は感情動詞の場合と同様に語彙的に対応する他動詞があれば他動詞による表現が優先されるので、自動詞の(sa)seru形は不自然になるが、対応する他動詞がない場合には文法的なヴォイスである(sa)seru形を用いて表すようになる。

> 47)「どやされてもよかとか」信介は少し下がって腰を降ろす／*降りさせると凄味をきかせた声でいった。
> 48) 太郎はわざと手をまわした／*まわらせた。

　再帰表現は有情物が体の部分を分化して表す場合だけではなく、機械類の場合においてもその一部分を分化して表す場合にも自動詞の(sa)seru形を用いて表すことができる。

> 49) ハーレーのエンジンは巨大な鼓動を夜気の中に響かせ、信介はその時自分を取り囲む一切の世界がその音で満たされるのを感じた。
> 50) 電車は車体をきしませながら走りつづけた。

　49)50)はエンジンの鼓動が響いたり、車体がきしんでいる状態をその主体の立場から表している。このように再帰動詞による動詞の(sa)seru形も基本文から派生された表現であるが、もちろん、基本文と対応関

係をもたない場合もある。

51) a. 「大人を相手にして敵討ちをするんだ……甘えていてはだめなんだ……」押さない心にそう言い聞かせた次郎は、乾し魚や昆布のすえたような匂いがむんむんと漂う暗い小屋のなかで、〜。(カムイ)
    b. *心が言い聞いた
52) a. 信介は足音を忍ばせて台所を出た。
    b. *足音が忍んだ。

　結局、自動詞の使役形をとっていても、それが他動の意味を表すのは、対応する他動詞がないので動詞の(sa)seru形を用いて表すしかないからである。これは対象の変化を語彙的なヴォイスを用いて表現すべきであるが、意志的な働きかけによる変化ではないので仕方なく文法的なヴォイスを用いて表している。

7.7　まとめ

　今まで使役と他動がどのような関連性をもっているのかを調べるために、使役の形態的な側面、使役主体と事態との関わりによる使役の意味、被使役者がとる格助詞、対応する動詞の有無などの観点から調べてきた。使役は動詞の(sa)seru形で意味を表すが、使役主体と事態との関わりによって使役構文をとっていても使役とはいえない場合もあり、事態が使役主体の意図による典型的な使役から使役主体に意図のない場合、あるいは使役主体の設定さえできない場合など「使役1」から「使役4」までの使役文の使役性が異なるということが分かった。
　「使役1」は使役主体の意図によって事態が成立し、事態は被使役者の動作によって行われる場合として「強制1」「強制2」「説得」「許諾」がある。「強制1」から「許諾」にいくに従って事態を成立させよ

うとする被使役者の意図はだんだん強くなるが、逆に事態を起こそうとする使役主体の意図はだんだん弱くなる。「強制1」に近づいていくほど使役主体の意図が強くなるということは、事態が被使役者の意図とは関わりなく生じるということであり、「許諾」にいくほど使役主体の意図が弱くなるということは事態が被使役者の提起によって成り立つからである。

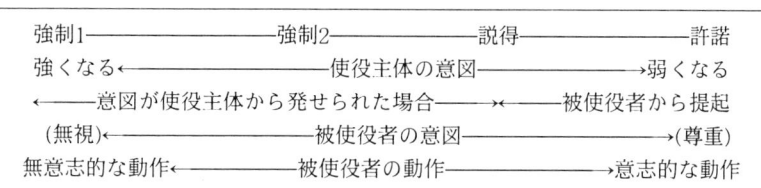

　典型的な使役は使役主体と被使役者が別々であり、事態が被使役者によって行われる場合である。その中でも使役主体の意図によって事態が成立し、事態が被使役者の意図によって行われるという点からすると、「強制2」と「説得」が一番典型的な使役だともいえる。「許諾」は事態を実現させようとする意図が被使役者によって提起され、使役主体はそれを受け入れることによって事態が生じるので「説得」に比べて使役主体の意図は弱いが使役主体の意図（指示、許可）によって事態が成り立つ場合である。

　それに比べて「強制2」は被使役者の意図は無視し使役主体の意図によって事態が成り立つが、行為は被使役者の意志的な動作によって行われる。また、使役主体の意図だけではなく事態を実現させるために使役主体の行為まで要求する場合もある。「強制2」は被使役者の意志的な動作によって事態が行われるが、「強制1」になると被使役者には自発的な動作行為能力がなく、事態が実現されるためには使役主体による行為（プロセス）を要求し、「プロセス」と「動作」が分化される。つまり、事態実現のための「プロセス」は使役主体の役割であり、動詞が表す「動作」は被使役者による場合として、「プロセス」と「動

作」が分化されないで被使役者によって行われる「強制2」と、また事態がガ格名詞（使役主）の動作によって実現される他動詞との中間的な媒介の役割をするのが「強制1」である。「強制2」と他動は「プロセス」と「動作」は分化されてないが、動作が被使役者からガ格名詞に移る過程にある「強制1」で「プロセス」と「動作」の分化現象が発生する。

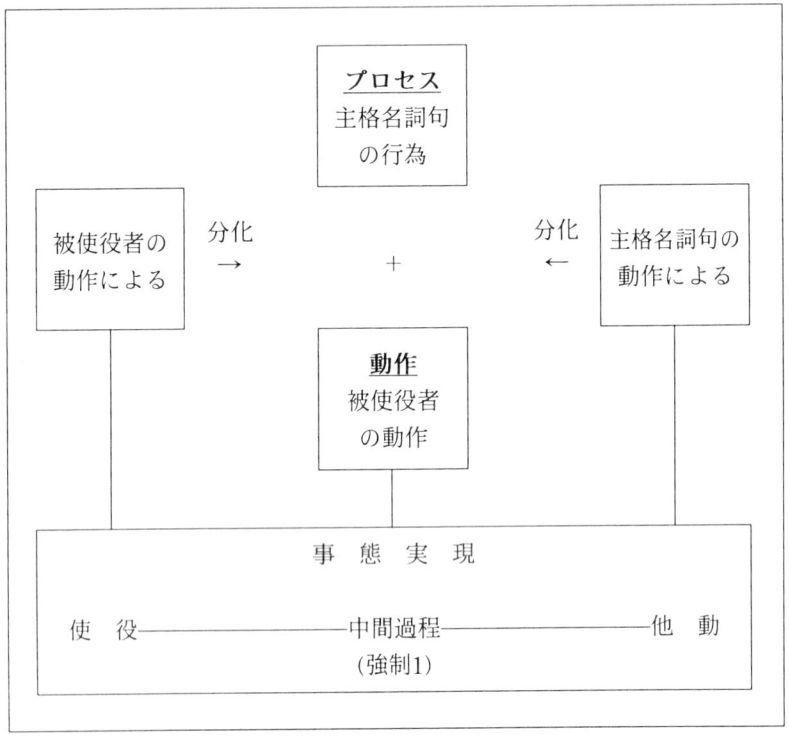

このように「使役1」は使役主体に意図がある場合であるが、「使役4」にいくほど使役主体には使役性(事態を実現させようとする使役主体の働きかけ)がだんだんなくなる。同じ使役構文であっても「使役2」

は被使役者自らによって行われた事態の当為性を使役主体に責任転移する場合として、使役主体は事態変化の原因である。また、「使役3」は「使役2」とは逆に事態成立に自ら責任を感じる場合(疑似意図性をもつ)として、被使役者によって行われる事態が使役主体の意図とは全然関わりなく行われている。「使役4」になると被使役者によって行われる事態に対する判断を、ただ使役形式をとって表すだけで、使役主体の意図とは関わりなく行われ、使役主体は形式化してしまう。

```
  使役1    使役2    使役3    使役4

意図性————原因————疑似意図性————形式化
       <事態に対する使役主との関わり>

強                                         弱
              <使役性>
```

従って、使役文を使役性によって分類すると次のように段階性を与えられる。
(1) 事態が使役主体の意図と被使役者の動作によって行われる場合。
  :「使役1」
(2) 事態発生に対する責任が使役主体に付与されたり、あるいは自ら感じる場合
    ①使役主体が被使役者によって行われる事態の原因提供者として位置付けられるが、使役主には意図がない場合:「使役2」
    ②使役主体は事態発生に関与してないが、使役主体が自ら事態に責任を感じる(疑似意図性をもっている)場合:「使役3」
(3) 事態に対する使役性がない場合:「使役4」

このように使役構文は事態に対する使役主体との関わりを表す場合

として、使役主体の意図による場合から形式的な場合まで使役形式を用いて表しているが、使役文が表す使役の意味は異なる。

　また、使役は動詞の(sa)seru形によって意味が与えられるが、動詞の(sa)seru形が使役の意味をもたない場合もあり、また、他動詞が使役の意味を表す場合もある。事態変化の原因まで表す場合には他動詞を用いたり動詞の(sa)seru形を用いたりする。いわゆる典型的な他動で表される事態は使役主体の動作によるので直接的だといえるが、典型的な使役は使役主体の意図を前提とした被使役者の動作によって生じるので事態と使役主体との関わりは間接的である。このように事態の変化を表す他動と使役は使役主体と事態との関わりが直接的か間接的かによって、他動詞を用いたり(sa)seru形を用いたりする。

　しかし、同一事態を他動詞によってもあるいは動詞の(sa)seru形によっても表現すること（たとえば、「太郎が家に帰る」という事態を事態が生じる原因まで表す場合に、他動詞で表すことも自動詞の(sa)seru形で表すこと）ができる。ということは、他動詞と自動詞の(sa)seru形の違いが直接的か間接的かということだけではなく別の何かが働いているということになる。他動詞が使役の意味を表すのは対応する自動詞のある有対他動詞として、事態がヲ格名詞句をとる有情物によって行われても、それが結果重視か動作重視かによって他動詞を用いたり自動詞の使役形を用いたりする。

　また、動詞の(sa)seru形が使役の意味をもたない場合もある。動詞の(sa)seru形が使役かどうかは事態に使役主体の行為が関与しているかどうかということと、事態が被使役者の動作によって実現されるのかどうかということであるが、感情動詞や再帰動詞などのように事態が被使役者の動作によらない場合には、動詞の(sa)seru形が変化を表すといってもそれは使役とはいえない。これは無対自動詞の(sa)seru形として、無対自動詞が表す変化が必ずガ格名詞の動作によるのではない。無意志的に変化した変化の原因まで表す時には対応する他動詞を持たないから、文法的なヴォイスとしての動詞の(sa)seru形で表現するだけで、動詞の(sa)seru形として文の中に現われても使役ではない。

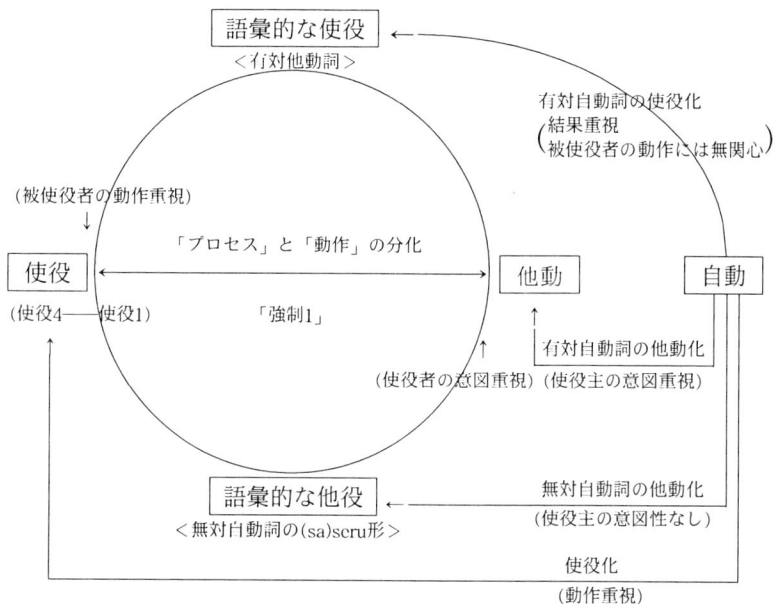

　このように使役は使役主体と事態に対する関わりを表す使役性が使役主体の意図による場合から、使役主体には事態を実現しようとする意図もないのに被使役者によって使役性が付与される場合、また、使役主体自らが事態と関連をもって責任を感じる場合、さらに被使役者が使役主体を想定して事態を表す場合まで、使役主体の意図による場合から形式的な場合まで様々である。

　また、同じ使役の形をとっていても事態が被使役者の動作によって実現される場合もあれば、使役主体の動作によって事態が実現される場合もあって、事態の変化が主体の直接的な働きかけによって変化する他動による表現に近づいていく「強制1」や「語彙的な他動」もある。また、動詞の(sa)seru形によって表される使役の意味を他動詞で表現する語彙的な使役もあって、使役と他動は典型的な使役から語彙的な使役、語彙的な他動、典型的な他動がそれぞれ使役という枠のなかで働いていることになる。

第8章　自動詞と受身文

8.1　受身構文とは

　受身については古く江戸時代にも、富士谷成章の『あゆひ抄』をはじめとして、本居春庭の『詞の通路』、富樫広蔭の『詞玉橋』など現在までいろんな研究者によって動作・作用がガ格の主語に直接関わるのか間接的に関わるのか、あるいは動詞が自動詞か他動詞か、また、受身文が表している意味が迷惑かどうかなどさまざまな観点から取り上げられてきた。

　明治以後の研究としては大槻文彦(『広日本文典・同別記』)は西洋語との比較対象の立場から、動作を直接受けるいわゆる直接受身文だけではなく、動作を間接的に受ける間接受身文が日本語にもあるという指摘をしている。山田孝雄(『日本文法論』)は日本語の受身は有情の受身だけではなく「非情の受身文」もあり、非情の受身は状態性を帯びるものに限られるという指摘をしている。これは「非情の受身非固有説」に反している。いわゆる間接受身文の主語は有生名詞であることが原則であるが、宮地幸一(1968)は古典の中から多くの非情の受身の例をあげているし、奥津敬一郎(1983)も『枕草子』と『徒然草』を中心に古典の例を調査し、それぞれ27％、38.8％くらいが非情の受身であると指摘している。

　このように日本語の受身は他動詞だけではなく自動詞も受身による表現があり、また、有生名詞だけではなく無生名詞の場合にも受身表現ができる。受身は、その影響の受け方によって直接受身と間接受身の二種類がある。直接受身は、事態に直接関与する参加者の中で動作主から働きかけを受ける対象を主格として表す受身である。

　たとえば、次の1)は太郎が次郎に直接働きかけた場合として、太郎の立場から表すのか、あるいは次郎の立場から表すのかによって能動

文で表したり、直接受身文で表したりする。

1) 太郎が次郎を殴った。
2) 次郎が太郎に殴られた。

直接受身とは「能動文中に存在している非ガ格の必須構成要素(その動詞を使って文を作るとき最低限必要になる要素)をガ格成分に、ガ格の必須構成要素を非ガ格成分に転換した受身文」[13]として、事態が表す知的意味は能動文と同じであるが、事態に対する視点をどこに置くかによって能動文が用いられたり直接受身文が用いられたりする。鷲尾(1997)は統語的な観点から直接受身文を次のように説明している。

　　動詞の意味上の目的語が文法的には主語となって現れ、意味上の主語は与格(二格)で表示されている。動詞の意味上の目的語は、能動文では一般に対格名詞句として現れるが、意味上の目的語が主語の位置に生じ、主格で表示されている「先生が学生たちに批判された」のような受動文は、対格名詞句をもたないという特徴を有する。このような受動文を「直接受動」と呼ぶ。
　　能動：　　　NP1-NOM　NP2-ACC　V
　　直接受動：　NP2-NOM　(NP1－BY)　Φ2　V－rare

つまり、鷲尾の直接受身をまとめると次にようになる。
① 動詞の意味の上の目的語である対格名詞句が文法的な主語になる。(～を→～が)
② 動詞の意味の上の主語は文法的に与格として表示される。(～が→～に)
③ 直接受身は対格名詞句をもたない。

しかし、これだけでは次の例は説明できない。

---

[13]『日本語基本動詞用法辞典』、小泉保ら編、大修館書店、1989、

3) a. 太郎は自分の気持ちを弘に言った。
   b. *自分の気持ちが太郎に弘に言われた。
   c. 弘は自分の気持ちを太郎にいわれた。

3)は鷲尾の用語を借りて説明すると、動詞の意味の上の目的語である対格名詞句である「自分の気持ち」が文法的な主語になり、動詞の意味の上の主語「太郎」を文法的に与格として表示される3b)は不自然になる。むしろ、基本文の二格が受身文の主語になり、ガ格が二格をとって現われ、ヲ格はそのまま対格名詞句として残っている3c)が自然な直接受身になるので、鷲尾の直接受身についての説明はもう少し補充する必要性がでてくる。

能動文の構成要素として必ず対格とか与格が同時に現われる必要はなく、直接受身になるためには対格や与格の一つだけが現われてもよい。与格が場所を表す場合には直接受身文の主語として現われることはなく、人名詞が現われる場合が一般的であるが、動詞がヲ格名詞に対するガ格名詞の状態を表す場合には、人名詞でなくても受身文の主語として現われ得る[14]。このようなタイプの受身を直接受身とし、これをまとめると次のようになる。

① Aガ　Bヲ　Cニ　V　→　Bが　Aニヨッテ　Cニ　V－rareru
太郎がボールを次郎に投げた。　→　ボールが太郎によって次郎に投げられた。

② Aガ　Bヲ　Cニ　V　→　Cガ　Aニ　Bヲ　V－rareru
太郎が自分の気持ちを次郎にいった。　→　次郎は太郎に自分の気持ちを言われた。

③ Aガ　　　Cニ　V　→　Cガ　Aニ　V－rareru
みんながこの番組に飽きていた。　→　この番組はあきられている。

---

[14] これについては森田(1990)が文型によって詳しい考察を行っているので参照されたい。

このように直接受身文は事態の直接的な参加者による表現であり、間接受身文は事態に直接的な関わりをもたない第三者の立場からの表現である。たとえば、4a)は事態に直接関与している動作主の立場からの表現であるが、4b)は事態によって間接的に影響をうける第三者の立場からの表現である。

　　4)　a. 子供が一晩中泣いた。
　　　　b. 私は子供に一晩中泣かれた。

　受身文は能動文と対立するが、能動文には自動詞文と他動詞文がある。ある事態を動作の行為者の立場から表現するのか、あるいは動作をうけた対象から表現するのかによって能動文が用いられたり受身文が用いられたりする。直接受身文の場合は能動文に比べて項の増減はないが、間接受身文は対応する能動文に比べて項が一つ増えている。
　動詞は他動と自動、他動と使役、自動と受身などが互いに密接な関わりをもっているので、動詞の流れの中で受身がどのように位置付けられるのかについて分析しよう。

8.2　有対自動詞と受身

　直接受身とは動作を受ける対象の立場からの表現であるので、受身表現が可能になるためには動作主と対象が必要である。典型的な有対自動詞は他の働きかけによって変化した対象の立場からの表現であるので、変化した対象の状態を表すのが一般的であるが、働きかけが対象の動作を要求する場合もある。有対自動詞が表すのが変化であれ動作であれ、それは働きかけによる対象の状態であるので、自動詞の主語が他に影響を与える場合はほとんどなく、自動詞と受身との関わりといえば大体間接受身との関係のことであろう。

8.2.1 直接受身文との関わり

いわゆる他動詞文は動作をうける対象がヲ格をとるが、動作が向けられる対象がニ格をとる場合もある。

 5) 太郎は窓を壊した。
 6) 太郎は次郎を殴った。
 7) 太郎は学生を講堂に集めた。
 8) 太郎はお中元を先生に届けた。
 9) 太郎は彼女をパーティーに誘った。
 10) 太郎が次郎に鞄を投げた。

5)と7)8)の動詞は有対他動詞であり、6)と9)10)は無対他動詞である。動詞が有対他動詞であれ無対他動詞であれ「AがBを他動詞」という構文をとる他動詞は、ヲ格名詞を主語とする直接受身による表現ができる。また、「AがBをCに他動詞」の場合にはCを主語とした直接受身文もできるが、Cが7)9)のように「場所」として用いられる場合にはCを主語とした直接受身文はできない。

 7)′ *講堂が太郎に学生を集められた。
 9)′ パーティーが太郎に彼女を誘われた。

これと同じく動作が向けられる対象がニ格をとる場合もあって、対格をとらないニ格を寺村(1982)は「働きかけ」と区別して「相手」と呼んでいる。寺村は「働きかけ」と区別することについて「日本人がこれらの動きの対象を「～ニ」で表し、「～ヲ」と言わない、ということだけが理由である」とし、この類の動詞を次のように三つに分けて説明している。

まず最初のグループ（A類）はカミツク、シガミツクのように「～

ツ」という補助動詞がついた動詞やトビカカルのように「〜カカル」という補助動詞のつく動詞などで、直接受身の表現を作り得る。
    a. 犬が私ニカミツイタ
    b. 私は犬ニカミツカレタ

　第二のグループ（B類）は惚レル、甘エル、アコガレルなどを述語とするもので、やはり直接受身にできる。B類（XガYニ〜スル）は直接受身にしたとき「Xニ」とも「Xカラ」ともなるという点で、上の第一のグループと異なる。

　それから直接受身化できない第三のグループ（C類）は「人ニ会ウ」「弾ガ彼ニ当タル」「彼ガ電線ニ触レル／サワル」などで、これらは相手を主体として取り立てたいときは、動詞を受身にせず、XとYをただ入れかえるだけでよい。
    a. 弾ガ彼ニ当タッタ
    b. 彼ガ弾ニ当タッタ
XとYを入れかえても、事実の情報としてそう違わないのはだいたいそれが偶然の出来事の場合のようである。
    a. 宝クジガ当タッテネ（ボクニ）
    b. 宝クジニ当タッテネ（ボクガ）

　A・B類とC類の違いは直接受身化することができるかどうかということであり、A類とB類の違いは直接受身文になったときXが「ニ」だけをとるのか、「ニ」とも「カラ」ともとるのかにある。このような三種類は直接受身による分類であり、また、直接受身への可否は事態が意図的か偶然的かの違いでもある。つまり、C類は偶然的なことであるので直接受身化ができないということである。
　しかし、対応する他動詞のある二格をとる自動詞[15]の中には事態が

---

15) これらは動作が二格に及ぶという点では典型的な他動詞と同じ用法であるので、他動詞とすべきであるが、たとえば「ぶつかる」のように対応する他動詞がある動詞もあるので、対格名詞句をとらない場合には自動詞として扱う。

偶然的に生じた、つまり寺村のC類に入る動詞がXとYを入れ替えることによって意味が違ってくる場合もある。

  11）私はトラックにぶつかった。

これは止まっているトラックによそ見をしながら歩いていた私がトラックにぶつかった場合として、私の意図による動作ではないのでC類である。しかし、逆に次のようにトラックと私を入れ替えると全然違う意味になる。

  12）a. 信号を歩いていたらトラックが私にぶつかった。
    b. 信号を歩いていたら私はトラックにぶつかられた。

このように動詞が有対自動詞であり、二格名詞が動作性のある人(動きのある機械類を含む)である場合の「XがYにぶつかる」は、動作がXからYに向う場合として事態が偶然な出来事であっても、12b)のように直接受身文にすることもできる。これは「XがYに当たる」の場合においても同じである。

  13）a. 姑が私に強く当たった。
    b. 私は姑に強く当たられた。

13a)は「姑」と「私」を入れかえると意味が変わってくるし、XとYに人名詞が現われることによって無意志的な動作から意志的な動作になる。
 ヲ格名詞をとらない対応する他動詞をもつ自動詞であっても直接受身文にすることができる場合もあるが、これは変化した対象の状態を表す典型的な有対自動詞とは異なる。主語が二格の対象に意図的であれ偶然であれ影響を与える点では他動詞的である。鷲尾(1997)は日本語の意味上の目的語の格は動詞によって異なるとし、「たとえば「誘

う」は、「太郎を誘う」のように対格を要求するが、「近寄る」は与格を要求する動詞であり、「太郎に近寄る」のように目的語は「に」で表示される。」とし、対格と与格を同時に目的語して認めている。また、仁田(1982)は「受動化の可否を重視すれば、ヲ格だけではなく、ニ格名詞を伴う動詞の一部が他動詞に含まれること」になり、ニ格名詞をとる他動詞を「第二種他動詞」と呼んでいるが、ニ格を要求する動詞には対応する他動詞がある有対自動詞もあり、ヲ格をとらない点によって一応自動詞に分類しておくが、ニ格に影響を与えるという点からすると、自動詞と他動詞の中間的だともいえそうである。

8.2.2　間接受身文との関わり

　間接受身文は、直接受身文のように対応する能動文をもたないものとして、動作主の直接的な影響は受けないが事態によって間接的に影響を受けるという点において受身の特徴をもっているものである。
　このように事態の間接的な影響を受ける間接受身文と自動詞文とはどのような関わりをもっているのだろうか。

8.2.2.1　間接受身文にできる場合

　有対自動詞は他の働きかけを受けて変化した対象の立場からの表現として、対象の変化は物理的な変化だけではなく、対象の意志的な変化をも表す。

14) a. 子供が起きた。
　　b. 母は子供に起きられた。

14a)は事態が主語の意図の有無とは独立して主語の意志によって事態が成り立つ場合には間接受身文が可能である。しかし、「母が子供を起した」結果子供が起きた場合には「母」と「子供」との関わりによ

って間接受身文の可否は違ってくる。

  15) a. 母が子供をむりやり9時になってから起した。
     b. 子供が起きた。

15a)は母が9時になっても子供が起きないので子供を起こした場合として、母の意図による子供の無意志的な動作によって事態が生じた場合である。このように自動詞文が表す事態が他の直接的な働きかけによって生じる場合には16)のように間接受身文にすることはできない。

  16) *母は子供にむりやり9時になってから起きられた。

つまり、子供が起きるという事態が母の働きかけによるので、母と事態との関わりは母の立場からすると事態によって間接的に影響を受けるのではなく、「母」は事態を生じさせる原因としての使役主体であるからである。
 では、事態が自動詞の主語の意志的な動作による場合についてみてみよう。

  17) a. 先生が学生を講堂に集めた。
     b. 学生が（先生の指示によって）講堂に集った。

17)の学生には行為に対する意図はないが、事態が動作主の意志的な動作によって成り立っている。これも16)のように間接受身文で表すと非文になるのは、事態が先生の意図によって成り立っているからである。

  18) *先生は学生に（先生の指示によって）講堂に集まられた。

15)17)は自動詞文によって表される事態が他の意図による場合であるが、次のように事態が他の意図によらない場合についてみてみよう。

19) a. 母は子供を起してしまった。
   b. 子供が起きた。
   c. *母は子供に起きられた。

19c)が非文になるのは事態が母の意図によらなくても、「母」が事態を生じさせる何らかの原因として働くからである。

このように自動詞の主語によって生じた事態が主語の意志の有無とは独立して他動詞文の主語の意図や不注意などによって生じた有対自動詞は他動詞の主語が自動詞の間接受身文の主語にはならない。

しかし、次の例をみてみよう。20a)は事態がヲ格名詞である「スリ」の意志的な動作によって行われたという点と、事態がガ格名詞「刑事」の不注意によって生じたという点では19)と同じであるが、19b)の自動詞文を間接受身化することができないのに対して、20b)は20c)のように間接受身文で表すことができるのはなぜであろうか。

20) a. 刑事がスリを逃がした。
   b. スリが逃げた。
   c. 刑事が（一生懸命追いかけたが）スリに逃げられた。

これは他動詞の主語と対象との関わりの違いである。19)の子供にはまだ起きたくないという気持ちと、母も子供を起こすつもりはなかったが、母の何らかの行為によって子供が起こされた場合である。しかし、20)は事態を実現させようとする意図がスリにあり、スリの意志的な動作によって事態が実現された場合である。つまり、他動詞の主語が事態に対して責任を感じる場合においても、事態が動作主（自動詞の主語）の意図によって行われる場合には間接受身文で表すことができる。

自動詞の主語に動作に対する意図が強い場合、つまり、事態に対して第三者が責任も感じない場合には、動詞が有対自動詞であっても有対他動詞とは対応関係をもたないので、無対自動詞化する。

第8章 自動詞と受身文

21) a. 子供は6時になってから<u>自ら</u>起きた。
    b. 母は子供を6時になってから<u>自ら</u>起こした。
22) a. 子供が試合中なのに<u>勝手に</u>帰った。
    b. 監督は子供を試合中なのに<u>勝手に</u>帰した。

つまり、21)22)のように「自ら」「勝手に」「わざと」などが入ると、動詞が自動詞であれ他動詞であれ動作が主語の意図による行為になってしまうので、23a)24a)が非文になるのは23)24)のaとbは対応関係をもたないということを表す。

23) a. 母は子供を6時になってから、*子供が<u>自ら</u>起こした。
    b. 母は子供を6時になってから、 母が<u>自ら</u>起こした。
24) a. 監督は子供を試合中なのに、*子供が<u>勝手に</u>帰した。
    b. 監督は子供を試合中なのに、 監督が<u>勝手に</u>帰した。

このように自動詞が表す事態が主語の意図によって行われる場合には自動詞文を間接受身文にすることができる。

25) 私は子供に6時から起きられて一睡もできなかった。
26) 監督は何も言わないで子供に勝手に帰られたので困っている。

これを纏めると次のようになる。

主語の意図	有対他動詞文			自動詞文	間接受身文
	対象		例		
	意図	意志			
あり	なし	なし	母が子供をむりやり起こした。	子供が起きた。	*母は子供に起きられた。
	なし	あり	先生が学生を講堂に集めた。	学生があつまった。	*先生は学生に集られた。
なし	なし	あり	母が子供を起こしてしまった。	子供が起きた。	*母は子供に起きられた。
	あり	あり	刑事がスリを逃がした。	スリが逃げた。	刑事がスリに逃げられた。
φ	φ	φ	*対応する他動詞なし。	子供が自ら起きた。	母は子供に起きられた。

　ここでもう一つ述べておきたいことは、16)では「母が子供をむりやり起こした。それで、子供が起きた」という事態に対して間接受身文にすることができないとしたが、それは自動詞文による間接受身文ができないということであり、その事態によって第三者である「私」が間接的に被害を受けたのであれば、27)のように他動詞の間接受身による表現を用いで表すことはできる。

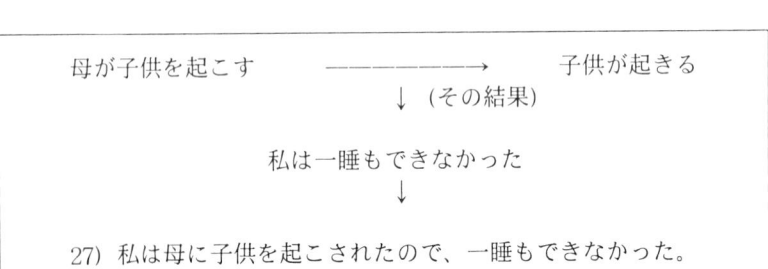

　このように自動詞の主語が「人」であり、人の意志的な動作・変化によって事態が実現される場合には間接受身文で表すことはできる。もう少し例をあげておく。

28) a. 太郎がたき火で暖まった。
    b. 太郎にたき火で暖まれて困った。
29) a. 子供が膝の上に乗る。
    b. 子供に長い間膝の上にのられたのでいたくてたまらない。
30) a. 家政婦がかってに自分の部屋に下がった。
    b. 家政婦に勝手に自分の部屋にさがられたので、私がお茶をいれなければならなくなった。

　有対自動詞が表す事態は他の影響による変化として、その影響が人の意志的な動作による場合もあるが、必ず人の働きかけによる場合だけではない。

31) a. 母が私がいったことで苦しんでいる。
    b. ?母が苦しんでいるから、私たちも母と一緒に苦しもう。
32) a. 太郎が正気に返った。
    b. ?じゃ、これから正気に返ろう。
33) a. 妻が過労で倒れた。
    b. ?過労で早く倒ろ。
34) a. 子供が変なふうに育った。
    b. ?変なふうに育ちたい。

人が苦しんだり、過労で倒れたりすることなどは本人に意志によるのではないので、意志形や命令形、あるいは「～たい」が接続すると不自然になる。寺村(1982)は自動詞でも間接受身文になるが、「命令形にしたり、「～ヨウ」というような意志表現や勧誘の形にしたり「～タイ」というような希望の内容にしたりすることができないもの」は間接受身ができない[16]とし、次の例をあげている。

[16) しかし、「雨が降る」の「降る」ついては、「「降る」は、その種のものであると思われるが、これは間接受身になるが、これはむしろ例外的と見てよいのではあるまいか」としている。

35) 物価ガ上ガル　→　？物価ニ上ガラレル（ト暮ラシガ苦シクナル）
36) 穴ガフサガル　→　？穴ニフサガラレテ（出ラレナクナッタ）
37) 電車ノドアガアク　→　？電車ノドアニ（突然）アガレテ、外ニ落チソウニナッタ

しかし、31)～34)のように事態が主語の無意志によって行われても主語が人名詞であり、変化するのが人の心理状態や病気などを表す場合には間接受身文が可能になる。

31)′ 私がいったことで母にあんなに苦しまれるとは思わなかった。
32)′ 遺産相続の問題があるから、弘に正気に返られると困る。
33)′ 私がとても忙しいときに、母に過労で倒れられた。
34)′ 子供に変なふうにそだたれて困っている。

8.2.2.2　間接受身文にできない場合

自動詞が表す事態が無意志的な変化であっても間接受身文ができる場合もある。では、主語に変化に対する意志はないが、主語に内在されている内発性によって変化する場合はどうだろうか。

38) a. 洗濯したらシャツが縮んだ。
    b. *昨日買った弟のシャツに縮まれて着られなくなった。
39) a. 冷蔵庫にいれておいたらゼリーが固まった。
    b. *私は冷蔵庫にいれておいたゼリーに固まられてしまった。

38)39)のように変化が他の働きかけによらなくても変化は生じるが、それが物名詞や事柄名詞のように主語の意志によって生じない場合には間接受身文はできない。また、主語に動作や動きがある場合にも同じである。

40) a. ビー玉が向こうに転がった。

　　　　b. *授業中ビー玉に先生のところまで転がられて叱られた。
41) a. 子供が2階から落ちた。
　　　b. *母は子供に2階から落ちられた。

つまり、事態が生じ、それによって間接的に被害があっても事態の変化が主語の意志的な動作によって行われなければそれを間接受身文で表すことはできない、ということになる。これは対象が変化の可能性をもっている場合や動きがある場合においても同じである。
　もちろん、変化が他の働きかけによる場合には変化結果だけを表す自動詞文はいうまでもなくそれを間接受身文で表すこともできない。

42) a. 味噌汁が暖まった。
　　　b. *味噌汁に勝手に暖まられた。
43) a. ビールが冷えた。
　　　b. *ビールに冷えられて飲めなくなった。
44) a. 縁談が壊れた。
　　　b. *縁談に壊れられて娘ががっかりしている。
45) a. 出発日が決まった。
　　　b. *出発日に決まられてあわただしくなった。
46) a. 台風で電線が切れた。
　　　b. *台風で電線に切れられて家が真っ暗になった。
47) a. 昨年の洪水で橋が流れた。
　　　b. *昨年の洪水で橋に流れられて遠回りしなければならなくなった。

42)43)は他の働きかけによる物の変化であり、44)45)は抽象的な事柄の変化である。また、46)47)は自然現象による変化として、主語の意志による自発的な変化ではないので47)48)を間接受身文にすることはできない。
　また、有対自動詞が表す変化としては、人の無意志的な感情や内面的な身体部分の変化もある。

48) a. 髪の毛が伸びた。
    b. *髪の毛に伸びられた。
49) a. 彼女は野球の応援で（自分の）声が潰れた。
    b. *野球の応援で彼女の声に潰れられた。
50) a. 先生の優しい言葉に洋子は決心が動いた。
    b. *先生の優しい言葉によって洋子の決心に動かれた。
51) a. 無事救出の知らせでみんなの緊張が解けた。
    b. *無事救出の知らせでみんなの緊張に解けられた。
52) a. 顔の皺が隠れた。
    b. *顔の皺に隠れられた。

これは「AノBガ自動詞」として、BはAの身体部分や感情として、AとBは全体と部分の関係にある。Bの変化は他の働きかけによる変化ではなく、無意志的な原因による変化か自然的な変化である。また、52)のように変化が人の意志的な動作によって行われても主語に身体の部分が現われると間接受身文ができないのは、変化が主語の意志によって行われないからである。

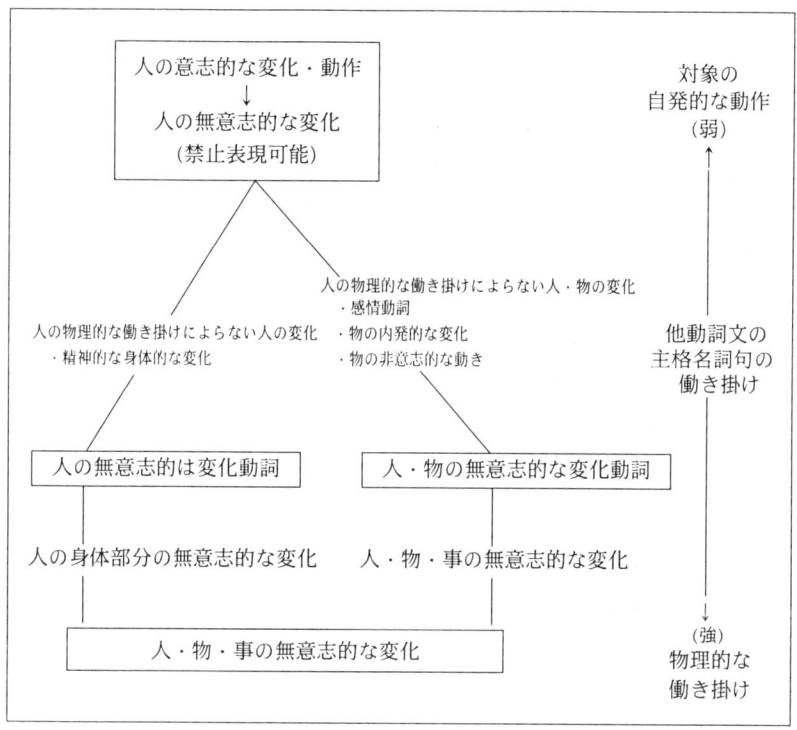

8.3 無対自動詞と受身

8.3.1 直接受身文との関わり

　日本語の動詞が直接受身にできるのはヲ格名詞を要求するいわゆる他動詞だけではなく、ヲ格名詞を要求しない動詞も直接受身にすることができる。ヲ格名詞を要求しないいわゆる自動詞が直接受身にできるのは、与格(Bニ)が受身文の主格(Bガ)に、主格(Aガ)は与格(Aニ)として働く場合である。

1) a. Aガ　Bニ　V　　　→　Bガ　Aニ　V(ra)reru
   b. 姑が　私に　当たった。→　私は　姑に　当たられた。

　有対自動詞と直接受身との関わりについては2節で述べたので、ここでは無対自動詞と直接受身との関わりについてみてみよう。
　有対自動詞が直接受身にできるのは事態がガ格名詞の動作による場合である。事態がガ格名詞の無意志的な動きによる場合にも直接受身にすることができるが、意志的な動作による場合には対応する他動詞と対応関係が成り立たなく無対自動詞化[17]するので、無対自動詞が直接受身にできるのも動作がガ格名詞の意志による場合と何らかの関わりがあるだろう。

2) a. 係長が上役にかみついた。
   b. 上役が係長にかみつかれた。
3) a. 犬が泥棒にかみついた。
   b. 泥棒が犬にかみつかれた。

2)3)は事態が有情物の意志的な動作によって行われた場合である。3)の「犬」にも意志性を与えることができるのは、犬には動作性があり、また、4)のように使役文にすることもできるからである。

4) 太郎は犬に泥棒をかみつかせた。

---

[17] たとえば「当たる」は対応する他動詞のある有対自動詞であるが、他動詞文とは対応関係をもたない場合がある。
　①a. 姑が私に強く当たった。
　　b. *姑を私に強く当てた。
　①のように動作が姑の意志による場合には他動詞の主語の想定ができないので自動詞文とは対応関係をもたない。しかし、「当たる」が無意志的な動きを表す場合には主語の想定ができるので他動詞との対応関係が可能になる。
　②a. 私たちのチームは強敵に当たった。
　　b. 高校野球連盟は私たちのチームを強敵に当てた。

無対自動詞が表す事態が動作による場合にはガ格名詞に意志を与えることもできるが、無対自動詞が直接受身にできるのは事態がガ格名詞の意志による場合だけではない。

5) a. みんなはあの先生に親しんでいる。
   b. あの先生はみんなにとても親しまれている。

動詞が表す意味が二格名詞に対する心理的な状態を表す場合には、ガ格名詞の意志によるのではなくガ格名詞の自然な気持ちの変化として、二格には人名詞や事柄名詞、あるいは場所を表す名詞が現われる。

6) a. この番組はもう飽きられている。
   b. ここの風景はみんなにとても親しまれている。

また、事態がガ格名詞の物理的な動きによる場合に直接受身文になるとガ格名詞は二格をとるが、相手に対する心理的な動きを表す場合には二格もカラ格もとることができる。

7) a. 泥棒は犬に／*からかみつかれた。
   b. 彼はいつも失敗ばかりするので、みんなに／から呆れられている。

このように無対自動詞が直接受身文にできるのは、動詞の表す意味が与格に対する物理的な動きと自然な心理状態の変化を表す場合である。事態がガ格名詞の意志による物理的な動きを伴う場合のガ格名詞が直接受身文になると二格しかとることができないが、心理的な状態変化を表す場合には二格もカラ格もとることができる。

8.3.2 間接受身文との関わり

8.3.2.1 間接受身文にできる場合
8.3.2.1.1 事態がガ格名詞の動作による場合

有対自動詞が間接受身にできるのは事態がガ格名詞の意志的な動作によって実現可能な場合であった。

8) a. スリが逃げた。
   b. 刑事はスリに逃げられた。

8b)は二格名詞(スリ)によって行われた事態(スリが逃げたこと)に対してガ格名詞である「刑事」が間接的に被害を受けた場合として、間接受身になると動作主は与格(二格)で表示される。

無対自動詞も事態がガ格名詞の意志的な動作や作用によって実現される場合には有対自動詞の場合と同じく間接受身による表現が自然になる。

9) a. 小さい子供が部屋の前で遊んだ。
   b. 部屋の前で小さい子供に遊ばれては迷惑だ。
10) a. 弘が陽子の隣に座った。
    b. 弘に陽子の隣に座られて困った。
11) a. 借家人が引っ越した。
    b. 大家さんは借家人に勝手に引っ越された。
12) a. 娘が汚い格好で商店街を歩いた。
    b. 母は娘に汚い格好で商店街を歩かれて恥ずかしかった。

9)〜12)の各b)は自動詞のガ格名詞の意志によって実現された事態によって間接的に影響を受けた第三者が新たに受身文のガ格名詞として登場した場合である。無対自動詞が表す事態がガ格名詞の意志による場

合には移動動作や行為だけではなく、精神的・社会的な状態を表す場合もある。

 13) a. 会議中彼は発言するはずなのに黙っていた。
   b. 会議中彼に黙られて困ってしまった。
 14) a. ピケ隊が玄関に頑張っている。
   b. ピケ隊に玄関に頑張られて、工場の中に入れなかった。
 15) a. 娘が変な男に嫁いだ。
   b. 娘に変な男に嫁がれてしまった。

しかし、無対自動詞によって表される事態がガ格名詞の意志によって実現される場合だけではない。

 16) a. 赤ん坊が泣いた。
   b. 赤ん坊に泣かれてちっとも眠れなかった。

「赤ん坊が泣く」という事態は赤ん坊の意志とは無関係に生じた行為であるが、動詞「泣く」は17)のように「わざと」が入ることによっても表すことができるように、ガ格名詞の意志によって行われる場合もある。

 17) 子供は母におもちゃをかってもらうためにわざと泣いた。

このように事態がガ格名詞の動作によって行われるのであれば、ガ格名詞の意志の有無とは関わり無く間接受身文はできる。

8.3.2.1.2 　事態がガ格名詞の動作によらない場合

このように無対自動詞が表す事態がガ格名詞の動作による場合には事態に対するガ格名詞の意志の有無とは関わりなく間接受身による表現ができた。では、事態がガ格名詞の動作によらない場合はどうだろ

うか。

> 18) a. モデルが太った。
>   b. 父がだいぶ痩せた。
>   c. 相手が酒に酔った。

人間は太ったり痩せたり、あるいは酔ったりもするし、それは意志によってそのような状態になることもできるが、意志があっても必ずできるとはいえない。これらは19)のように意志表現ができないわけではないが、意志形ができるということと意志によって必ずその事態が実現できるということが一致するわけではない。

> 19) a. 5キロ太ろう。
>   b. 3キロ痩せよう。
>   c. もっと酔おう。

たとえば「酔おう」というのは「酔うように努めよう」の意味として、20)のように必ず事態が意志によって実現されるのではなく、「実現できるように努力しよう」の意味である。これは「太ろう」「痩せよう」も同じである。

> 20) 今日はもっと酔おうと思ったが、なかなか酔わない。

だから同じ意志形であっても事態がガ格名詞の動作による場合とは表す意味が異なるのである[18]。

いずれにしても事態がガ格名詞によって実現できるのであれば、事態の実現によって間接的に影響を受ける人からの表現である間接受身

---

[18] 意志形は事態を実現させることを表すが、日本語の意志形は二種類あるといえる。一つは事態の主体によって実現できる場合と、もう一つは事態が実現できるように努めようという場合である。

は可能になる。

 21) a. モデルに太られて困った。
   b. 父に痩せられて困っている。
   c. あんなに酔われては連れて帰るのが大変だ。

　また、ガ格名詞の意志によらないのはガ格名詞の心理状態を表す場合がある。

 22) a. 先日の停電の時、女房がものすごく慌てた。
   b. 先日の停電の時、女房にものすごく慌てられて困った。
 23) a 私が簡単だと思って言ったが、そのことで相手が悩んでいる。
   b. 私が簡単だと思って言ったが、相手に悩まれて理解に苦しんだ。

　事態がガ格名詞の心理状態を表す場合には、間接受身による表現はできるが意志形や命令形による表現はできない。

 24) a. *女房がわざとこれからものすごく慌てよう。
   b. *私が言ったことでもっと悩め。

つまり、意志形や命令形による表現ができないということは事態がガ格名詞の意志によって行われないことであり、それでも間接受身文による表現ができるのは禁止表現ができるのと関わりがありそうである。

 25) a. 慌てるな。
   b. そんなことで悩むな。

　禁止表現ができるということは事態をさせることがたとえできなくてもそれを止めることはできるということを表す。

8.3.2.1.3 事態と事態制御性

禁止表現ができるということと受身との関わりについては3章1節でも述べたが、禁止表現ができるということは事態が事態の主体によって制御できること、つまり事態制御性があることを意味する。もちろん、事態が事態制御性によって行われるといっても事態制御性が同じではない。人間の場合には事態制御性を持ち得るが、それは動詞によって決まる。

26) a. 太郎が学校へ行った。
　　b. 子供が泣いた。
　　c. モデルが太った。
　　d. 女房がものすごく慌てる。

26a)はガ格名詞の意志によって事態を実現させるのがいつでも可能な場合であり、26b)はガ格名詞の無意志的な動作によって行われた場合であるが、また意志によっても事態を実現することができる場合である。しかし、26c)はガ格名詞に意志があっても事態が必ず実現可能であるのではないが、事態が実現できるよう努力することは可能であり、26d)はガ格名詞の意志によって事態を生じさせることはできないが事態が生じないようにすることはできる。つまり、事態制御性は意志、命令、禁止の順に事態の実現と関わりをもつということになるだろう。だから、a)からd)にいくにしたがって事態に関わるガ格名詞の事態制御性はだんだん弱くなるが、事態がガ格名詞の事態制御性によって実現できる場合には間接受身文による表現ができる。

従って、無対自動詞が表す事態を間接受身文で表現できるのは次のような場合である。
① 事態がガ格名詞の動作による場合：
　a. ガ格名詞に意志がある場合：太郎が学校へ行った。
　b. ガ格名詞に意志がない場合：赤ん坊が泣いた。

② 事態がガ格名詞の身体的な自然な変化を表す場合：モデルが太った。
③ 事態がガ格名詞に生じた無意志的な心理状態を表す場合：女房がものすごく慌てる。

8.3.2.2　間接受身文にできない場合

　吉川(1995)は間接受身文ができる場合について、「日本語ではほとんどの場合、間接受動文の主体は迷惑を被る人間に限られ、その所有物、近親者、身体の一部が動作・作用の影響をうける場合にしか用いられない」(126p)としている。間接受身文とは第三者が被害を受ける場合であるから、意志のない物名詞や事柄名詞は迷惑を感じることができないので、間接受身文のガ格名詞が人間に限られるのは当然のことであろう。しかし、影響を受けるのがガ格名詞の所有物、近親者、身体の一部の場合に限定するのはどうだろうか。

　27) a. 私は弟に眼鏡をこわされた。
　　　b. 私は先生に息子を叱られた。
　　　c. 私は気持ちをひどく傷つけられた。

人間が間接的に影響を感じるのは影響を受けるものと何らかの関わりがある場合として、関わりをもたないと間接受身文は成り立たない。たとえば、27b)のように叱られたのが自分の息子であるから間接受身文ができるのであって、叱られる人が「私」の全然知らない人であれば、次のようにそれをわざわざ間接受身文で表す必要がない。あえて受身文を用いるのであれば28b)のように「客観的な言い方」(吉川)である直接受身文が用いられる。

　28) a. *私は先生に全然知らない人を叱られた。
　　　b. 全然知らない人が先生に叱られた。

だから、間接受身文が可能になるためには影響を受けるのが吉川のあげた所有物、近親者のように新たに登場したガ格名詞と関わりがなければならない。

しかし、身体の一部の場合は受身文のガ格名詞が間接的に影響をうけるのではなく直接的に影響をうけるので間接的だとはいえないのではないだろうか。たとえば、29a)は間接受身文にすると29b)になるが、ヲ格名詞の「私の歯」はガ格名詞である「私」の一部であるのでヲ格の「私」が要らなくなるだけであり、影響をうけたのは私自身であるので受身文のガ格名詞が直接影響をうける場合である。

29) a. 太郎が私の歯を折った。
　　 b. 私は太郎に私の歯を折られた。

しかし、間接受身文にできるのは身体の一部を所有物と同様に分離して考えられるからであるが、同じ間接受身文の形式をとっていても間接受身文が表す意味は異なる。

30) a. 私は泥棒に私の財布を盗まれた。→　私は泥棒に財布を盗まれた。
　　 b. 私は太郎に私の歯を折られた。→　私は太郎に歯を折られた。

では、間接受身文にできるのは影響をうけるのが所有物、近親者、身体の一部だけだろうか。間接受身の例として一番よく用いられる例の一つに「隣の子供に泣かれた」がある。「隣の子供」は私の所有物でも近親者でもまた身体の一部でもないが、間接受身文で表されるのは、自動詞のガ格名詞によって行われた事態に対して受身文のガ格名詞が被害を受けたと感じるからである。もちろん、一番間接的に影響をうけるのはその三要素(所有物、近親者、身体の一部)かもしれないが、ある事態が生じることによって誰かが迷惑を感じるのであれば間接受身文はできる。

しかし、事態にマイナス的な変化があれば誰かは間接的に被害を感じ得るが、事態が人によって生じるのでなければ間接受身文で表すことはできない。

31) a. 池の水が凍った。
    b. 日照りで井戸の水が枯れた。
    c. 食べ物が腐った。
    d. 金物がすぐ錆びる。

a)〜d)はガ格の自然的な変化を表しているが、ガ格名詞の変化が人によって、あるいは自分自身に生じない場合には間接受身文で表すことができないのは、ある特定の人がそれによって被害をうけるのではないからである。しかし、例外的に「雨に降られた」など自然現象によってもガ格名詞が被害をうけたと思うから間接受身による表現ができないわけではないが、その状況がガ格名詞に直接被られた場合であって、単なる自然現象の変化の場合には間接受身による表現を用いないで自動詞による表現を原因として用いて表す。

また、自然現象の変化による場合と同様に間接受身文ができないのは対象の単なる状態を表す場合である。

32) a. 机の上に本がある。
    b. そのマンションは湖に臨んでいる。
    c. オフシーズンで旅館が空いている。
    d. 太郎は英会話ができる。

8.4　まとめ

有対自動詞が表すのは働きかけによる対象の状態であり、自動詞の主語が他に影響を与える場合はほとんどないので、受身との関わりと

いえば大体間接受身のことであるが、有対自動詞を直接受身文にすることができる場合もある。

    1) a. 信号を歩いていたらトラックが私にぶつかった。
        b. 信号を歩いていたら私はトラックにぶつかられた。

ヲ格名詞をとらない有対自動詞が直接受身にできるのは、変化した対象の状態を表す典型的な有対自動詞とは異なる。主語が二格の対象に偶然に影響を与える場合である。動詞がヲ格名詞をとらないということで一応自動詞に分類しておくが、二格名詞に影響を与えるという点からすると自動詞と他動詞の中間的だともいえそうだろう。
  無対自動詞も直接受身にできるが、対象が与格(Bニ)をとり、事態がガ格名詞の動作によるという点では有対自動詞と同じであるが、意図の有無に違いがある。

    2) 太郎は犬にかみつかれた。

また、無対自動詞は二格名詞に対する心理的な状態、つまり自然的な気持ちの変化を表す場合にも直接受身による表現ができる。

    3) あの先生はみんなにとても親しまれている。

また、間接受身文は動作主の直接的な影響は受けないが事態によって間接的に影響を受けた事物の立場からの表現である。有対自動詞は事態が主語の意図の有無とは独立して主語の意志によって事態が成り立つ場合には間接受身文が可能である。

    4) a. 子供が起きた。
        b. 母は子供に起きられた。

また、事態がガ格名詞の意志的な動作によって行われ、事態の変化に対して第三者が責任を感じる場合にも間接受身文で表すことができる。

　5) a. 刑事がスリを逃がした。
　　 b. スリが逃げた。
　　 c. 刑事が（一生懸命追いかけたが）スリに逃げられた。

　このように事態がガ格名詞の意図によって行われる場合には間接受身文にすることもできるが、事態が主語の無意志によって行われても変化するのが人の心理状態や病気などを表す場合には間接受身文ができる。

　6) 私がいったことで母にあんなに苦しまれるとは思わなかった。
　7) 私がとても忙しいときに、母に過労で倒れられた。

　無対自動詞も事態がガ格名詞の意志的な動作や作用によって実現される場合には間接受身による表現が自然になる。

　8) 部屋の前で小さい子供に遊ばれては迷惑だ。

　事態がガ格名詞の意志による場合には移動動作だけではなく、精神的・社会的な状態を表す場合もある。

　9) a. 娘が変な男に嫁いだ。
　　 b. 娘に変な男に嫁がれてしまった。

　しかし、無対自動詞が間接受身文にできるのは事態がガ格名詞の意志によって実現される場合だけではなく、無意志的な動作の場合にもできるが、それは動作が意志によって実現可能な場合である。

10) 赤ん坊に泣かれてちっとも眠れなかった。

また、事態がガ格名詞の心理状態を表す場合にも間接受身にすることができるが、意志や命令による表現はできなくても禁止表現ができる場合である。

11) 先日の停電の時、女房にものすごく慌てられて困った。
12) 私が簡単だと思って言ったが、相手に悩まれて理解に苦しんだ。

また、ガ格名詞の動作によらない場合としては事態がガ格名詞の身体的な変化を表す場合である。

13) a. モデルが太った。
　　 b. モデルに太られて困った。

自動詞が表す事態が無意志的な変化であっても間接受身にすることはできたが、主語が物名詞や事柄名詞のように主語の意志によって生じない場合には間接受身文はできない。主語が物の物理的な変化を表す場合、事柄の抽象的な変化を表す場合、自然現象による変化を表す場合、物名詞がもっている内発性によって変化が生じる場合、自然的な身体部分の変化を表す場合、あるいは主語の単純状態を表している場合には間接受身文は不自然になる。

14) a. 花瓶が壊れた。
　　 b. *花瓶に壊れられた。
15) a. 縁談が壊れた。
　　 b. *縁談に壊れられた。
16) a. 橋が流れた。
　　 b. *橋に流れられた。
17) a. 洗濯したらシャツが縮んだ。
　　 b. *昨日買った弟のシャツに縮まれて着られなくなった。

18) a. 髪の毛が伸びた。
    b. *髪の毛に伸びられた
19) a. 彼女には母親の面影が残っている。
    b. *母親の面影に残られてしまった。

　つまり、事態によって間接的に被害があっても事態の変化が主語の意志的な動作によって行われなければそれを間接受身文で表すことはできないということであり、事態が主語の無意志的な動作の場合には変化するのが人の心理状態や病気などの場合に限るようである。
　もちろん無対自動詞も間接受身にすることが必ずできるのではない。事態が人によって生じるのでなければ間接受身文で表すことはできない。

20) 池の水が凍った。
21) 食べ物が腐った。

　しかし、「雨に降られた」など自然現象だからといって間接受身による表現ができないわけではないが、その状況がガ格名詞に直接被られた場合に限られる。
　また、対象の単なる状態を表す場合もある。

22) そのマンションは湖に臨んでいる。
23) オフシーズンで旅館が空いている。

　このように自動詞であっても直接受身と間接受身ができる場合とできない場合があるが、それを有対自動詞と無対自動詞に分けて分類すると次の表のようになる。

受身との関わり		基　　準	有対自動詞	無対自動詞
直接受身にできる場合		主語の意図的な動詞による場合		2)
		二格名詞に対する主語の心理状態 →自然な変化		3)
		ガ格名詞の無意志的な動作	1)	
間接受身との関わり	できる場合	ガ格名詞の意図的な動作	5)	8)
		ガ格名詞の無意志的な動作		9)
		ガ格名詞の心理状態	6) 7)	
		ガ格名詞の身体的な変化		13)
	できない場合	働きかけによるガ格名詞の物理的な変化	14)	
		抽象的な事柄の変化	15)	
		自然現象	16)	20) 21)
		ガ格名詞の内発性による変化	17)	
		ガ格名詞の身体的な変化	18)	
		ガ格名詞の単純状態	19)	22) 23)

第9章　他動詞とヴォイス

　佐伯(1983)は態によって動詞分類を試みて、自他と使役そして受動との関わりで次の表のように16種類に分類している。分類方法としては表からも分かるように、まず、原動態を使役の可否によって分類し、そして使役態が可能な動詞の中でも他動詞は自動化、自動詞は他動化の有無によって分類を行っている。

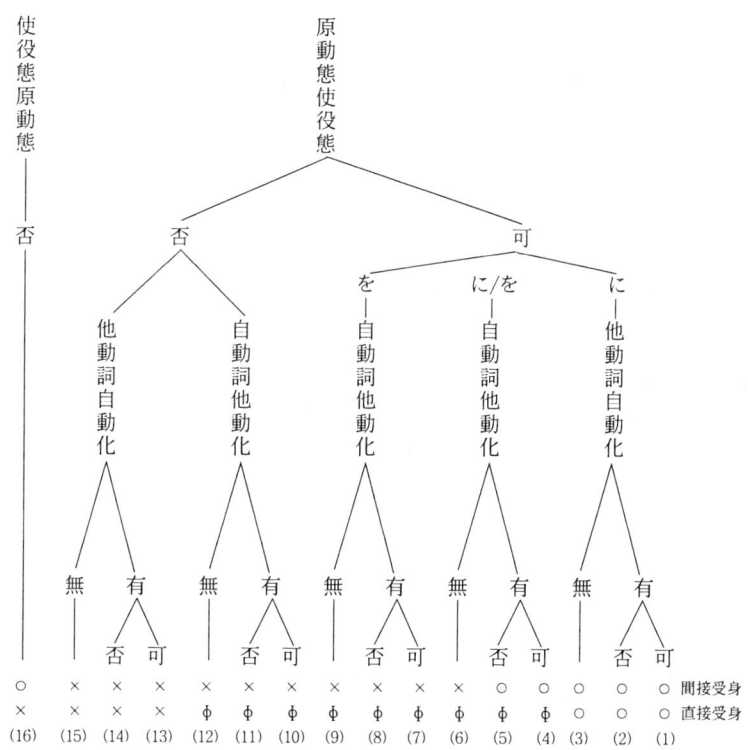

また、自動化と他動化が可能な動詞の中でも意味の面で自動化と他動化ができない場合に分類し、この分類によって間接受身と直接受身の可否と有無によって動詞分類を行った。これを対応する自・他動詞の有無と使役と受身との観点から分類すると次のようになる。

使役/直接/間接	有対他動詞	無対他動詞	有対自動詞	無対自動詞	原動態	被使役者の格
○ / ○ / ○	(1)(2)	(3)				ニ
× / × / ×	(13)(14)	(15)	(10)(11)	(12)		
○ / × / ○			(4)(5)	(6)		ニ / ヲ
○ / × / ×			(7)(8)	(9)		ヲ
× / × / ○					(16)	
× / ○ / ×						
○ / ○ / ×						
× / ○ / ○						

(1)〜(6)：佐伯の分類(○：できる場合、×：できない/ない場合)

上の表からすると他動詞は使役と受身が共にできる場合とできない場合の二種類があり、自動詞は直接受身文ができないし、使役が可能な動詞の中でも間接受身文が可能な場合と不可能な場合の三種類があるということになる。ただ、(16)はもっぱら使役態の形で用いられる動詞である。

しかし、この表の空白部分は日本語にはないのか、という疑問が生じるが、ここでは一応他動詞とヴォイスとの関わりについて調べる。

9.1 有対他動詞とヴォイス

佐伯(1983)は有対他動詞を使役文と受身文にできる場合とできない場合の二種類だけに分類している。しかし、有対他動詞は使役文と受身文が対のように共にできる場合とできない場合だけではなく、使役文にはできても受身文にはできなかったり、逆に受身文にはできても

使役文にはできない場合もある。また、受身文の場合にも直接受身文にできれば間接受身文にもできるのではなく、直接受身文にできても間接受身文にできない場合や、その逆もあるので八つに分けることができる。

9.1.1　使役文と受身文ができる場合

　有対他動詞はヲ格名詞への働きかけとヲ格名詞の変化を表す他動詞として事態がガ格名詞の意志による場合には事態の実現を誘発させる使役主体の設定が可能である。

1) a. 次郎がコップを壊した。
   b. 太郎は次郎にコップを壊させた。
2) a. 乗組員が溺れている子供を助けた。
   b. 船長は乗組員に溺れている子供を助けさせた。

　また、事態がガ格名詞の意志的な行為によって生じた場合には、変化したヲ格名詞の立場からの表現である直接受身文と、間接受身文が可能である。

3) a. 先生が家に帰りたがる子供を家に帰した。
   b. 子供は先生によって家に帰された。
4) a. 委員会はその規則を次のように改めた。
   b. その規則は次のように改められた。
   c. 勝手に規則を改められて腹が立った。

　このようにヲ格名詞の変化がガ格名詞の意志による有対他動詞は使役文と受身文による表現が可能である。

9.1.2 使役文と直接受身文が自然な場合

　一般的に他動詞は使役文と受身文による表現ができる場合として、直接受身による表現ができるということは間接受身文も可能な場合が多いが、間接受身への可否は事態の変化に対して第三者が被害を感じるか感じないかの違いによる。

　たとえば、次の5a)はガ格名詞の意志によるヲ格名詞の変化を表しているので(1)に当たるが、「泳げなくてためらっている」母の立場からすると5b)は不自然になる。つまり、事態に対して第三者が感謝の気持ちをもっている場合にはヲ格名詞の変化に対する被害の意味を表す間接受身文は使われず5c)のように「～てもらう」のような表現が自然になる。

　　5) a. 乗組員が溺れている子供を助けた。
　　　 b. *母は乗組員に溺れている子供を助けられて、とても残念がっている。
　　　 c. 母は乗組員に溺れている子供を助けてもらった。

もちろん、5a)は6)のように間接受身文が自然になる場合もある。

　　6) 僕が助けようと思っていたのに先に乗組員に子供を助けられてしまった。

　このようにある事態に対して第三者が迷惑を感じる場合には間接受身文も可能になるが、逆に文法的には間違いがなくても他動詞のガ格名詞によって生じた事態に対して第三者がありがたく思う場合には間接受身文を用いないで他の表現形式(「～てもらう」「～てくれる」など)を用いて表す。では、次の例をみてみよう。

　　7) 犯人が人質を逃がした。

7)はガ格名詞がヲ格名詞に影響を与え(ガ格名詞が意図的に放してやった場合である)、それによってヲ格名詞自らの動作によって変化が生じた場合であるので、使役文による表現も直接受身文による表現も可能であるが、間接受身文8c)が不自然であるのは事態に対して第三者が迷惑を感じないからである。もちろん、8c)が必ず不自然になるのではなく、自然な文として使われるためにはよほどのコンテクストが必要になる。

8) a. 私は犯人に人質を逃がさせた。
   b. 人質は犯人に逃がされた。
   c. *私は犯人に人質を逃がされた。

このようにガ格名詞の意志によって事態が生じる場合には使役文と直接受身文による表現も可能であるが、事態に対して第三者が迷惑を感じるかどうかによって間接受身文による表現ができたりできなかったりする。

9.1.3 受身文だけが自然な場合

有対他動詞文はガ格名詞の影響によってヲ格名詞に変化が生じる場合であるが、ヲ格名詞の変化が必ずガ格名詞の意志的な動作によるとは限らない。他動性の高い文はヲ格名詞への影響が主にガ格名詞の意志的な動作によるが、他動性が低くなるとガ格名詞の動作性も弱くなったりヲ格名詞への影響がない場合まである。

使役文で表すことができるというのは事態がガ格名詞の意志的な行為による場合であり、ヲ格名詞の変化がガ格名詞の無意志的な動作によって事態が成り立つ9a)は使役文ができない。

9) a. 父が大事にしている壺をうっかり壊した
   b. *父が大事にしている壺をうっかり壊させてしまった。

また、ヲ格名詞の変化がガ格名詞の意志的な動作によらない場合としてはヲ格名詞への影響が自然現象による場合がある。ヲ格名詞の変化が自然現象による場合には人名詞のような意志もなく動的な動きによってヲ格名詞に影響を及ぼすといっても、人名詞の無意志的な動作による9a)と同じく使役文による表現はできない。

10) a. 濁流が橋を流した。
　　 b. *私は濁流に橋を流させた。
11) a. 風が帽子を飛ばした。
　　 b. *風に帽子を飛ばさせた。

つまり、受身文だけが自然な場合はヲ格名詞の変化がガ格名詞に動的な動きによるが、動作がガ格名詞の意志の有無という点で(1)や(2)と対立している。このように有対他動詞はヲ格名詞の変化がガ格名詞の意志的な動作による場合と、無意志的な動作による場合があり、ガ格名詞に意志がなくても変化がガ格名詞の動きによって生じる場合には直接受身文だけではなく間接受身文も可能である。

12) 橋が濁流に流された。
13) 父は子供に大事にしている壺を壊されてしまった。

　つまり、ヲ格名詞がガ格名詞の無意志的な動作や、自然現象のように動的な動きによって変化する場合には受身文はできても、ヲ格名詞への影響が意志的ではないので使役文はできない。

9.1.4　直接受身文だけが自然な場合

　有対他動詞が表すヲ格名詞への影響がガ格名詞の動作による場合だけではなく、ヲ格名詞の変化が原因による場合もある。ガ格名詞が事柄名詞である場合はヲ格名詞への影響がガ格名詞の意志的な動作によ

るものではなく人の心理状態の変化を表す場合が多い。

 14) 一人の若者の行動が多くの人々の気持ちを動かした。
 15) 太郎の説明が妻の誤解をといた。

ヲ格名詞の変化が原因による場合にはガ格名詞の意志によらないという点では(3)と同じく使役文にすることはできない。

 14)′ *私は一人の若者の行動に多くの人々の気持ちを動かさせた。
 15)′ *太郎の説明に妻の誤解をとかせた。

しかし、ヲ格名詞の変化がガ格名詞の意志によらなくても、あるいは動的な動きを伴わなくても、ヲ格名詞がガ格名詞の影響によって変化するのであれば、変化したヲ格名詞からの表現である直接受身文は可能になる。しかし、ヲ格名詞の変化が事柄名詞による場合には間接受身文で表すことはできない。

 16) a. 湿布が子供の患部の痛みをとった。
   b. 患部の痛みが湿布で取られた。
   c. *母は湿布に子供の患部の痛みを取られた

このようにガ格名詞が事柄名詞であり、ヲ格名詞がガ格名詞によって影響を受ける場合には直接受身文はできても変化に対する意志がガ格名詞にはないので使役文や間接受身文による表現はできない。

9.1.5　使役文と間接受身文が自然な場合

今まではガ格名詞の影響によってヲ格名詞が変化した場合として、ガ格名詞の意志の有無によって使役ができたりできなかったりしたが、直接受身文は可能であった。しかし、同じ事態を表しているのに、逆

に使役文はできて直接受身文ができない場合もある。

 17) a. 化粧が彼女の顔の皺を隠した。
   b. *私は化粧に彼女の顔の皺を隠させた。
   c. 彼女の顔の皺が化粧で隠された。
 18) a. 彼女は化粧で顔の皺を隠した。
   b. 彼女に化粧で顔の皺を隠させた。
   c. *顔の皺が化粧で彼女によって隠された。

17)18)は「彼女の顔の皺が化粧で隠れる」という自動詞文を他動化した文として、17)のように変化の原因(材料)である「化粧」をガ格名詞にたてた場合には、変化したヲ格名詞の立場からの表現である直接受身文17c)は自然であるが、ガ格名詞に意志がないので使役文17b)はできない。しかし、18)は動作主をガ格名詞にたてることによってヲ格名詞の変化がガ格名詞の意志によって成り立つので使役文は自然になるが、ヲ格名詞の変化がガ格名詞の一部の変化であるので直接受身文による表現はできなくなる。これは次の19)のように表すことができる。

 19) AのBがCで自動詞。(A：動作主、B：ヲ格名詞としてAの一部、
    C：原因)

       ↓ (他動化)

 a. CがAのBを他動詞。   b. AはCでBを他動詞。

       ↓ (直接受身化)

    AのBがCで他動詞(ra)reru。
    (*BがCでAによって他動詞(ra)reru。)

 つまり、同じ事態であっても変化結果だけを原因の立場から表す17)は、ガ格名詞に事態に対する意志がないのでそれを使役文で表すことは

できないが、事態が動作主の意志によって表される18)は使役文で表すことができる。しかし、18)が直接受身文で表すことができないのは、ガ格名詞が原因になってヲ格名詞に影響を与えるとしてもそのヲ格名詞がガ格名詞の部分として自らに働きかけたからである。これは一種の再帰用法として単に有対他動詞に入れて分類することには問題があるが、一応ここではヲ格名詞をとるという点からここに入れて分類を行う。この類の間接受身文との関わりはどうだろうか。

20) a. 彼女は化粧で顔の皺を隠した。（＝18a))
　　 b. 彼女に化粧で顔の皺を隠された。

20b)はそれほど自然な表現ではないが、今テクストの設定が与えられたら——たとえば、彼女が化粧して自分より若く見えた場合であれば——自然な場合になる。

　このように同じ事態であっても原因をガ格名詞にたてるか、あるいは動作主をガ格名詞にたてるかによって使役文と受身文の可否に違いが出てくる。ヲ格名詞がガ格名詞の身体の一部である場合には、変化がガ格名詞の動作によって行われても直接受身文はできず、使役文や間接受身文による表現は自然になる。

9.1.6　使役文だけが自然な場合

　有対他動詞のヲ格名詞がガ格名詞の身体の一部である場合には直接受身文はできなくても使役文と間接受身文ができたのは、事態が表面的な変化であり、ガ格名詞の意志によって成り立つからであった。しかし、同じ構文をとっても間接受身文ができない場合もある。

21) a. 妻は太郎の説明で誤解を解いた。
　　 b. *私は妻に太郎の説明で誤解を解かれた。
22) a. 子供が湿布で患部の痛みを取った。

　　　　b. *私は子供に患部の痛みを取られた。

20)と21)22)は同じ構文であり、ヲ格名詞もガ格名詞の一部であるが、20)は間接受身文ができるのに21)22)は不自然である。これはヲ格名詞が心理状態や病気などのようにガ格名詞の内面的な変化を表す場合には、使役文はできても受身文は不自然になる。
　また、ヲ格名詞がガ格名詞の意志によって事態を生じさせる「時間」のような場合にも、使役文による表現はできるが受身文はできない。

　23) a. 太郎はパチンコで暇を潰した。
　　　 b. 私は太郎にパチンコで（太郎の）暇を潰させた。
　　　 c. *暇が太郎によってパチンコで潰された。
　　　 d. ?私は太郎にパチンコで（太郎の）暇を潰された。

このようにヲ格名詞の変化がガ格名詞の心理状態や病気、時間など内面的な変化を表す場合には直接受身文だけではなく間接受身文による表現もできない。

9.1.7　間接受身文だけが自然な場合

　また、他動詞構文をとりながら直接受身文だけではなく使役文もできない他動詞文もある。

　24) 刑事が犯人を逃がした。（「逃げられた」の意味）
　25) 太郎が洗濯してセーターを縮めた。

24)はヲ格名詞の変化がガ格名詞「刑事」の意志や動作によるのではなく、ヲ格名詞が自分の意志によって動作を行った場合、つまり刑事が犯人に逃げられた場合である。事態がガ格名詞の意志によるヲ格名詞

の変化ではないので使役文はできないし、また、事態がガ格名詞の動的な動きを伴うのでもないので直接受身文もできない。しかし、ヲ格名詞の変化に対する責任がガ格名詞にあるので間接受身文は可能である。

　また、使役文や直接受身文ができない場合として、いわゆる状態変化主体の他動詞文がある。

　　26) a. 子供は歯を折った。
　　　　b. *母は子供に歯を折らせた。
　　　　c. *歯が子供に折られた。（「子供の歯が折られた」なら可能である。）
　　　　d. 私は子供に歯を折られた。
　　27) a. 太郎は火事で家を焼いた。
　　　　b. *私は太郎に火事で家を焼かせた。
　　　　c. *家が太郎に火事で焼かれた。（「太郎の家が火事で焼かれた」なら可能である。）
　　　　d. 私は（増築する資金を援助しようと思っていたのに）太郎火事で家を焼かれた。

26)27)はヲ格名詞がガ格名詞である「子供」「太郎」の一部か所有物として、ヲ格名詞の変化がガ格名詞の動作によるのではなく、第三者の影響によるヲ格名詞の変化が逆に主体の変化をもたらした場合として、他動形式を借りた所有者の立場からの表現である。

　また、ガ格名詞の所有物の変化が主体の無意志的な動作によって行われたとしても、動作を表すのではなく結果の状態を表す場合の有対他動詞文は直接受身文ができない。

　　28) a. 太郎が洗濯してセーターを縮めた。
　　　　b. セーターが太郎によって縮められた。
　　29) a. 子供がデパートで財布を無くした。
　　　　b. *財布が子供によってデパートで無くされた。

このように事態がガ格名詞の意志によるのではなく、第三者あるいはヲ格名詞自らによって生じた変化に対してガ格名詞が責任を感じる場合には使役文や直接受身文はできないが間接受身文は可能である。

9.1.8 使役文と受身文ができない場合

有対他動詞が使役文と直接受身文ができない場合については4章で述べたが、それは間接受身文ができる場合であった。しかし、使役文と直接受身文だけではなく間接受身文までできない有対他動詞文もある。佐伯(1983)は次の1例をあげて説明している。

30) a. 白い布は腰のあたりに崩れて、壁を重ねた。
　　b. [擬人的な]物ヤ事ガ何カヲドウカスル。──何カガドウカナル
　　　　　　　　　　　　　　　　　　　　　（下線は佐伯による）

この類は「現象情態主は物や事であるが、擬人的である。これが擬人でなく人であれば最初の(1)[19]の類に併合される」と説明している。つまり、物や事名詞がまるで意図をもってヲ格名詞に影響を与えるような場合であると説明しているが、次の例はどうだろうか。

31) a. 首脳会議は世界の注目を集めた。
　　b. *首脳会議に世界の注目を集めさせた。
　　c. *世界の注目が首脳会議に集められた。
　　d. *私は首脳会議に世界の注目を集められて困っている。
32) 私は世界の注目を集めた。

31a)は使役文と受身文ができない場合として、佐伯の説明のように事柄名詞が現われているが、はたして擬人的な用法だといえるだろうか。

---

[19] (1)は原動態他動詞として使役態もできるし、自動化が可能な動詞として直接受身と間接受身文も可能な場合である。

第9章 他動詞とヴォイス 277

たとえば、ガ格名詞に人名詞が現われると(1)類になるとしているが、31a)のガ格名詞に人名詞が現われても事態がガ格名詞の意志によるヲ格名詞への働きかけの意味をもつとはいえないのではなかろうか。また、ガ格名詞に物や事名詞だけではなく、次のように人名詞が現われる場合もある。

　　33) 彼女は母親の面影を残している。

これは他動詞文であってもガ格名詞がヲ格名詞に影響を与えるのでも、また、ヲ格名詞の変化に対してガ格名詞が責任をもつのでもない。これはヲ格名詞の状態がガ格名詞に向け、ヲ格名詞がガ格名詞に吸収され、ガ格名詞と一体化している場合ともいえる。

　このように有対他動詞文であってもヲ格名詞の変化がガ格名詞の意志的な動作による場合からヲ格名詞への影響がない文まであり、ガ格名詞とヲ格名詞との関わりによってヴォイスにも影響を与えている。これをまとめると次のようになる。

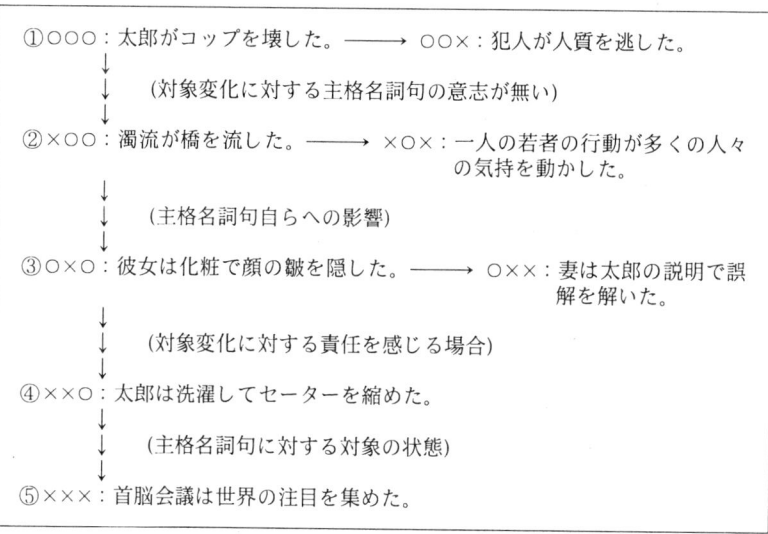

9.2 無対他動詞とヴォイス

9.2.1 使役文と受身文ができる場合

　無対他動詞とはヲ格名詞への働きかけを表すという点においては有対他動詞と同じであるが、働きかけをうけたヲ格名詞の変化までは表さないので、「ヲ格名詞にあたるものを現象主とする表現法がない」（佐伯:1983）が、事態がガ格名詞の意志によって行われるので影響を受けたヲ格名詞の立場からの表現である受身文や事態を生じさせる使役主体の立場からの表現は可能である。

1) 私は後ろの人を押した。
2) 太郎は鍋を擦った。
3) 政府は福祉予算を大幅に削った。

ヲ格名詞への働きかけがガ格名詞の意志による無対他動詞は、ヲ格名詞に人、物、事柄名詞が現われるが、有対他動詞の(1)のパターンと同じく使役文や受身文で表すことはできる。
　この類は1)2)のようにガ格名詞の物理的な動作による場合もあるが、次のようにヲ格名詞への働きかけが言語描写による場合もある。

4) a. 太郎は息子に悪口を言った。
   b. 太郎に悪口をいわせた。
   c. 息子は太郎に悪口を言われた。
   d. 私は息子に太郎から悪口をいわれた。
5) a. 花子は太郎をパーティーに呼んだ。
   b. 先生は花子に太郎をパーティーに呼ばせた。
   c. 太郎は花子からパーティーに呼ばれた。
   d. 花子に太郎をパーティーに呼ばれた。

4)の二格名詞は動作が向けられる相手であり、5)はヲ格の人名詞を二格の場所（移動先）へ移動するように働きかける場合である。

また、次のようにガ格名詞がヲ格名詞に働きかけるのではなく、ヲ格名詞がガ格名詞の意志によって生産された場合もある。

6) 山にトンネルを掘った。
7) 太郎は木で机を作った。

このようにヲ格名詞への働きかけ方は違ってもヲ格名詞への働きかけがガ格名詞の意志による場合には使役文や受身文で表すことが可能である。

9.2.2 使役文と直接受身文が自然な場合

有対他動詞文の中で間接受身文だけが不自然になるのは、ヲ格名詞の変化がガ格名詞に意志によって行われ事態が客観的にプラス的な意味をもつ場合であった。しかし、無対他動詞はヲ格名詞へ働きかけてもヲ格名詞に変化結果が残らないので、ガ格名詞の意志によってヲ格名詞に働きかける場合には使役文と直接受身文だけではなく間接受身文での表現もできる。

しかし、無対他動詞文でも使役文と直接受身文はできても、間接受身文だけができない場合もある。

8) a. 吸い取り紙がインクを吸った。
b. 吸い取り紙にインクを吸わせた。
c. インクが吸い取り紙に吸われた。
d. *私は吸い取り紙にインクを吸われてしまった。
（判断は『日本語基本動詞用法辞典』による）

8)のガ格名詞「吸い取り紙」は物名詞であるので、ヲ格名詞へ働きか

けるといってもそれは意志によるものではない。しかし、吸い取り紙には事態を生じさせるための意志的な動作はないがヲ格名詞に働きかける本性が内在されているので、その本性をもってヲ格名詞に働きかける場合には使役文による表現もできる。これは「コンピューターに計算させる」場合と同様に、機械がもっている性質を利用してその事態を発生させるのと同じ働きがある。コンピューターが計算をしたり、吸い取り紙がインクをすうのはそれがもっている本性によるが、それは人の動作（吸い取り紙をこぼれているインクの上においたり、あるいはコンピューターを操作したりすること）を必要とするので、ヲ格名詞への働きかけが意志をもたない場合にはそれを間接受身文で表すことはできない。

  9) a. その言葉は重要な意味を含んでいる。
    b. その言葉に重要な意味を含ませて使った。
    c. 重要な意味がその言葉に含まれている。
    d. *私はその言葉に重要な意味を含まれている。

 また、9)はガ格名詞が事柄名詞であるので、それ自体が動作や意志をもっているわけではないが、ガ格名詞は誰かからヲ格名詞が表す意味特徴を与えられている場合である。これは8)の吸い取り紙がインクをすう性質をもっているように、「その言葉」には重要な意味を含むように誰かが意図的にそうさせた場合である。
 このようにガ格名詞にはヲ格名詞に働きかける意志や動作性はないが、ガ格名詞に事態を生じさせる本性があったり、あるいは誰かによってそのような働きかけが与えられた場合には、まるで意志的な動作主のようにふるまうので、使役文や直接受身文による表現はできる。

9.2.3　受身文だけが自然な場合

 使役文はガ格名詞の意志によって事態が生じる場合である。しか

し、使役文だけができないということはヲ格名詞への働きかけはあっても、それがガ格名詞の意志によらない場合である。

10) a. 今回の台風が自然の恐ろしさを住民に教えた。
    b. *私は今回の台風に自然の恐ろしさを住民に教えさせた。

ヲ格名詞への働きかけがガ格名詞の無意志的な行為によるのは自然現象によってヲ格名詞に影響を与える場合である。自然現象には意志はないがヲ格名詞は影響をうけるので受身文による表現は可能である。
　また、ガ格名詞の無意志的な動作によってヲ格名詞に働きかける場合には機械や乗り物による場合もある。

11) a. 車がガードレールを擦った。
    b. *私は車にガードレールを擦らせた。

車には自発的な動作性はなくてもそれを操縦する人によって動作が行われ、ヲ格名詞はガ格名詞によって影響をうけるので受身文はできるが、人名詞によって実際の動作が行われるとしても、ガ格名詞に機械が現われるとそれに意志を与えることはできないので使役文はできなくなる。10)11)のようにガ格名詞に意志はなくても動的な動きがあるので、ヲ格名詞が影響をうける場合であるが、ガ格名詞に動作性がなくても事態を生じさせる効果がガ格名詞にある場合には動きをもってヲ格名詞に働きかけるのと同じ役割をする。

12) a. 生姜が魚の臭みを消した。
    b. 生姜で魚の臭みが消された。

　このようにガ格名詞に事態に対する意志はないが、自然現象や乗り物のように動的な動きや効果によってヲ格名詞に働きかける場合には、使役文はできなくてもヲ格名詞に働きかけるので受身による表現は自

然になる。

9.2.4　直接受身文だけが自然な場合

　他動詞が直接受身文だけが自然な場合とはヲ格名詞への働きかけがガ格名詞に意志によるのではなく原因による場合である。ガ格名詞に意志がないので使役文と間接受身文はできないが、ヲ格名詞が影響を受けるので直接受身文は可能になる。

　　13) a. 華やかなネオンが男たちを歓楽街に誘った。
　　　　 b. 男たちは華やかなネオンに誘われて、つい歓楽街に出かけた。
　　14) a. その生徒の言葉がみんなの心を打った。
　　　　 b. その生徒の言葉に心が打たれた。

　このようにガ格名詞に物名詞や事柄名詞が現われると、ヲ格名詞へ働きかける意志はなくてもガ格名詞が原因としてヲ格名詞に影響を与えるのであれば、直接受身文による表現は自然になる。

9.2.5　直接受身文だけが不自然な場合

　無対他動詞の中には直接受身文ができない動詞もある。いわゆる他動詞文はヲ格名詞へ働きかける場合であるので、働きかけをうけたヲ格名詞の立場からの表現である直接受身文は可能である。しかし、「かぶる、蒙る、あびる、負う」などの動詞は動詞自体が受身的な意味をもっている動詞であるので、それを再び受身化して表す必要がないので直接受身文による表現はできない。

　　15) a. 先生は市から功労賞を受けた。
　　　　 b. *功労賞が市から先生に受けられた。
　　16) a. 太郎は罪をかぶっている。

  b. ＊罪が太郎にかぶられた。

 また、動詞が知覚動詞である場合には事態がガ格名詞の意志的な動作によって行われヲ格名詞へ働きかけるのではないので直接受身文による表現はできない。

 17) a. 彼女は料理の味をみた。
  b. ＊料理の味が彼女にみられた。
 18) a. 私は橋の上からまわりの景色を眺めた。
  b. ＊橋の上からのまわりの景色が私によって眺められた。

 また、ヲ格名詞への働きかけがないのは、ヲ格名詞に対するガ格名詞の心理状態を表す場合として、事態がガ格名詞の意志によって行われたとしても知覚動詞と同じくヲ格名詞への働きかけがないので、働きかけを受けたヲ格名詞の立場からの表現はできなくなる。

 19) a. 父は息子の合格を祈った。
  b. ＊息子の合格が父に祈られた。
 20) a. 太郎は大学へ進学することを諦めた。
  b. ＊大学へ進学することが太郎によって諦められた。

 しかし、ヲ格名詞に対するガ格名詞の心理状態を表すといってもヲ格名詞が人名詞である場合にはガ格名詞に物理的な動作性はなくても、ガ格名詞の判断が間接的にヲ格名詞に影響を与えるので、直接受身文は可能になる。

 21) a. 先生はもう僕を諦めている。
  b. 僕はもう先生に諦められている。
 22) a. 田中さんは彼を悪い人だと思っている。
  b. 彼は田中さんに悪い人だと思われている。

このように無対他動詞といってもヲ格名詞への働きかけによってガ格名詞とヲ格名詞との関わりは違うし、ヲ格名詞が現われてもヲ格名詞に働きかけない知覚動詞や、ヲ格名詞に対するガ格名詞の判断や心理状態を表す場合には直接受身文による表現はできない。

9.2.6 使役文だけが自然な場合

使役文が自然になるのはヲ格名詞への働きかけがガ格名詞の意志によって事態を成立させる場合である。23)のように言語表現による場合には使役文と受身文が共にできるが、動詞が謙譲語である場合には使役表現はできても受身表現はできない。

23) a. 弘がわれわれの考えを先生に申した。
    b. 弘にわれわれの考えを申させます。

しかし、次のように尊敬語が現われると使役表現もできなくなるのは、使役は目下の人に何かをするように仕向ける場合に使われるからである。

24) a. 先生は自分の意見をおっしゃった。
    b. *先生に自分の意見をおっしゃらせた。

また、25)は動詞が謙譲語だという観点からも受身文はできないが、それにガ格名詞の動作がヲ格名詞に働きかけるのではなく、知覚動詞と同じくガ格名詞の動作だけを表す場合として、動詞句全体が一つの動作としての役割をしているので、受身による表現を不自然にさせる。

25) a. 帰ってきたらさっそく電話を致します。
    b. 帰ってきたら電話を致させます。

ヲ格名詞への働きかけがないという点からすると、ガ格名詞に動作性があってもそれが自らに働きかける再帰用法の場合には直接受身文による表現ができなくなる。

26) a. 私は父の言葉を胸に記した。
    b. *胸が父の言葉を記された。

しかし、同じ再帰用法の場合でも次のように間接受身文ができる場合もある。これは有対他動詞のところでも述べたが、事態がガ格名詞の外面的な動作を要求する場合には間接受身文は可能になる。

27) 花子は髪に簪をさした。

このように動詞が謙譲語である場合や内面的な動作を表す再帰用法の場合には受身文はできないが、ガ格名詞に動作性があるので使役文はできる。

9.2.7　間接受身文だけが自然な場合

他動詞が使役表現ができないのはヲ格名詞への働きかけがガ格名詞の意志によらない場合であり、また、直接受身文ができないのはヲ格名詞に影響が生じない場合である。

28) a. 健二は先生から反感を買った。
    b. *健二に先生から反感を買わせた。
    c. *反感が健二によって買われてた。
29) a. 新入社員が酒の味を知った。
    b. *新入社員に酒の味を知らせた。
    c. *酒の味が新入社員に知られた。

28)の動詞「買う」はガ格名詞の意志的な動作を表すが、「先生からの反感」を「健二」が本人の意志によって買ったのではなく、先生の反感が逆に主格に蒙られて場合である。

このように反感を買ったり酒の味を知るという事態が、ガ格名詞の意志によるのではなく、他からあるいは自然にそのような状態になった場合は、ガ格名詞からヲ格名詞に働きかける典型的な他動詞から逸脱し、ある状態がガ格名詞に向けられるので、使役文と直接受身文は不自然になる。

9.2.8 使役文と受身文ができない場合

佐伯(1983)は無対他動詞についても使役文と受身文が共にできる場合とできない場合の二つに分けて分類を行い、無対他動詞が使役と受身が共にできない場合について次の1例だけをあげている。

30) 爪は紅いというよりは紫色に見えるのも清潔感を与えなかった。
(佐伯)

また、この類の動詞としては「「預かる（肩が女の頭を）・つかむ（左手が髪を）」のように擬人的な物や事の現象情態を担う動詞」と、「尊敬語他動詞「おっしゃる・おぼしめす・あそばす」など」がここに属するとしている。

佐伯の指摘のようにガ格名詞に事柄名詞が現われると擬人的な用法になり、次の例のようにヴォイスとの関わりがなくなってしまう。

31) ドラマが人気を呼んだ。
32) 彼のふるまいは誤解を招く。
33) レンズが焦点を結ぶ。

これらの動詞は34)～36)のようにガ格名詞に人名詞が現われると使役

文と受身文はできるが、事柄名詞が現われるとヲ格名詞に動作も要求しない擬人的な用法になり、使役文や受身文はできなくなる。

  34）a. 花子は太郎をパーティーに呼んだ。
    b. 花子に太郎をパーティーに呼ばせた。（使役文）
  35）a. 先生を結婚式に招いた。
    b. 先生は結婚式に招かれた。（直接受身文）
  36）a. 花子は変なリボンを頭に結んだ。
    b. 変なリボンを頭に結ばれた。（間接受身文）

 しかし、事態が擬人用法として使われる場合においても、ガ格名詞が物や事だけではなく動物が現われる場合もなる。

  37）金魚は水道水を嫌う。

37)のように意志のない動物は心理状態の判断ができないが、まるで意志をもっているように表している。
 また、ガ格名詞に人名詞が現われても使役文と受身文ができない場合もある。

  38）恵子は母から血筋を受けている。

動詞「受ける」は受身的な意味を表す動詞としてそれ自体が受身の意味をもっているので直接受身文はできないと述べたが、また、ガ格名詞に事態に対する動作も、また意志もないので使役文や受身文による表現はできない。

9.3 まとめ

今までの他動詞とヴォイスとの関わりを纏める次のようになる。

使／直／間	有対他動詞とヴォイスとの関わり	無対他動詞とヴォイスとの関わり
○／○／○	意志的な動作によってヲ格名詞に影響を与える場合	ガ格名詞の意志的な動作によってヲ格名詞に変化が生じる場合
○／○／×	ガ格名詞の意志的な行為によってヲ格名詞に変化が生じた場合として、事態がプラス的ないみをもつ場合	ガ格名詞にヲ格名詞に影響を与える意志はないが、ガ格名詞の本性によってヲ格名詞に影響を与えたりあるいはヲ格名詞が表す意味が第3者に意図的に付与される場合
×／○／○	1) ガ格名詞の無意志的な動作によってヲ格名詞に変化が生じる場合 2) 自然現象によるヲ格名詞への影響	自然現象や乗り物などによってヲ格名詞に影響を与えたり、ガ格名詞に事態に影響をあたえる効果がある場合としてガ格名詞には意志性がない
×／○／×	ヲ格名詞への働きかけが原因による場合	ヲ格名詞への働きかけが原因による場合
○／×／○	再帰用法の動詞としてガ格名詞の意志によってヲ格名詞に影響を与える場合	1) 動詞が受身的な意味をもつ場合 2) 知覚動詞 3) ヲ格名詞に対する心理状態を表す場合としてガ格名詞に意志がある
○／×／×	再帰用法の動詞としてガ格名詞の心理状態や病気、時間など内面的な変化を表す場合	1) 謙譲語 2) 再帰用法の動詞としてガ格名詞の意志的な動作による場合
×／×／○	1) ヲ格名詞の意志的な動作によって生じた事態に対してガ格名詞が責任をもつ場合 2) ガ格名詞の無意志的な行為によって生じたヲ格名詞の変化に対するガ格名詞の立場からの表現 3) 第3者の行為によって生じた身体の部分、所有物の変化を所有者の立場からの表現	ヲ格名詞が表す状態が第3者の意志的な行為によってガ格名詞に及んだり、ガ格名詞の無意志的な行為によってヲ格名詞が表す状態が逆にガ格名詞に及ぶ場合
×／×／×	1) ヲ格名詞の状態がガ格名詞に及んだ場合として、ガ格名詞がまるで意図をもって動作をしたような感じ 2) ガ格名詞の意志とは関わりなくヲ格名詞の状態がガ格名詞に残っている場合	ガ格名詞が擬人的な用法として用いられたりヲ格名詞が表す事態がガ格名詞の意志とは関わりなくガ格名詞に及ぶ場合

第10章 結　論

10.1　序論

　動詞は自動詞と他動詞に下位分類できるといわれるが、自・他動詞の概念規定が明らかではない。自・他の分類についてはヲ格名詞句の有無、対象への働きかけ、受身への可否という観点から分類が行われてきたが、最近は既存の動詞分類についてのいろんな問題点が提起され、動詞は自他に二分されるのではなくプロトタイプ論的な考え方が導入され、他動性の立場からの研究(ヤコブセン、角田太作)も行われている。ヤコブセン(1989)は動詞文は他動原型と自動原型があって、それらは連続体の両端をなしているという考えから動詞分類をしている。
　本論文は動詞が自・他に明確に分類できないのは動詞がそれぞれ別の概念ではなく互いにどこかで繋がりをもっているからではないかという立場にたって、自・他がどこで繋がり、それがヴォイスとの関わりにどんな影響を及ぼしているのかについて領域を広げて調べた。動詞が使役の意味を表したり、動詞の(sa)seru形が他動の意味として使われたり、自動詞の使役形と他動がほとんど同じ意味として使われる時の役割分担、また動詞と使役、受身との関わりを究明し、どこで他動と使役が分化されていくのかがあきらかになった。以下、本研究の論点を各章ごとに整理してみた。

10.2　他動詞構文

10.2.1　有対他動詞

　動詞には対象へ働きかけるいわゆる他動詞と自らの動きや状態を表

す自動詞がある。いわゆる他動詞が表す対象への働きかけは事態の成立に対するガ格名詞とヲ格名詞の意志や動作の有無、ガ格名詞と対象との関わり、あるいは動詞などによって異なる。

　他動詞は「対応する自動詞があるものと、ないものとでは意味的な差があり、対応する自動詞があるものは対象に対する働きかけと対象の変化を表し、対応する自動詞がないものは対象に対する働きかけを表す」(宮島：1972)とするが、対応する自動詞のある他動詞でもガ格名詞の働きかけによって変化が生じる典型的な他動詞から、対象への働きかけはなくガ格名詞の状態を表す自動詞に近い動詞まである。有対他動詞が表す働きかけと変化との関わりは次のようである。
　(1) ヲ格名詞の変化がガ格名詞の意志的な動作による場合
　(2) ヲ格名詞の変化がガ格名詞の意図とヲ格名詞の意志的な動作による場合
　(3) ヲ格名詞の変化がガ格名詞の無意志的な動作による場合
　(4) ガ格名詞がヲ格名詞の変化の原因として働いている場合
　(5) ヲ格名詞がガ格名詞と一部、あるいは所有物として、ヲ格名詞の変化がガ格名詞の変化を表す再帰用法の場合
　(6) ヲ格名詞の変化に対してガ格名詞が責任・不注意を感じる場合
　(7) ヲ格名詞の状態がガ格名詞に移り、それがガ格名詞の状態として持続している場合

　このように有対他動詞が必ず「対象に対する働きかけと対象の変化を表す」のではないということが分かった。

10.2.2　無対他動詞

　対応する自動詞をもたない他動詞もヲ格名詞へ働きかける点では有対他動詞と同じであるが、ガ格名詞の働きかけによってヲ格名詞に変化が生じ得る場合においても変化までは表さないし、また、有対他動詞と同様にヲ格名詞への働きかけがなく、ガ格名詞自らの動作や状態を表す動詞もあった。

(1) ガ格名詞の意志的な動作によってヲ格名詞には変化の可能性が内在されている場合
(2) 働きかけがガ格名詞の意志的な動作によるが、動作によってヲ格名詞には物理的な変化の可能性はない場合
(3) ヲ格名詞への働きかけが機械や自然現象にように意志的な動作によらない場合
(4) ガ格名詞がヲ格名詞の動作の原因として働いている場合
(5) ヲ格名詞に対するガ格名詞の判断・評価を表す場合
(6) ヲ格名詞に対するガ格名詞の心理状態を表す場合
(7) ガ格名詞の動作がヲ格名詞に及ぶが、結局自分自身にもどってくる再帰用法の場合
(8) ヲ格名詞の状態がガ格名詞に持たされている場合

10.3 自動詞構文

10.3.1 有対自動詞

　自動詞も対応する他動詞の有無によって有対自動詞と無対自動詞に分類することができる。有対自動詞について早津(1987)は働きかけによってひきおこしうる非情物の変化を表すので主語は非情物であり、ガ格名詞に有情物がきても動作性を感じることができないから有情物としての人とはいいがたいとする。また、西尾(1978)も意志形や命令形を本来の意味として用いることができないか不自然であるのは「有対自動詞の主語が非情物であることから生じる現象である」としているが、動作性のある有情物がくる場合もあった。その動作は他動詞の主語の働きかけによる動作であったり、あるいは動作に対する意図が自動詞のガ格名詞から出た場合である。それは対応する他動詞の主語が自動詞のガ格名詞の動作に対して強制や許可、あるいは責任や不注

意を感じる場合として、自動詞を意志形や「〜たい」の接続ができるということはガ格名詞に動作性があることを裏付けている。

10.3.2　無対自動詞

　自動詞によって表される動作が動作主の意志によって行われる場合には大体無対自動詞が用いられるが、ガ格名詞によってコントロールできない無意志的な動作を表す場合もある。また、無対自動詞は自然現象の変化や無意志的な人の心理状態や生理的な現象、あるいは物の自然な変化も表す。それから、働きかけによらない人や動・植物の生育に関わる状態変化、あるいは変化を前提としない人や物の単純状態も表す。

10.4　他動性

　他動詞はヲ格名詞への働きかけを表すが、ガ格名詞とヲ格名詞の意志や動作の有無、ガ格名詞とヲ格名詞との関わり、あるいは動詞などによって異なるが、次のような意味特徴を満たせば他動性の高い他動詞だといえる。
　①事態に関与する事物は動作主とヲ格名詞物の二つであり、各々は違った意味役割をする。
　②動作主には働きかけがある。
　③ヲ格名詞への働きかけは意図による。
　④ヲ格名詞への働きかけは動作主の動作による。
　⑤働きかけによってヲ格名詞は変化を被る。
　⑥変化は現実の時間において生じる。

　いわゆる他動詞を他動性の観点から分類すると大体次のようにな

る。
1) 事態に関与する事物が二つであり、ガ格名詞の働きかけによって結ばれている場合
　①ヲ格名詞がガ格名詞の意志的な動作によって変化する場合
　②働きかけはガ格名詞の意図によるが、変化はヲ格名詞の意志的な動作による場合
　③ヲ格名詞にはガ格名詞の意志的な動作によって変化の可能性が内在されている場合
　④ガ格名詞の意志的な動作によるが、ヲ格名詞には物理的な変化の可能性がない場合
　⑤ヲ格名詞への働きかけが人の無意志的な動作による場合
　⑥ヲ格名詞への働きかけが機械や自然現象による場合
　⑦ガ格名詞が事柄名詞や物名詞であり、それが変化（動作）の原因として働く場合
　⑧ガ格名詞に動作性はなくヲ格名詞に対する判断や評価を表す場合
　⑨ヲ格名詞に対するガ格名詞の無意志的な心理状態を表す場合
2) 事態に関与するのが同一の事物あるいは所有物として、ガ格名詞とヲ格名詞は全体と部分の関係に
　あり、文の中では二つの違った名詞をとって現われるが、ヲ格名詞の変化がガ格名詞の変化を意味する場合
　①ヲ格名詞の変化がガ格名詞の意志的な動作による場合
　②ヲ格名詞の変化がガ格名詞の意図によるが、変化は第三者の動作による場合
　③ヲ格名詞の変化はガ格名詞の無意志的な動作による場合
　④第三者からの間接的な影響によってガ格名詞の状態が変化する場合
　⑤ヲ格名詞がガ格名詞の違った一部であるが、ヲ格名詞の変化にガ格名詞が間接的な原因を提供する場合
3) 事態に係わる事物が二つであり、ヲ格名詞の変化にガ格名詞は直接関与しないが、ヲ格名詞の変化あるいは状態がガ格名詞の状態ある

いは周辺的な環境に変化を与える場合
① ヲ格名詞の変化に対してガ格名詞が責任を感じるが、ヲ格名詞の変化がガ格名詞を取り巻く周辺的な条件に変化を与える場合
② ヲ格名詞に具体的な変化があるのではなく、ヲ格名詞の状態がガ格名詞に移り、それがガ格名詞の状態として持続して残されている場合

10.5 使役構文

10.5.1 使役の意味

典型的な使役は誰かが誰かにある動作をするように仕向けることであるが、日本語の使役形（動詞の(sa)seru形）が必ずそのような意味をもっているのではなく、使役主と被使役者の事態に対する意図と動作の有無、動詞の種類などによって異なる。

1) 語彙的な他動：事態が使役主の動作によって行われる場合。
2) 強制1：事態が使役主と被使役者の動作によって実現される場合。
3) 強制2：事態実現に対する被使役者の意志よりは使役主の意図が強い場合。
4) 説得：被使役者に意図はないが、使役主に唆されて事態を行う場合
5) 配慮：被使役者がある行為をするように使役主があらかじめ用意しておいた場合
6) 許諾：被使役者の要請と使役主の許可によって事態が成り立つ場合
7) 黙認：被使役者がすでに始まっている、あるいは始めようとしている行為をそのまま使役主が放置しておく場合
8) 誘発：使役主は抽象的な事柄として事態の原因になっている場合
9) 不注意：被使役者の動作行為に対して使役主が責任・不注意・屈辱を感じる場合

10) 判断：被使役者に対する考え・判断を使役形式を借りて表す場合

このように動詞の使役形は使役主体の動作と意図による場合と、使役主体の動作を伴わない場合、また、使役主体には事態に対する動作も意図もない場合まで様々である。

10.5.2　被使役者がとる格助詞

使役文の被使役者は二格とヲ格をとるが、他動詞の場合は二重ヲ格制約規則によって二格しかとらないが、自動詞は二格とヲ格をとることができる。しかし、自動詞だからといって必ず二格とヲ格をとることができるのではなく、使役主に事態を成立させようとする意図や許可、あるいは被使役者の自発的な動作によって行われる「説得」「許諾」は二格をとることができる。しかし、事態が使役主体の意図によって行われても被使役者の強制的な動作による「強制2」や、被使役者の動作の結果によって使役主体に後から意図が生まれた「黙認」などは二格をとることはできない。

だから、被使役者が二格とる条件を一般化すると次のようになる。

　　　能動文の動詞が自動詞であり、動作が被使役者によって行われても被使役者の意図（納得）と事態を成立させようとする使役主の意図によって事態が成り立つ場合に限って被使役者はニ格をとることができる。

10.5.3　無対自動詞と使役

無対自動詞を使役形にすることができるのは、事態が被使役者の意志的な動作によって行われる場合であり、使役主に意図がない場合には使役主体が事態の変化に対するきっかけであるか、あるいは被使役者が事態の実現のための動作性か内発性がある場合である。また、被使役者に動作性や内発性がなく、使役主に事態に対する意図がなくて

も使役主が事態に対して責任を感じるのであれば使役文にすることはできる。

10.5.4　他動詞と使役

　他動詞だからといって必ずそれを使役文で表すことができるのではなく、ガ格名詞に意志のない自然現象や原因などが現われたり、動詞が状態変化主体の他動詞であったり、あるいは事態がヲ格名詞からガ格名詞に向けられる場合などにはそれを使役文にすることはできないが、次のような条件が満たされれば使役文にすることはできる。

1) 事態がガ格名詞の意図とヲ格名詞の動作によって行われる場合
2) 変化するのがヲ格名詞に対するガ格名詞の意志的な心理状態や判断などを表す場合
3) 機械や乗り物が本来の機能や目的として用いられる場合
4) 再帰用法の場合にも使役文はできるが、ヲ格名詞の変化がガ格名詞の無意志的な動作による場合

10.6　有対自動詞の使役形と有対他動詞

　有対自動詞の(sa)seru形と有対他動詞とはどのような関わりがあるのかについて調べた。自動詞の使役形だけが自然であるのは、事態が被使役者の動作によって行われるか、あるいは事態を実現させる能力が被使役者（有情物）にないのに使役主が何とか事態を実現に導いたという意識が働く場合である。
　次に自動詞の使役形と他動詞が共に自然なのは被使役者が有情物か非情物かによって、また動作性の有無によって違ってくる。被使役者に動作性がある場合には、事態が使役主体の意図によって実現される場合や、使役主に意図がなくても被使役者の意志的な動作によって実

現される場合、また事態に対する意志が被使役者になくても使役主体の意図と被使役者の動作によって行われる場合である。被使役者が動作性のない有情物の場合にも自動詞の使役形と他動詞が共に自然な場合もあるが、それは事態がある原因やきっかけによる心理状態の変化を表す場合として、意志的な行為によらないので命令表現はできないが、事態変化に事態制御性が働いて禁止表現はできる。被使役者が非情物である場合にも両方できる場合もあるが、使役主体の意図によるのではなく使役主体の行為が原因になって被使役者がもっている変化に対する内発性によって事態が生じた場合とか、一般的にそうならないあるいはなりにくいものを使役主が何とか意図的に事態を実現に導いた場合である。

また、自動詞の使役形はできず他動詞による表現だけが自然な場合もある。被使役者が有情物である場合は被使役者によって行われた事態に対して使役主体が不注意や責任を感じたり、事態は使役主体の動作によって実現され被使役者を動作性のない非情物として扱う場合、あるいは動詞本来の意味からずれて抽象的な概念として用いられる場合である。被使役者が非情物である場合は事態が被使役者の自発的な動作によらないので、使役主体の意図的な働きかけや、自然現象、あるいは事態の変化が使役主体の働きかけによるのではなく被使役者の内部による状態変化を表す場合には、被使役者によって事態が成立しないので自動詞の使役形は不自然になる。

10.7　使役と他動

使役は動詞の(sa)seru形で意味を表すが、事態が使役主体の意図と被使役者の動作による典型的な使役から、使役主体の設定さえできない場合、また、事態が使役主体の動作によって行われる語彙的な他動の場合まである。

「使役1」は使役主体の意図と被使役者の動作によって行われる場合

（「強制1」「強制2」「説得」「許諾」）として、「強制1」から「許諾」にいくに従って事態に対する被使役者の意図は強くなるが、逆に使役主体の意図はだんだん弱くなる。

　使役主体と被使役者が別々であり、事態が使役主体の意図と被使役者の意志的な動作によって行われる「強制2」「説得」が一番典型的な使役であろう。「許諾」は「説得」に比べて使役主体の意図は弱いが使役主の許可によって事態が成り立つ場合である。「強制1」になると被使役者には自発的な動作行為能力がなく、使役主体による行為（プロセス）を要求し、「プロセス」と「動作」が分化される。つまり、事態実現のための「プロセス」は使役主体の役割であり、動詞が表す「動作」は被使役者による場合として、「プロセス」と「動作」が分化されないで被使役者によって行われる「強制2」と、事態が使役主体の動作によって実現される他動との中間的な媒介の役割をする。

　「使役1」は事態が使役主体の意図による場合であるが、「使役4」にいくほど使役主体には使役性（事態を実現させようとする使役主体の働きかけ）がだんだんなくなる。「使役2」は被使役者自らによって行われた事態の当為性を使役主体に責任転移する場合として使役主体は事態変化の原因である。「使役3」は事態が使役主体の意図とは全然関わりなく行われているのに「使役2」とは逆に使役主体が自ら責任を感じる場合(疑似意図性をもつ)である。さらに「使役4」になると事態に対する判断を話し手が使役形式をとって表すだけで使役主体は形式化してしまう。

　また、他動詞が使役の意味を表す場合がある。典型的な他動は事態がガ格名詞の動作による場合であるが、典型的な使役は使役主体の意図と被使役者の動作によって生じるので使役主体と事態との関わりは間接的である。しかし、同一事態を他動詞によっても、あるいは自動詞の(sa)seru形によっても表現することができるということは、他動詞と自動詞の(sa)seru形の違いが直接的か間接的かだけではなく別の何かが働いているということになる。他動詞が使役の意味として使われるのは有対他動詞の場合であり、結果重視か動作重視かなどによって他

動詞が使われたり自動詞の(sa)seru形が使われたりする。

また、動詞の(sa)seru形が使役か他動かは事態に対する動作性が使役主体にあるのか被使役者にあるのかということであるが、感情動詞や再帰動詞などのように事態が被使役者の動作によらない場合の動詞の(sa)seru形は使役とはいえない。無対自動詞が表す変化が必ずガ格名詞の動作によるのではなく、変化の原因まで表す時には対応する他動詞がないので文法的なヴォイスとしての動詞の(sa)seru形で表すだけで、動詞の(sa)seru形として文に現われても使役とはいえない。

だから、同じ動詞の(sa)seru形をとっても事態が被使役者の動作によって実現される場合もあれば、事態が使役主体の直接的な働きかけによって行われる場合もある。また、動詞が使役の意味を表す語彙的な使役もあるので、使役と他動は典型的な使役と語彙的な使役、語彙的な他動と典型的な他動がそれぞれ使役という枠のなかで働いていることになる。

10.8 自動詞と受身文

10.8.1 直接受身文にできる場合

ヲ格名詞をとらない有対自動詞は大体直接受身文による表現はできるないが、ガ格名詞が二格のヲ格名詞に偶然に影響を与える場合にはそれを直接受身による表現ができる場合もある。動詞がヲ格名詞をとらない点で一応自動詞に分類しておいたが、二格名詞に影響を与えるという点からすると自動詞と他動詞の中間的だともいえる。

無対自動詞もヲ格名詞が与格（二格）をとり、事態がガ格名詞の動作による場合には直接受身文による表現はできるが、ガ格名詞の意図の有無に違いがある。また、無対自動詞が二格名詞に対するガ格名詞の自然な心理状態の変化を表す場合にも直接受身文による表現ができた。

10.8.2　間接受身文との関わり

10.8.2.1　間接受身文にできる場合

　間接受身文は事態によって間接的に影響を受けた事物の立場からの表現として、有対自動詞はガ格名詞の意志によって事態が成り立つ場合には間接受身文が可能である。しかし、無意志的な動作の場合にも事態がガ格名詞の意志によって実現可能であれば間接受身文による表現はできる。また、事態がガ格名詞の意志によらない場合として、変化するのが人の心理状態や病気、身体的な変化などを表す場合にも間接受身文にすることはできるが、意志形や命令形による表現はできなくても禁止表現ができる場合である。

10.8.2.2　間接受身文にできない場合

　自動詞が表す事態が無意志的な変化であっても間接受身文にすることはできたが、主語が物名詞や事柄名詞のように主語の意志によって成り立たない場合には間接受身文はできない。主語が物の物理的な変化の場合、事柄の抽象的な変化を表す場合、自然現象による変化を表す場合、物名詞がもっている内発性によって変化が生じる場合、自然的な身体部分の変化を表す場合、あるいは主語の単純状態を表している場合には間接受身文は不自然になる。
　このように無対自動詞も間接受身文にすることが必ずできるのではなく、事態が人によって生じるのでなければ間接受身文で表すことはできないが、「雨に降られた」のように自然現象であってもその状況によってガ格名詞が直接被害を受けたと感じるのであれば間接受身文による表現もできる。

10.9　他動詞とヴォイス

　典型的な他動詞は対象への働きかけがある動詞のことであるが、他動詞であっても対象への働きかけが異なる。対象への働きかけがガ格名詞の動作と意図による場合から、意図はなく動作だけによる場合、働きかけが動作と意図によらない場合、また、対象への働きかけのない他動詞もあるので、他動詞だからといって対象への働きかけを表すのではない。

　その対象への働きかけによって使役と受身との関わりが違ってくる。他動詞であっても使役ができない場合だけではなく、受身文にできない場合もある。また、使役はできても受身ができなかったり、受身はできるのに使役ができなかったりするのは、対象への働きかけや動詞の種類などと密接な関係がある。対象への働きかけがガ格名詞の動作と意図による場合には使役と受身による表現はできるが、ガ格名詞の意図と動作によらない場合には使役と受身にすることができないので、たとえ、対応する自動詞のある他動詞であっても一概に対象への働きかけを表すということではない。

　つまり、動詞の(sa)seru形が使役の意味だけではなく他動としても使われたり、他動詞が使役の意味としても使われたりすることは、対応する自・他動詞の有無によって互いが別々の概念として働いているのではなく結びついているからである。

【参考文献】

青木伶子 1976「使役—自動詞・他動詞との関わりについて—」『成蹊国文』10
天野みどり 1987「対応する他動詞のある自動詞の意味的・通語的特徴」『日語学研究』6 京都大学言語学研究会
―――― 1987「日本語文における再帰性について」『日本語と日本文学』7 筑波大学
―――― 1987「状態変化主体の他動詞文」『国語学』151
安藤正治 1907「国語における所謂「動詞の自他」を論じて語詞構成法の一端に及ぶ」『館友会雑誌』15,16 神宮皇学館大学(『安藤正治著作集 第3巻』1975 雄山閣, に所収)
安藤貞雄 1994「日英語使役文」『英語青年』
池上嘉彦 1988『「する」と「なる」の言語学』大修館書店
―――― 1991『意味論』大修館書店
―――― 1993「<移動>のスキーマと<行為>のスキーマ—」『東京大学教養学部外国語科研究紀要』41-3
石井正彦 1983「現代語複合動しの語構造分析における一観点」『日本語学』
―――― 1992「動詞の結果性と複合動詞」『国語学研究』31 東北大学文学部
井島正博 1988「動詞の自他と使役との意味分析」『防衛大学紀要』56
―――― 1989「受身文の多層的分析」『防衛大学紀要』57
井上和子 1976『変形文法と日本語 上下』大修館出版
―――― 1984「受動化」『日本語の文法規則』大修館書店
大槻文彦 1897『広日本文典』『広日本文典別記』大槻家蔵版(1980『広日本文典・同別記』として勉誠社より復刻)
奥田邦男 1986「日本語の動詞の分類に関する一考察」『広島大学教育学部紀要』2-34
奥田靖雄 1983『日本語文法・連語論(資料編)』むぎ書房
奥津敬一郎 1967「自動化・他動化及び両極化転形—自・他動詞の対応—」『国語学』70 国語学会
―――― 1983「なぜ受身か?—<視点からのケーススタディー>—」『国語学』13
生越直樹 1980「他動詞の再帰性と使役の関係」『待兼山論叢』13 大阪大学文学部
―――― 1982「日本語漢語動詞における能動と受動」『言語研究』
影山太郎 1993『文法と語形成』ひつじ書房
―――― 1993「他動性調和の原則と項構造」『文法と語形成』ひつじ書房

―――― 1994「語彙概念構造と結果表現」『英語青年』
金田一春彦 1957「時・態・相及び法」『日本文法講座 1』明治書院
工藤真由美 1997『アスペクト・テンス体系とテクスト』ひつじ書房
国広哲弥 1989「自動詞と他動詞」『言語』大修館書店
久野　章 1973『日本文法研究』大修館書店
―――― 1989『談話の文法』大修館書店
―――― 1989『日本語学の新展開』くろしお出版
―――― 1991「中立受身文と被害受身文」『新日本文法研究』大修館書店
黒田成幸 1985「受身についての久野説を解釈する」『日本語学』(1985,10月)
小泉保ら編 1989『日本語基本動詞用法辞典』大修館書店
幸田佳子 1991「他動詞文についての一考察―主語の特徴から自動詞文への連続性をみる―」『言語・文化研究』9 東京外国語大学
国立国語研究所 1973『分類語彙表』秀英出版
佐伯哲夫 1983「態による動詞分類に向けて」『国語語意史の研究』5 和泉書院
―――― 1983「受動使役態」『国語学』135
定延利之 1991「SASEと間接性」『日本語のヴォイスと他動性』くろしお出版
沢田治美 1993『視点と主観性』ひつじ書房
清水慶子 1980「非情の受身の一考察」『成蹊国文』14
須賀一好 1971「自他違い」『馬淵和夫博士退官記念国語学論集』大修館書店
―――― 1986「自動詞・他動詞」『国文学解釈と鑑賞』51-1 至文堂
杉本　武 1991『二格をとる自動詞―準他動詞と受動詞』くろしお出版
鈴木重幸 1972「動詞の分類」『文法と文法指導』むぎ書房
鈴木英夫 1989「動詞の格支配」『国文学解釈と鑑賞』54-7 至文堂
孫　東周 1995「타동성과 Voice와의 상관관계」『일어일문학』대한일어일문학회
孫　東周 1999「無対他動詞とヴォイス」『日本語文学』일본어문학회
高橋太郎 1990「テンス・アスペクト・ヴォイス」『講座 日本語と日本語教育』12 明治書院
―――― 1994「現代日本語のヴォイスについて」『動詞の研究』
竹田美喜 1974「「自発」と「可能」の連続・非連続性についての試論」『愛知国文学研究』24
角田太作 1991「他動性」『世界の言語と日本語』くろしお出版
寺村秀夫 1982『日本語のシンタクスと意味 1』くろしお出版
―――― 1986『日本語のシンタクスと意味1』くろしお出版
鳥田昌彦 1979『国語における自動詞と他動詞』明治書院
中右　実 1994「動作主と経験者」『認知意味論の原理』大修館書店
中西宇一 1975「自動詞と他動詞」『女子大国文』76
西尾寅弥 1978「自動詞と他動詞」『日本語教育』47 日本語教育学会

─────1978「自動詞と他動詞における意味用法の対応について」『国語と国文学』東京大学国語国文学会
─────1982「自動詞と他動詞──対応するものとしないもの──」『日本語教育』47
仁田義雄 1973「動詞の格支配」『国語学研究』12 東北大学
───── 1982「再帰動詞 再帰用法」『日本語教育』47
───── 1983「動詞とアスペクト」『計量国語学』15-3
───── 1988「意志動詞と無意志動詞」『言語』17-5 大修館書店
───── 1991『日本語のヴォイスと他動性』くろしお出版
───── 他 2000『文の骨格』岩波書店
沼田喜子 1989「日本語動詞 自・他の意味的対応(1)」『研究報告集』国立国語研究所
野田尚史 1991「文法的なヴォイスと語彙的なヴォイスの関係」『日本語のヴォイスと他動性』くろしお出版
早津恵美子 1987「対応する他動詞のある自動詞の意味的・統語的特徴」『言語学研究』第6号 京都大学言語学研究会
───── 1990「有対他動詞の受身表現について」『日本語学』5 明治書院
福島直添 1991「他動性と自動性の対立の解消に関する一考察」『学習院女子短期大学紀要』29
富士谷成章 1767『かざし抄』(福井久蔵編『国語学大系 第1巻』1938 厚生閣,竹岡正夫『富士谷成章 全集 上』1961 風間書房,中田祝夫・竹岡正夫『あゆひ抄新注』1960 風間書房,に所収)
───── 1788『あゆひ抄』(福井久蔵編『国語学大系 第15巻』1944 厚生閣,竹岡正夫『富士谷成章 全集 上』1961 風間書房,竹岡正夫『かざし抄新注』1973 風間書房,中田祝夫解説『勉誠社文庫16』に所収)
本田晶治 1973「日本語使役文の受身について」『英語教育』(1973年12号) 大修館書店
前田直子 1989「「使役受動態」の意味と用法」『言語・文化研究』東京外国語大学
益岡隆志 1987「ヴォイスの概念」『命題の文法』くろしお出版
───── 1991「受動表現と主観性」『モダリティの文法』くろしお出版
松下大三郎 1923~1924「動詞の自他被使動の研究(1)~(完)」『国学院雑誌』29-12,30-1.2
松村 明編 1988『大辞林』三省堂
松本泰丈 1983「他動詞と使役動詞の下位分類と相互関係」『国文学解釈と鑑賞』至文堂
三上 章 1953,1972『現代語法序説──シンタクスの試み──』刀江書院(1972 くろしお出版)

水谷静夫 1964「話を終ると話を終える」『口語文法口座 3 ゆれている文法』明治書院
―――― 1982「現代語動詞の所謂自他の派生対立」『計量国語学』13-5
三井正孝 1992「自他対応の意味的類型」『日本語と日本文学』16 筑波大学国語国文学会
宮川 繁 1989「使役形と語彙部門」『日本語学の新展開』くろしお出版
村木新次郎 1991「現代日本語のヴォイス」『日本語研究叢書』ひつじ書房
森田良行 1971「動作・状態を表すいい方」『講座 日本語教育 第6分冊』早稲田大学語学教育研究所
―――― 1987「自他弁別の難しさ」『国文法講座』6 明治書院
―――― 1990『日本語学と日本語教育』凡人社
―――― 1994『動詞の意味論的文法研究』明治書院
矢沢真人 1987「連用修飾成分による他動詞文の両議性」『国語国文論集』16 学習院女子短期 大学国語国文学会
山田孝雄 1922『日本文法講義』宝文館
山梨正明 1995『認知文法論』ひつじ書房
宮地幸一 1968「非情の受身表現考」『近代語研究』第2集
宮島達夫 1972『動詞の意味・用法の記述的研究』国立国語研究所
三宅知宏 1996「日本後の移動動詞の対格表示について」『言語研究』110
鷲尾竜一・三原健一 1997『ヴォイスとアスペクト』研究社
ジェフリー・N・リーチ 1987「意味論と語用論の現在」内田種臣・木下裕昭役 理想社
Langacker, Ronald W. 1990. "Settings, Participants, and Grammatical Relations." In Savas L. Tsohatzidis, ed., Meanings and Prototypes: Studies in Linguistic Categorization, 213-238. London: Routledge.
Wesley M.Jacobsen 1991『The Transitive Structure of Events in Japanese』くろしお出版
著者不明 1676『一歩』(福井久蔵編『国語学大系 第9巻』1939 厚生閣, 中田祝夫解説『勉誠社文庫126』1985 勉誠社, に所収)

日本語の動詞とヴォイス

著 者
孫 東 周

- 啓明大学校日本語教育学科
- (日本)東北大学文学部国語学専攻学研究生
- (日本)東北大学文学部国語学専攻修士過程
- (日本)東北大学文学部国語学専攻博士過程
- (日本)東北大学文学博士
- 釜山水産大学専任講師
- (日本)東北大学(日本文部省国費奨学生)
- (日本)東北大学客員研究員(日韓文化基金招聘)
- 釜慶大学校人文社会科学大学日語日文学部長
- 釜慶大学校 外国語教育院長
- (日本)学習院大学客員研究員(国際交流基金招聘)
- 現在 釜慶大学校人文社会科学大学日語日文学部教授

【論文】
「動作による動作主と対象との関わり――有対他動詞を中心に」日本語文学
「動作による動作主と対象との関わり――無対他動詞を中心に」東北亜文化研究
「無対他動詞の意味と使役との関わりについて」東北亜文化研究　の他多数
『分かりやすい日本語』世宗出版社
『日本語教本』蛍雪出版社
『日語学研究の展開』박이정
『日本語文法1』報告社　の他多数

- 저자와의 협의 하에 인지는 생략합니다.

초판인쇄 2005年 10月 28日 | 초판발행 2005年 11月 7日

著　者　孫東周
發行處　제이앤씨
登　錄　第7-270號

132-031 서울市 道峰區 雙門洞 358-4 晟周 B/D 6F
TEL (02)992-3224(代)　FAX (02)991-1285
jncbook@hanmail.net | www.jncbook.co.kr | 한글인터넷주소://제이앤씨북

- 저자 및 출판사의 허락없이 이 책의 일부 또는 전부를 무단복제·전재·발췌할 수 없습니다.
- 잘못된 책은 구입하신 서점이나 본사에서 바꾸어 드립니다.

COPYRIGHTS© 2005 by Son, Dong Ju All rights reserved including the rights of reproduction in whole or in part in any form. Printed in KOREA
ISBN 89-5668-271-2 93830 / 정가 20,000원